Self-Regulated Learning : From Teaching to Self-Reflective Practice

自己調整学習の実践

ディル・H・シャンク
バリー・J・ジマーマン ❖編著

塚野州一 ❖編訳

伊藤崇達
中谷素之 ❖訳
秋場大輔

北大路書房

SELF-REGULATED LEARNING

: From Teaching to Self-Reflective Practice

by

Dale H. Schunk

and

Barry J. Zimmerman

Copyright © 1998 The Guilford Press A Division of Guilford Publications, Inc.
Japanese translation published by arrangement with Guilford Publications, Inc.
through The English Agency (Japan) Ltd.

ジマーマン教授の日本語版への序文

　学習者が学習を自己調整する努力の重要性がアメリカの内外で認められたことによって，この革新的な自己調整の方法をどのようにして発展させるかという教育課題に関心がとみに高まっている。自己調整学習者は，学習目標を追求する個人の自発性，忍耐，適応スキルの点で際立って優れているのである。学習者の自己調整を促すための取り組みは，小論文執筆，読解力，小学校の算数，大学の統計，コンピュータ技術の使用，宿題をやりとげること，学習障害のある大学生の勉強などの，学習活動の多様な領域に及んでいる。本書，『Self-Regulated Learning: From Teaching to Self-Reflective Practice』では，著名な教育研究者たちから，その多様な領域の自己調整をすすめる取り組みについて記述して頂いた。

　この取り組みは，目標設定，自己モニタリング，方略プランニング，自己評価のような，基本的自己調整過程を教えることから始まったのだが，学習者が自己内省的になっていくにつれ，学習の調整は徐々に学習者自身の手に移っていった。私たちが知る限り，本書は自己調整研究の教育的適用のみに中心を置いた最初のものであり，英語圏の読者には非常に歓迎されている。

　残念ながら本書はこれまで日本語に訳されてこなかった。そこで，塚野州一教授によるこの翻訳に大きな期待を寄せているのである。

2007年8月
バリー・J・ジマーマン

テッド・ローゼンサールへの献辞

　本書を，テッド・ローゼンサールに捧げる。社会的認知研究と自己調整理論の目的と方向に及ぼした彼の学問的影響はまさに偉大というべきであろう。テッドは，段階概念作用が認知的発達の見方の優位に立った時点で，次のことを示した。子どもは，両親，教師，仲間のようなモデルの観察から，身のまわりの環境を自分で調整して，まわりの物理的，社会的世界についての基本的概念をやすやすと引き出してしまう。
　彼の研究は，児童と青年が代理経験から抽出できる理論的概念を深化させ，文脈主義に対する現代の理論的関心と人間の思考の社会的性格を前もって示したという意義をもつ。彼は，社会的・自己調整過程の広範な研究も行った。その調整過程の研究が，不安，ストレス，恐怖を含む個人的機能障害の広範囲な療法の変化をすすめたのである。彼は，自分を確信することこそが，不適切な自己信念を追い出し，自己修正行為の効果的過程を教えることに重要な役割をすると述べている。テッドの優れた知力，文章の駆使能力，教え子とクライエントへの私心を捨てた献身は，伝説的でさえある。彼の早すぎる死は，彼を個人的に知る人だけではなく，私たち専門分野の人間にとっても，大きくも痛ましい損失である。だが，彼は，今でもその研究分野で見事な光彩をはなっている。

序　文

　自己調整が教育的に重要であるという国内並びに国際的評価は，近年とみに高まっている。学習，動機づけ，遂行の理論は，生徒たちが情報の探求者，生成者それに処理者である積極的役割を強調し，環境からの情報の受け身の受け手であるという考えを主張しなくなってきた。自己調整学習とは主に，目標の到達をめざす生徒たち自身が生み出す思考，感情，方略，行動から生じる学習のことである。

　教える側は，おおむね，生徒の自己調整活動による行動の積極的役割を認めている。しかし，教室や他の学習場面で，どうやって生徒たちに自己調整スキルを教えるか，あるいはどうやって生徒たちに自己調整法則の利用を強化するかについては知らないことが多い。こうした知識が欠けているのにはいくつかの原因がある。

　第1に，教師養成プログラムでは，普通は，知識の内容領域と教育方法の習熟が強調されるが，学習，発達，動機づけの法則についてはそうではない。

　第2は，教師は，要請されない自己調整の教授や他のテーマは扱わずとも，全部を扱うことが期待されている教材の総量だけで，普通，手一杯なのである。

　さらに，わずかな生徒と両親だけが，自己調整はスキルとして教えられることを知っているのであり，その結果，この生徒と親のグループだけが，カリキュラムの一部として学校の自己調整の指導を受容するのである。

　本書の目標は，学習場面での自己調整の考え方と原理の理論的法則，研究成果，実践的適用の仕方を読者に提供することにある，シリーズの第3作である。最初の本（Zimmerman & Schunk, 1989）では，別々の理論的視点で各章を編集した。この形は，著名な現存する視点によって，学習の自己調整現象を紹介し，説明するのに役に立った。2冊目の本（Schunk & Zimmerman, 1994）は，自己調整研究に概念的枠組みを与えた。その枠組みでは生徒たちが自己調整を使える4領域を詳述してある。その領域とは，動機，方法，結果，環境的社会的源泉である。2つかそれ以上の章には次のそれぞれの領域が取り上げられている。

すなわち，自己調整原理についての著者たちの検討した理論，研究，それに適用である。

基本的自己調整要因と過程を区別する基礎的理論と基本的研究を超えて，本書は，効果の範囲を広くとり，長期間にわたって評価される大規模な介入を検討する。本書の**基本目的**は次の2つである。①自己調整の原理に確かに基づいた自己調整スキルを教える提案を用意すること。②教室や他の学習場面における自己調整原理の詳細な適用を討論すること。本書の各章では，自己調整指導を正規のカリキュラムに組み込む目的で，研究者と実践者の協同を詳細に述べる。研究は，指導効果を長期間維持し一般化するように設計された。ほとんどの指導モデルは，まだ発展の初期でしかないが，結果は大いに期待できるものである。

導入の章では，本書全体を概観し，様々な指導モデルに固有な基本的自己調整過程と概念を討論する。結論の章では，自己調整分野について批判的な分析をし，今後の方向について提案する。他章では，自己調整の介入のあり方を討論する。

介入の章全体の提示の統一性をはかるために，著者たちには次の5つの形式をとるように依頼した。第1に，章のテーマは簡潔に紹介し，対象の生徒たちに考えが利用できるようにテーマの内容は詳細に述べること。第2は，それの依拠する関連する理論と研究を含む介入プログラムの構想を述べること。第3は，プログラムの実施の仕方を述べること。第4は，生徒たちがいかにうまく自己調整原理を獲得しその原理を学習に適用できるかの点から，その結果を検討すること。最後に，どのように**自己内省の練習**がプログラムに組み込まれるか，特に，どのように長期間維持に欠かせない部分となるかを検討する。

本書は，教育研究者と実践者のためだけではなく，多くは教育的専門家（例えば，教師）となる大学院生に利用してもらうことも考えている。また，教育学と心理学はわずかしか学んでいない博士課程の人にも利用してもらいたい。本書は，学習，発達，動機づけ，認知，教授の専門課程はもちろん，学習，発達，指導デザイン，教育心理学の入門課程のような，自己調整がある程度専門的に取り組まれているどのようなコースでも役立つと確信している。

心理学の考えや研究法になじんでいる学生たちだけでなく，本書は一般読者のためにも書かれていて，統計的分析は最小限しか扱っていない。

謝辞

　この企画の様々な段階で助力をいただいた多くの方々に御礼申し上げる。まずは，あわただしいスケジュールにもかかわらず，熱心に執筆し，締め切りに間に合わせ，私たちの編集の仕事を真に満足させてくれた執筆者に感謝する。また，私たちの専門的質問に回答してくれた同僚と学生たちに謝意を表する。とりわけ，アメリカ教育研究学会とアメリカ心理学会第 15 部門（教育心理学）のメンバーである同僚たちからは多くの示唆をいただいた。ギルフォード社の編集担当者，クリス・ジェニソンは，特にこのプロジェクトに協力的で，編集上必要なアドバイスをしてくれた。最後に，我が妻たち，カール・シャンク，ダイアナ・ジマーマン，それに娘たち，ローラ・シャンク，クリスチン・ジマーマン，シャナ・ジマーマンの絶えざる励ましと愛情に深い感謝を捧げる。

目 次

ジマーマン教授の日本語版への序文
序文

第1章　学習調整の自己成就サイクルを形成すること
　　　　　：典型的指導モデルの分析　　　　　　　　　　　　　　　　1
　自己調整学習のサイクル段階　2
　上達した自己調整学習者と初歩の自己調整学習者を比べること　6
　学習を自己調整するようになること　11
　学習の自己調整の指導モデル　13
　結論　18

第2章　書き行動と自己調整
　　　　　：自己調整方略の形成法モデルのケース　　　　　　　　　21
　知識伝達　22
　自己調整方略の形成法　24
　　指導の段階と特性　25／事例研究1　28／事例研究2　34
　自己内省の練習　38
　結論　40

第3章　小学校段階での
　　　　　　　理解方略の相互交流による教授　　　　　　　　　　　43
　熟達した理解の特質　44
　小学校の教室で行われていること　45
　　典型的な教室で行われている理解の指導　46／4年，5年の学年段階で中心的活動として理解方略を教えるということ　47／要約　49
　相互交流方略教授の理論的な検討と方法としての有効性の実証　50
　　全体的な理論的考察　50／注意深い観察による検証に基づいて相互交流方略教授を理解する　51／相互交流方略教授の有効性の実証　52／まとめ　54
　プログラムに基づく実践　54
　読みの中での望ましい方略の使用と情報処理：理解方略の自己内省的な利用　57

第4章　大学生が
　　　　　　　自己調整学習者になるための教授　　　　　　　　　　59
　大学生が自己調整学習者になるための教授における全般的論点　60
　　介入の構成要素と計画　60／統合的 対 補助的なコースデザイン　64／転移の問題　65／大学生の特徴　67
　自己調整学習教授への介入の概念的枠組み　68
　　認知的，調整的学習方略の知識と使用　69／自己知識と動機づけ方略の使用　72

学びの学習への介入の実施　76
　　概説　76／学生　77／コース形態　78／コースの話題　79／コース教材と必要要件　81
　研究と実践への将来の方向性　83

第5章　統計学における自己モニタリング・スキルの指導　89
　自己モニタリングと学習に関する授業研究　91
　　大学院生を対象にした統計学の入門講座　91／自己モニタリングへの介入　92／介入の結果　99
　本研究の教育への応用　104

第6章　コンピュータ技術の自己調整学習スキル取得への貢献　109
　コンピュータ技術の学習促進に関する可能性　110
　　将来への展望　111
　自己調整学習　111
　　第1段階：課題の認識　113／第2段階：目標設定　114／第3段階：目標達成に向けた方策の実行　114／第4段階：自己調整学習の方策の修正　115／モニタリング：自己調整学習のかなめ　115／自己調整学習を形成するためのテクノロジーによる支援の4つの焦点　116
　第1段階の支援：努力と課題の認識　117
　　努力について　117／自己調整学習と「習得された頑張り」　118
　第2段階の支援：目標の調整　123
　　目標設定と方策構想　124
　第3段階の支援：スキーマを構成する方策のサポート　128
　　目標のない問題　128
　第4段階の支援：学習方法の調整　131
　結論　135

第7章　小学生を対象にしたモデリングによる数学スキルについての自己調整の指導　137
　自己調整に関する社会的認知理論　139
　　3項に基づく相互作用論　139／自己調整の下位過程　140／自己効力感　141／自己効力感と自己調整　142／モデリング　143／モデリングと自己調整能力　145
　介入プログラム　146
　　指導の状況　146／目的と仮説　148
　介入研究とその結果　150
　　学習の結果における変化　150／自己調整的な言明の利用　153／方略の能力の形成　154／方略と達成に関する信念との関連　155／目標志向　156
　自己内省の練習　157
　　自己モニタリング　157／自己言語化　158／達成に関する信念の自己調整　159

結語　160

第8章　学習障害をもつ学生の自己調整学習を促進する「内容の方略的学習」法　161
　高等教育場面で自己調整を促進すること　162
　「内容の方略的学習」の方法　163
　　自己調整の中心である認知過程　164／「内容の方略的学習」モデルの概観　168／基本的指導の要素　171
　高等教育環境における「内容の方略的学習」の効果についての研究　173
　　高等教育環境に「内容の方略的学習」を合わせること　173／研究デザイン　174
　研究結果のレビュー　175
　　知識と信念の変化　175／課題遂行と方略使用の結果　177
　結論　179

第9章　オペラント理論の青年期における自己モニタリングへの応用　183
　青年期の成績と自己管理　184
　学業不振の危機にある生徒と目的に向かった学習　186
　概念の紹介　188
　　自己管理　188／目標設定，自己モニタリング，そして自己評価　190／自己強化　191
　自己管理の履行　192
　　自己モニタリングの手順　193
　自己管理のダイナミクス：自己内省の練習　200
　結論　202

第10章　学習課題における子どもの自己調整の獲得と実行に影響する要因　203
　学習課題における自己調整　204
　　言語的課題調整の指標　204／私的発話と学力　205／課題調整発話と学力　206／実験的な自己調整行動の効果　206／要約　207
　なぜ有能な生徒だけがクラスの中で言語的に課題を調整するのか　207
　　言語的課題調整の発達　207／自己調整と学習　208／剰余能力仮説　210／なぜ高学力の生徒が学校でより課題―調整発話を用いるのだろうか　211
　課題調整における課題の要請と生徒の能力の相互作用に関する研究　212
　　課題調整発話の観察　214／教室の結果：高学力の生徒は課題調整発話をする　214／友人支援のセッション：すべての子どもは課題調整発話をする　215／要約　216
　自己調整を支える条件　216
　　コンサルティング／内省的役割　219／コンサルティング役割の経験の効果に関する予備的なエビデンス　220／学校プログラムにおけるコンサルティングの場　222
　結語　222
　付録A：課題調整発話の測度　223

第11章　結論と展望：学習への介入はどの方向をめざすべきか　227

　学習の自己調整：過去と現在　227
　自己調整介入の共通の構成要素　229
　様々な課題　231
　　モデリングと自分で作り上げること　231／動機づけの役割　232／自己内省の練習　232
　今後の研究への提言　233
　　学校外の影響　233／テクノロジー　234／インクルージョン　235
　変化のために障壁を乗り越えること　235
　結論　237

文献　238
人名索引　261
事項索引　264
訳者あとがき　269

凡　例
1. 原著注は★マークで示した。
2. 訳者注は☆マークで示した。

第 1 章

学習調整の自己成就サイクルを形成すること
：典型的指導モデルの分析

バリー・J・ジマーマン
(Barry J. Zimmerman/City University of New York)

　学習の自己調整についての研究は，生徒たちがどうやって自らの学習過程の主人公になるかを明らかにしたいという願いから発展してきた（Zimmerman, 1989）。生まれが貧しく高等教育を受けられなかったベンジャミン・フランクリン，アブラハム・リンカーン，ジョージ・ワシントン・カーバァーのような，人々を激励する多くの人物伝がある。彼らは読書，勉強，自己訓練を実践して自分で学習した。インドシナからの最近の移民グループのような無名でひたむきな学習者についての最新報告は，学習の自己調整の優れた点を明らかにしてきている（Caplan et al., 1992）。このアジアの若者たちは，英語がうまく話せないとか，教育のない両親だとか，スラム街の設備のない学校に低学力の多数の級友と通学するなどの多くの不利な条件にもかかわらず，勉強ができたのである。自己調整の学習者たちは，今も昔も，学習を，与えられたものではなく，自分でやりとげるものとしてみている特徴をもつ。彼らは，学習を，メタ認知的過程はもとより，自発的動機づけと行動の過程を必要とする積極的活動であると信じているのである（Zimmerman, 1986）。例えば，自己調整する生徒たちは，自分で設定した目標，行動の自己モニターの正確さ，方略的思考の高い処理能力の点で，級友と比べ際立って優れてみえる（例えば，Schunk & Zimmerman,1994）。この過程と他の自発的過程によって，この生徒たちは，学

習経験の敗者ではなく勝者になれるのである。

　学習の自己調整は，知能のような知的能力ではなく，また，読書習熟のような学習スキルでもない。それはむしろ，学習者が知的能力を学習スキルに変換する，自己を方向づける過程である。この過程はどのようなものか，そして，生徒たちはどうやってもっと自己調整するようになるのか？　本章で私は，自己調整の循環段階の分析がどういうものかを説明し，それぞれの段階で使われる基本的自己調整過程を特定し，上手な自己調整者はこの過程の使用の仕方がどのように級友と違うかを比較する。自己調整が生じる社会的，環境的，身体的条件にも言及し，生徒たちの自己調整スキルを発達させるために使われる典型的指導モデルを分析する。これらの教育モデルについては，本書の後の各章で詳しく検討される。

自己調整学習のサイクル段階

　多くの自己調整理論家たちは，学習を身体的（認知的と情動的），行動的，文脈的要素を含む多次元の過程とみている（Zimmerman, 1986, 1989）。学習スキルに習熟するには，学習者は，文脈的に関係のある場面の課題に対して認知的方略を行動の上で使用しなくてはならない。これは，普通，学習の繰り返しの試行を必要とする。というのは，習熟は，ともに相互的であり力動的である個人的，行動的，環境的要素の協調を必要とするからである。例えば，どんな学習方略でも，すべての生徒たちに同じようにうまくは機能しない。そしてあったとしてもわずかな方略だけが，すべての学習課題に最適に機能する。方略の効果は，初心者の理科の生徒が，テキストの一節の基本用語を記憶する基本語方略から，知識の統合を促す組織的方略へと変えるときのように，スキルの発達につれて変化する。これらの多様で変化する個人間の，文脈の，個人内の条件に対応して，自己調整学習者は，その効果を絶えず見直さなくてはならない。

　自己調整理論家は，学習を，3つの主要な段階が生じる学習者側のサイクル活動を必要とする終わりのない過程とみている。その段階とは，計画，遂行あるいは意思的制御，そして自己内省である（図1.1）。**計画**段階は，学習しようとする取り組みに先行し，学習の場面を設定する有力な過程であり信念である。第2の自己調整段階である**遂行**や**意思的制御**は，学習の取り組みの際に生じ，

第1章 学習調整の自己成就サイクルを形成すること：典型的指導モデルの分析

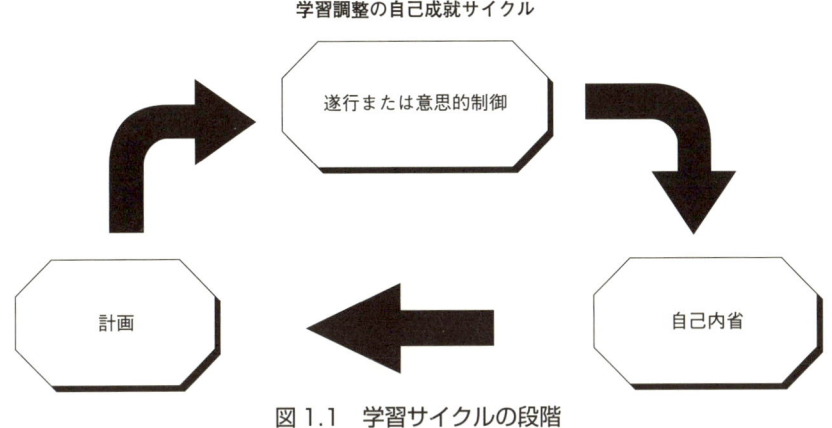

図 1.1 学習サイクルの段階

集中と遂行に作用する過程である。第3の自己調整段階である**自己内省**は，学習の取り組みの後で生じ，その経験に対する学習者の反応に影響する過程である。この自己内省は，今度は，次の学習の取り組みの計画に影響する。以上が自己調整循環の全体である。

計画過程と信念の5つの形態は，今日まで学習の自己調整の研究で検討されてきた（表1.1）。第1の形態，**目標設定**は，学習の具体的な成果を決めることである（Locke & Latham, 1990）。そして第2の形態，**方略プランニング**は，希望する目標を達成するために計画された学習方略や方法を選択することである（Zimmerman & Martinez-Pons, 1992）。これらの目標設定と方略のプランニングの過程は，学習者の自己効力感，目標の方向性，課題への内発的関心あるいは価値づけのような，多くの個人の信念によって影響される。第3の形態，**自己**

表 1.1 自己調整のサイクル段階と下位過程

自己調整段階のサイクル		
計画	遂行／意思的制御	自己内省
目標設定	注意の集中	自己評価
方略プランニング	自己指導／イメージ	帰属
自己効力信念	自己モニタリング	自己反応
目標志向性		適応性
内発的興味		

効力感は，ある計画されたレベルの学習あるいは遂行能力についての個人の信念である（Bandura, 1986）。例えば，自己効力感のある生徒は自分に高い目標を設定し（Zimmerman, Bandura & Martinez-Pons, 1992），効力感のない級友よりも効果的な学習方略を選びやすい（Zimmerman & Bandura, 1994）。学習の**目標志向性**，第4の形態，をもつ生徒は，競争の結果よりも学習過程そのものに意識を集中する傾向があるし，遂行目標をもつ生徒よりも効率的に学習する傾向がある（Ames, 1992）。課題に**内発的興味**，第5の形態，をもつ学習者は，具体的な報酬がなくても，学習の努力を続けるのである（Deci, 1975）。

遂行や意思的制御過程の3つの形態が，学習の自己調整の研究で検討されてきた（表1.1参照）。これらの過程は，学習者が課題に集中し，遂行を最適化することを促進する。第1の形態，**注意の集中**に関して，クール（Kuhl, 1985），ヘックハウゼン（Heckhausen, 1991），コーノ（Corno, 1993）のような意思理論家は，学習者の学習する気持ちを，気を散らすことと競争意識から守らなくてはならないという。低学力者は高学力者よりも，課題から簡単にそれやすいし，事前の決定や間違いにとらわれやすい。クール（Kuhl, 1985）は，制御された「行為」よりも，このタイプの意思的機能障害の制御された「状態」を考えた。そして彼は，学習者が意思的制御や遂行段階で使う自己調整の過程は，学習の取り組みを工夫し動機づけるために初めに使われるものとは違っていると信じている。ヘックハウゼンとコーノは，計画段階過程と競わせることから遂行段階過程を守る必要を強調するために，比喩として，カエサルの「ルビコン」（戻らない川）を使ってきた。

この遂行あるいは意思的制御段階過程は，第2の形態，自己指導やイメージのように，生徒の方略的方法や他の学習法の実行に影響している。**自己指導**とは，数学の問題を解くときのように学習課題をどうすすめるかを自分に教えることであり，研究は自己指導が生徒の学習を向上させることを示している（Schunk, 1982）。マイヘンボームたち（例えば，本書，第10章，ビーミラーら）は，生徒の学習の取り組みの際の自己言語化についての多くの研究を行ってきた。さらに，ハリスら（本書，第2章）は，障害のある子どもに，より効果的に自己調整を教えるための方法として頻繁に自己言語化を使用している。プレスリーとレビン（Pressley, 1977; Pressley & Levin, 1977）は，学習と再生を高める技法である**イメージ**（つまり，心的イメージを作ること）の効果を示した。ジマーマンとロッカ（Zimmerman & Rocha, 1984, 1987）は，幼少の子ども

が学習したり記憶することを支援するためにモデリングの系列イメージを使った。

意思的や遂行制御過程の第 3 の形態は，**自己モニタリング**である。これは大切だが問題の多い過程である。というのは，それは学習者に進行状況（あるいはその遅れ）を教えるが，方略的実行過程を妨害するからである（Winne, 1995）。特に運動課題の自己モニタリングについて検討している多くの研究者たちは，基本的な過程や結果に対する自己モニタリングを制限することをすすめた（Singer & Cauraugh, 1985）。自己モニタリングは，次の事実からもっと複雑になる。スキルが獲得されると，意図的モニタリングをあまり必要としなくなる，すなわち，**自動化**や**ルーティン化**と呼ばれる現象である。

多くの理論家たちは，生徒は学習過程がルーティン化すると学習成績をモニターする必要がなくなると考えた。しかし，カーバァーとシァイアー（Carver & Scheier, 1981）は，生徒は，今度は，自己モニタリングをもっと一般的なレベルに，行為自体から身のまわりの環境と行為の結果へ移すと考えた。例えば，作家がもはや自分の文法をきちんとモニターしなくてもよくなり，注意を創造する散文の比喩的特質に向けることができるようになると，こうしたことが起きる。

自己内省過程では 4 つの形態が，最近の学習の自己調整の研究で検討されている（表 1.1 参照）。**自己評価**は，通常，この段階で生じる初期の自己内省過程の 1 つである。

第 1 の形態，自己評価は，教師の作成した評定曲線によって間違ったテスト項目のフィードバックを評価するように，自己モニターした情報を何らかの基準や目標と比べることである。自己調整のできる学習者は，自分は速やかに正確にどれくらいうまくやっているかを評価したがる。普通の生徒は，公式の基準が役立たないときに自分の遂行を他者の遂行と比べることに頼るのである（Festinger, 1954）。自己評価は，不出来な遂行は限られた能力か不十分な努力のせいとするような，結果の原因の**帰属**，すなわち第 2 の形態，につながる（Weiner, 1979）。これらの帰属過程は，間違いを能力に帰属することが，学習者に対して向上心を否定させたりあきらめさせたりするので，自己内省には極めて重要となる。帰属は，目標志向性，付随する課題条件，どのように他者が課題をうまくやるかのような，多様な個人的，文脈的要因によって影響される。自己調整のできる学習者は，失敗を修正できる原因に帰属させ，成功を個人の

コンピテンスに帰属させる。この自己保護的な帰属のために，不十分な学習結果となった遂行が長く延びても，プラスの第3の形態，**自己反応**をもたらすのである。成功と失敗を方略使用に帰属することは，プラスの自己反応と直接関係しているが，これらの結果を能力に帰属することは，マイナスの自己反応と関係しているというエビデンスがある（Zimmerman & Kitsantas, 1997）。

方略帰属はただ自己反応を強めるだけではない。それは，学習の間違いの原因を特定し，遂行を向上させるのに役立つのである（Zimmerman & Martinez-Pons, 1992）。方略帰属は，学習者が彼らに最も合った方略を見つけるまで，方法の組織的変化を強化する。重要な学習スキルでは，この第4の形態，**適応**過程は，多くの実行的サイクルを経ていく。この帰属に加えて，自己調整のできる学習者は，遂行をより的確に評価するので，さらに適応的になる。有利な自己反応は，学習スキルを習得できるという自己効力感を大きく，学習目標志向性をより強く（Dweck, 1988），課題への内発的興味をより高くする（Zimmerman & Kisantas, 1997）ように，学習者としての自分自身についての積極的計画を繰り返し推敲するのである。自己内省と計画過程が結びつくと，自己調整段階サイクルが出来上がる。自己調整過程の利用は本質的に循環的なので，段階は，各段階が後続の段階間の学習を促進したり弱めたりする慣性を作り出す意味では，自己維持的である。

要するに，自己調整の計画段階は，学習者に遂行や意思的制御段階過程の実効に備えさせ，それに影響を与える。その効果は，今度は，自己内省段階の間に使われる過程に影響する。これらの自己内省過程はその後の計画に影響し，学習者に習熟をやりとげるためのさらなる取り組みを準備させるのである。

上達した自己調整学習者と初歩の自己調整学習者を比べること

どんな学習者でも，学習と遂行を何らかの方法で自己調整しようとする。しかし，生徒の方法と自己信念には生徒間で大きな違いがある。自己調整の段階過程の視点からみて，初歩のあるいは未熟な学習者は，上達したあるいは知識豊かな学習者とはどのような違いがあるのだろうか？　その過程の違いを，表1.2で示す。

初歩の学習者は目標をもってはいるが，そのかわり目標は低品質なものでハンディキャップがついている。その目標は，粗末な遂行や意思的制御と自己内

表 1.2　初歩の学習者と上達した学習者の自己調整の下位過程

自己調整の段階	自己調整学習者の区分	
	初歩の自己調整者	上達した自己調整者
計画	一般的な遠い目標	特定の階層目標
	遂行の目標志向性	学習の目標志向性
	低い自己効力感	高い自己効力感
	興味がない	内発的な興味
遂行／意思的制御	定まらないプラン	遂行に集中
	セルフ・ハンディキャッピング方略	自己指導／イメージ
	結果の自己モニタリング	過程の自己モニタリング
自己内省	自己評価を避ける	自己評価を求める
	能力帰属	方略／練習帰属
	マイナスの自己反応	プラスの自己反応
	不適応	適応

省の限定的形につながるような，一般的で遠いものである。対照的に，上達したあるいは知識のある自己調整学習者は，階層のある遠い目標に連結する具体的で近い目標をもった段階のある組織を作っている（Bandura, 1991）。自己調整学習者は，目標を達成度によって順序づけて階層化し，やりがいがあり達成可能な目標の継続的有効性を確保するのである。さらに，階層的目標は，上達した学習者に個人の進歩を評価するための個別で適切な自己基準を与える。その自己基準は，他者からの外的フィードバックに頼らないし，遠い目標の到達までプラスの自己反応を遅らせることもないのである。初歩の自己調整者は，他者に頼り続けるか，あるいは，遠い目標が達成されるまで満足を遅らせる個人的動機づけを特にもたなくてはならない。というのは，この基準は近くの成功をほとんどフィードバックしないからである。この乏しいフィードバックのせいで，初歩の自己調整者の自己評価は，いつもゆっくりと下がってしまう。他方，上達した自己調整学習者の階層的下位目標基準の達成は，近くの成功のはっきりしたフィードバックを伝え，自己評価を高めるのである（Earley et al., 1989）。

　上達した自己調整学習者は，初歩の学習者が遂行のあるいは自我関連の目標志向性を身につけるのに対して，学習や習熟の目標志向性をもつという（Pintrich & DeGroot, 1990）。これはデウェック（Dweck, 1988）の結論からみても驚くことではない。彼の結論は，遂行の目標志向性は知力という定着した概

念に基礎を置いているが，学習や習熟の目標志向性は増加する概念に基礎を置いているというものである。初歩の自己調整者は，学習エピソードを個人的な脅迫的経験とみている。その経験とは，遂行が評価され知能が他者と比べて劣っているとされるものである。それによって，学習機会は低く評価され，回避されるのである。対照的に，上達した自己調整者は，学習エピソードを，能力をさらに高め，その結果，この経験が正しく評価される機会とみている。

さらに上達した自己調整の学習者は，初歩の学習者よりも，自分は自己効力感をもつようになると捉えている。自己効力信念は，学習へのより強い動機づけを生じさせるだけではなく（Schunk, 1984），学習を自己調整する意欲も生じさせる。例えば，自己効力感のある学習者は，自己効力感のない学習者よりも，自分自身に高い目標を設定し，正確に自己モニターし，積極的に自己反応する傾向がある（Zimmerman, 1995）。自己効力感の低い生徒は，学習に不安をもち（Meece et al., 1990），その気持ちが生じる学習機会を避ける傾向がある（Zimmerman & Ringle, 1981）。先行する学習の取り組みに対する積極的自己反応は，上達した自己調整者にとって自己効力感の基本的循環的な源泉である（Zimmerman, 1989）。

上達した自己調整の学習者は，初歩の学習者とは対照的に，学習課題に対する強い内発的興味をはっきりと示している（Pintrich & DeGroot, 1990; Zimmerman & Kitsantas, 1997）。内発的な興味のある生徒は，ただ学習課題を面白いと見るだけではなく，自由な選択機会に課題を選択し，その学習に取り組み，妨害があるときでも学習を続けるのである（Bandura, 1986）。この生徒は，関心を，読書によって南北戦争や野球について関心をふくらませるように，課題に取り組んで自分を向上させるものとみている。初歩の自己調整者は，話題やスキルの関心を発達させるのに問題がある。というのは，彼らは内発的興味のなさを，気力のない教師や退屈な課題のような外的な要因のせいにするからである。内発的動機づけ理論家は，そのような学習者は，外的社会的影響と学習の外的報酬により依存しているのだと主張している（Deci, 1975）。

遂行や意思的制御過程に目を転じると，初歩の自己調整者は，気晴らしや間違いはしないかと心配する競争心によって簡単に動揺させられるが，上達した自己調整者は，学習遂行に注意を集中できるのである。生徒は，学習の際，注意と動機づけを維持することは，普通は，自己調整学習の最も難しい課題であると述べている（例えば，Zimmerman & Bandura, 1994; Zimmerman & Martinez-

Pons, 1986）。意思の研究者たち（Corno, 1993; Kuhl, 1985）は，知識のある自己調整者は学習遂行に集中し続けられるのに，初歩の自己調整者の注意は，情動的状態や周囲の条件に引きずられる，という。

また，上達した自己調整者は，学習の方法や方略を実施するために，自己指導やイメージを使った案内のような体系的指導書や技法をよく使う。自己を導く言語化によって，方略の段階を順番にたどり，動機づけを維持するために自分自身を賞賛する，注意を集中する，といった多様な遂行制御機能が可能になる。ヴィゴツキー（Vygotsky, 1978）と学生は，自己指導が，幼児に対して，両親や教師のような他者の学習方法の内面化を援助できるという，仲介的役割を強調した。対照的に，初歩の自己調整者は，めったに言葉で表現しない（本書，第10章，ビーミラーら）。しかもそうするときには，しばしば否定的に自己を方向づけてしまうのである。多くのスポーツ心理学者は，アスリートに，自分のやったことを否定することを言わないように特に教える。そのような発話は自滅的なのだから。そうではなく，アスリートには，自己激励的なことを言うようにすすめるのである（Garfield & Bennett, 1985）。上達した自己調整者は，学習の方略的方法の実行をすすめるために生き生きとしたイメージも使う。例えば，作家は，小説の中である場面を描き出す前に，真に迫った詳細場面をしばしば想像する（Zimmerman & Risemberg, 1997）。自分で学習課題をやる前に，熟達者の課題の遂行ぶりを観察することによって，有効なイメージのモデル化をなかなか自分でできないときに，イメージのモデル化を準備できるのである（Rosenthal & Zimmerman, 1978; Zimmerman & Rocha, 1984, 1987）。初歩の自己調整者は，導き手としてのイメージの大切さに気がつかない。その代わり，学習の新しい方法を実行するために，試行錯誤の経験結果に頼るのである。極端な場合，初歩の自己調整者は，都合のいい自己反応を維持することがうまくいくように障害を意図的に作ることがある。例えば，わざとあまり努力をしないこと，手を出しすぎること，成功するには間に合わないまで遅らせることなどである。こうした事情を考慮すると，低い学力は低い能力に帰属できなくなる。この嘆かわしい学習技法や**セルフ・ハンディキャッピング方略**は，不都合な自己反応を除外するために採られるのである。

恐らく，初歩の自己調整者と上達した自己調整者を区別する最も大事な遂付制御過程は，自己モニタリングである（Zimmerman & Paulsen, 1995）。この過程は，遂行した個人の遂行の基本的指標の経過を追うことである。上達した自

己モニターする人は，自分がうまく遂行したときとそうでないときに気がつく。そして彼は，他者からの社会的援助やあるいは逆の外的結果を待たずに，遂行を修正するためにこの生き生きした情報を使う。反対に，初歩の自己調整者は，遂行を組織的にモニターすることがうまくいかず，むしろ継続する努力を知らせる全体的意識や断片的情報に頼るのである。多くの生徒が学習進行を正確に自己モニターすることに失敗し，成功のレベルを過大評価する傾向にあるというエビデンスが増えている（Ghatala et al., 1989）。このことは，間違った楽観主義，実質的学習不足，そして結局，低いテスト得点につながる。

　自己内省段階に使われる過程間で，上達した自己調整者は，学習の努力を自己評価する機会を探す。しかし，初歩の自己調整者は，学習の努力を自己評価する機会に気がつかないか，あるいはこの機会を意識的に避けるのである。上達した自己調整者では，好ましい自己評価が，目標設定と自己モニタリングの努力から直接下されるのである。彼らは，今の学習の努力を以前の努力と比べる（普通それは優れている）。対照的に，初歩の自己調整者は，目標を遠くに設定し偶然に自己モニターするが，他者との社会的比較（たいてい劣っている）よりも他の何かを基にして自己評価するほうが難しいことがわかる。初歩の自己調整者は，標準的比較の意味で，他者と自分の遂行を考える傾向があるので，自我を不安にする自己反応によって悩むのである（Nicholls, 1984）。

　上達した自己調整者は，マイナスに評価した結果を主に，方略使用，学習方法，あるいは不十分な練習に帰属する。ところが，初歩の自己調整者は，マイナスの結果を能力の限界に帰属する（Zimmerman & Kitsantas, 1997）。好ましくない結果を限界のある能力に帰属することは，否定的自己反応を生じさせるし，人の能力を固定したものとみるため，適応の努力をいっそう弱めるのである（Weiner, 1979）。また，生徒が好ましい結果を能力に帰属することは，プラスの自己反応を生じさせるが，学習努力の必要がないので，その後の学習努力を妨げてしまう。

　初歩の自己調整者は，修正方法が非組織的で，そろった情報がなかったり，結果を誤解するので，修正するときしばしば直観や推測に頼る。反対に，上達した自己調整者は，あらかじめ設定した階層的目標，正確な自己モニタリング，適切な自己評価に基づいて，遂行の仕方を組織的に作りかえる。またこの学習者は，マイナスの結果を効果のない方略のせいに帰属させる。そのことで，不都合な自己反応を回避し，効果的な方略を見つけるまで方法の組織的変化を促

すのである。このように，上達した自己調整者の帰属は，異なる自己反応と様々なタイプの修正を生じさせる。また上達した自己調整者は，文脈要因を考慮する。その文脈要因は，課題や場面の変動のように，方略や学習方法の成功にマイナスに影響する。学習方法の調整と最適化には，階層的複雑さのために，普通は大切な学習スキルの繰り返しの試行が必要とされる。そして学習サイクルを続けようとする強い動機づけは，究極の習熟に欠かせない。上達した自己調整者は，他の自己内省過程，つまり，良好な自己評価，適切な帰属，プラスの自己反応を最適化しているので，こうした動機づけをもつのである。

　この自己内省段階の過程は，上達した学習者にはプラスであり，初歩の学習者にはマイナスである計画的段階過程に影響する。上達した自己調整学習では，自己内省的思考は，計画的信念を強めたり継続したりする。その計画的信念とは次のものである。①最終的には学習スキルを獲得する自己効力感，②学習の目標志向性（Dweck, 1988），③課題への内発的興味（Zimmerman & Kitsanatas, 1997）。さらに，帰属や適応の自己内省過程は，計画に含まれる目標設定と方略プランニング過程に直接影響する。反対に，初歩の調整者の自己内省的過程は，自己効力感，内発的興味，学習の目標志向性，方略的な努力の認知を減らすことによって，計画を損なうのである。このように結局は，生徒の自己調整スキルのレベルが，学習経験が自己損傷的になるか自己成就的になるかを決めるのである。一度位置が決まると，自己調整の個人のサイクルは，それが上達したものであれ初歩のものであれ，固有のサイクル特性を対象にした介入を使わないと変化しにくい。生徒にこの自己調整学習サイクルを伝えることによって，教師は，生徒が上達した自己調整学習の自己成就の特性を理解することを助け，単純な学習努力から生じる自己反応と自己効力感を低下させるサイクルを避けるように援助できるのである（Zimmerman et al., 1996）。この学習サイクルの重要性に気づくことが，生徒が自分の学力に責任を負う基礎となる。

学習を自己調整するようになること

　生徒が，初歩の学習の自己調整者ではなく上達した学習の自己調整者となるための，個人的，社会的，環境的条件は何だろうか？　シャンクとジマーマン（Schunk & Zimmerman, 1996）は，自己調整は2つの欠かせない原因から生じると言った。すなわち，社会的経験と自主的経験からである。社会的原因とは，

大人（つまり，両親，コーチ，教師）と仲間（つまり，兄弟，友達，級友）のことである。自己調整の知識とスキルの大多数の指導者は，一連の技術に頼っている。その技術とは，モデリング，言語による授業，身体による指導，正確なフィードバック，社会的整備化，管理とモニタリング，仲間が教えること，協同学習，相互に教えることである。ある社会的作用は，教師が生徒に算数の分数の掛け算の方略を示すような，特定の自己調整技術を伝える公式の努力である。他の社会的作用は，子どもが催促なしでも宿題をやり終える責任をとるだろうという親の期待のように，非公式でわずかなものである。

　自然な文脈での自己調整についての研究は今までごくわずかしかないが，この自己調整の能力が，公式の指導から直接生じることは起こりそうもないといえる。むしろ，子どもの勉強と学力に対する両親の期待と間接的援助，生徒が教室場面外で学習し仲間との協同学習を求める教師の宿題に，その起源をもつとみたほうがよさそうである。学習の学校外の影響に関する最近の研究（Steinberg, 1996）は，高い学力の生徒の親が，上位の成績に強い期待をもち，子どもをきちんとモニターしていることを示してきた。高い学力の生徒は，低い生徒より，教師や仲間からより頻繁に効率的に援助も求めている（Newman, 1990）。明らかに，高い学力の生徒は社会的に孤立していないだけでなく，情報と援助が必要なときに，他者への依存を自己調整しているのである（Newman, 1994）。

　学習技術が十分**自己**調整的にならない場合，生徒には，リハーサルをし自分で自己を成長させる機会がさらに必要である。数学の問題解決スキル，読解力，書き行動などの学習の専門的力量は，何時間もの練習を必要とする。前の概念分析で述べたように（Zimmerman, 1994），生徒は1人での選択や制御を実行できない場面だと，自己調整スキルを発達させたり示したりすることができない。学校場面の生徒の学習は，教師によって大きく規定されるが，宿題や勉強の間に，自己調整する機会はたくさんある。その機会に，生徒が教師から自由になって，予定を立て，組織し，仕上げなければならない。宿題は，生徒に学習スキルをルーティン化するための必要な練習をさせるので，すこぶる有益なのである。

　エリクソンとシャルネス（Ericsson & Charness, 1994）は，多彩な訓練を乗り越えた若いエキスパートは，いわゆる"入念な練習"に少なくとも10,000時間を費やしているとみている。そしてこの研究者たちは，練習は能力と高度な

指導のような専門的技術の形成に欠かせないと結論づけた。彼らは，その驚異的に長い練習期間はめったに自主的ではなく，むしろ，両親やコーチによって，組織化され，予定され，支えられていることに気づいた。両親やその代理人は，子どもに対して，練習の機会を作り，競争の要求を除去し，スキルが少しでも向上しないかとモニターし強化することを支援する。両親は，子どもの毎日のスケジュールの定まった部分として練習をプランニングすることによって，スキルのルーティン化を促進し，努力と究極の習熟まで精一杯の練習をする大切さを伝えるのである。よく知られた言葉，"痛みなしには得るものなし！"で率直に表現されている通りではあるが。このように最適な自己調整の形成は，自主的練習の豊富な機会を与える社会的支援的環境の中で，定着するようにみえるのである。

　社会的支援と自主的練習の機会が，生徒の自己調整発達を最大限にするためにどのように配置されたらいいかという課題への答えは，まだ明らかではない。個人の発達のこの2つの起源は，学習の自己調整のすべての理論において，事実上はっきり示されたのである（Zimmerman & Schunk, 1989）。様々な社会的訓練と練習過程をテストする実験的取り組みは，有望な結果を生み出してきた（Schunk & Zimmerman,1994）。この研究成果を基にして，多くの教育者たちが，学校場面の生徒に自己調整学習スキルを教える指導モデルを発展させ始めたのである。

学習の自己調整の指導モデル

　後続の章には，学習の自己調整スキルを形成させる多様な指導モデル（それは自主的練習要素にはもちろん指導の要素も含むのだが）が記述されている。このモデルの立案者たちは，指導のそのときの形態をしばしば改訂した。その指導は，コンピュータによる教示，個人指導，宿題課題のような自己調整過程を強調する自主的学習のための貴重な機会を与える。この改訂は，オペラント視点からメタ認知視点までの多様な学習の自己調整理論によってすすめられた。理論的起源と指導手段の選択には違いがあるにもかかわらず，この立案者たちは，モデリング，方略訓練，言語による指導，学習演習のような，社会的で自主的経験を中心部分に取り入れた。いくつかの指導モデルは，段階や区分の計画された順番のある自己調整スキルを形成する。これに対して，他のモデルは，

教師に取り組みを促すような基本的原理や特別な手段を与える。しかしながら，この全部の立案者は，学習の自己調整を，計画，遂行や意思制御，自己内省過程を含む固有なサイクル活動としてみている。

　第2章では，グラハムたちが，自己調整方略の形成モデルについて述べている。そのモデルは，教師と生徒間の対話式学習を生徒の"メタスクリプト"の7段階に組織している。このモデルは，マイヘンボーム（Meichenbaum, 1977）の認知行動の修正の見方によるものである。それは，ソビエトの理論家ヴィゴツキー（Vygotsky, 1978），ルリア（Luria, 1982），ソコロフ（Sokolov, 1975）の言語による自己調整の研究やブラウンら（Brown et al., 1981）の自己制御指導の見方，そしてデシュラーとシューマーカー（Deshler & Schumaker, 1986）の学習方略モデルによるものである。ステップ1では，教師は，生徒が小論文を書くようなターゲット方略を理解し実行するために必要な"前スキル"を形成することを援助する。ステップ2では，教師と生徒は，以前に使用した書き行動が，学習内容領域の遂行に及ぼす効果があるかを検討する。ステップ3では，教師は，ターゲット方略，その目的，使用の仕方を記述する。教師は，ステップ4で，適切な指導に従って方略をモデルにする。それからステップ5で，それは記憶される。ステップ6では，教師と生徒による方略の共同練習を行う。その練習は，自己調整教示のステップ7の最終段階で，生徒による1人の練習へ移行する。自己調整方略の形成モデルは，特別教育クラスの別の指導モジュールとして紹介されてきている。

　第3章では，プレスリー，エル-ディナリー，ワートン-マクドナルド，ブラウンが，交流方略指導モデルについて記述している。そのモデルは，優れた方略ユーザーの実験的研究（Pressley et al., 1987）とベンチマークと他の学校の実験的教授の観察的研究に基づいている。相互交流方略モデルは，7つの特徴を具体化している。まず，方略指導は，当該学年度中およびその翌年度以降，繰り返される。第2の特徴は，教師が生徒に，説明とモデリングによって限られた数の有効な方略を伝えることである。第3に，生徒は方略使用を必要なときに指導される。第4に，教師と生徒は，遂行しながら声に出して考える（例えば，言葉で調節する）間，方略の相互モデリングを使う。第5に，教師は，指導全体で繰り返し方略の有効性を強調し，それぞれの方略が最も効果的である文脈を明確にした。第6の特徴は，文章の節の読解のような学習課題の手段として方略を使うことである。そして第7の特徴は，この方略の実行を促そうと

して声を出して考える間，練習に変化を加えることである。この自己調整形成の交流方略モデルは，小学校の教室における指導の一般的方法として実行されてきたのである。

第4章では，学びの学習，学習と動機づけ方略についてのミシガン大学のピントリッチらによる先行の研究（Garcia & Pintrich,1994; Mckeachie et al., 1985; Pintrich & DeGroot, 1990）に基づいたコースについて記述している。これまで教えられてきた動機づけ方略の例は，帰属スタイル，自己肯定，セルフ・ハンディキャッピング，防衛的ペシミズムである。認知方略の例は，情報のリハーサル，情報の精緻化，情報の組織化である。この方略の指導に加えて，インストラクターは，学習の動機づけ方略の質問紙（Motivated Strategies for Learning Questionnaire）を，当該の方略利用を知らせるために生徒に与える。教師は，この情報をさらに方略学習を導入するためにどう使うかを述べている。教科書教材はもちろん，研究企画書と学習雑誌のような多様な指導手段が，学習方法の効果を伝えるために使われている。つまり，学びの学習の教室における指導は，この動機づけと認知方略が最も効果的である状況の条件知識の伝達に焦点を合わせているのである。

第5章で，ランは，テキサス科学技術大学の統計コースの自己調整過程の効果に焦点化した，自己モニター指導モデルについて述べている。彼の自己調整の指導技法は，自己モニタリングのメタ認知的見方，記録を保持するオペラントの見方，自己効力の社会的認知理論の見方によるものである。最初，ランは，学生に，統計講座中に習得が期待されている，連続と不連続の変数を区別するような，特別な指導目標を与えた。学生は，それぞれの目標に関係した学習活動の頻度と持続を記録するために特別なプロトコルをどう使うかを教えられた。この自己モニタリング活動は，講義を聴くこと，テキストを読むこと，宿題をやること，討論に参加すること，チューターを受け入れることである。プロトコルについて，学生は，目標を学習するのに費やされる頻度と時間を記録し，目標達成に関する自己効力感の評価を求められた。彼らの理解レベルの細かなフードバックを与えることに加えて，自己モニタリングの経験は，目標概念が習得されるまで，学生の自己効力信念と勉強を続ける動機づけを高めるように設計された。

第6章では，ウィンとストックリーは，典型的にコンピュータ制御された環境の中で自己調整学習を発展させるSTUDY（ソフト名）という指導方法につ

いて述べている。この公式化は，自己調整の情報処理とメタ認知理論によるものである。STUDYのコンピュータ制御された環境は，様々な問題を学習するためのメニュー方式に基づいた多様な自己調整サポートを提供するために設計された。STUDYソフトの基本的特徴は，必要なときに自己調整のためにコンピュータ制御された学習サポートに接近し，不要になったらそれを取り除く，学習者の能力のことである。コンピュータ制御された環境は生徒に，自分で特定な目標を設定し，目標に到達するために一定の方略を使い，コンピュータの記録と分析されたデータを使う遂行の取り組みを自己モニターする機会を提供する。自己調整サポートのコンピュータによる支援形態は，学習者に非常に正確な遂行の情報を与え，このデータをよく理解するための個人の学習プロフィールに変えられる長所をもつ。そこでSTUDYは，人間の能力を大きく高めることができる技術的道具の使用によって，自己内省過程を強化する可能性をもつのである。

第7章でシャンクが，社会的モデリング，修正フィードバック，従来の宿題教材を使う練習によって自己調整スキルを教える，社会的認知指導モデルについて述べている。そのモデルは，バンデューラ（Bandura, 1986）の人間の自己調整についての社会的認知理論の見方に基づいている。その見方は，結果と学習を続ける動機づけの両方に対する自己効力信念の役割をとりわけ強調する。割り算のような基本的算数スキルを教える社会的認知方法を使うときには，教師／モデルは，解決方略を示して説明し，具体的操作経験に基づいた実践マニュアルを与え，自己調整活動の案内つきで1人の練習をさせる。問題のスキルの学習に対する生徒の自己効力信念は，学習の前に測られ，多様な実生活状況におけるスキルの実施に対する自己効力感は，自己信念の変化の測定に役立つように，後で測られる。自己調整指導の社会的認知モデルは，学習スキルの形を実際に教えるために教師によって使われるし，正規のカリキュラム教材に容易に適合できる。

第8章で，バトラーは，学習障害の学生の自己調整学習を促進するために「内容の方略的学習」の指導モデルを提案している。この公式化は，知識の共同構築というヴィゴツキーの見解とメタ認知理論から形成されたものだった。「内容の方略的学習」は，学生にあらかじめ計画された学習方略を教えようとするものではない。そうではなく，学習者と教師に，難しい学習課題をしているときに協同して独創的な方略を創ることを教えるのである。バトラーの「内

容の方略的学習」モデルは，多くの基本的指導のスキャフォルディング☆原理（認知的徒弟制4段階の3段階目）に依存している。例えば，学生は，意味のある課題に取り組むように支援される。そうやって学習課題の取り組み（例えば，課題を分析すること，方略を選択，改訂，工夫すること，学習方法をモニターし修正すること）を自己調整するための認知過程サイクルに入れているのである。自己調整サポートは，学生の個人的要求に対応し，要求に応じて増やされ，あるいは減らされる。つまり，学生と教師は，相互の対話によって協同で問題解決をするのである。「内容の方略的学習」方法は，学生の学習をすすめ必要なときだけ援助する教師がついて自己調整解決をする，学生の積極的役割に依存している。「内容の方略的学習」指導モデルは，短大レベルの学生の個人指導場面で進化したものである。

☆ 教授学習のモデル。認知的徒弟制の段階の1つ。徒弟が親方の作業を見て学ぶモデリング，親方が手取り足取り教えるコーチング，徒弟にできることを確認して自立させるこの段階，最後は，親方が手を退いていくフェーディングである（心理学辞典，有斐閣，2005年，p.667）。

第9章では，ベルフィオーレとホーンヤクは，自己調整訓練の意図的学習モデルについて述べている。その自己調整訓練は，学習がうまくいかない恐れのある青年期の生徒が使ってきたものである。この公式化は，オペラント理論から形成されたもので，学習の自己調整における自己強化の大切さを強調している。意図的学習方法は，自己モニタリングに因るところが大きい。その自己モニタリングとは，学習者に指定された行動か目標行動かの区別を教えることと，頻度か持続時間を記録することである。自己記録は，自己反応をしばしば生じさせる。自己反応は，目標行動を制御しようとする自発的努力から成り立つ。そしてこの場合には，自己記録は，自己調整制御下に学習反応を置くのに十分である。追加の訓練が必要なときには，教師は，生徒が反応を制御する弁別刺激を強化するために，生徒の机の上に数学の問題を解くルールが書かれた1枚のカードを置くなどして学習環境を整える援助をする。第2のタイプの指導の影響は，新しい算数問題を解くときにルールが定めたステップを言語化するように，自己指導を教え込むことである。自己強化は，数学の問題が正しく解かれたときのように，学習者の遂行がある基準と一致して反応の頻度が増えるときに生じる。意図的学習モデルは，自己調整訓練の個別に方向づけられた方法である。しかし，個別の基準に基づいて自己調整コンサルタントとして務める

教師が，それぞれの生徒に，教室場面でそれを使うことができる。

　第10章で，ビーミラーたちは，自己調整の形成についての言語課題調整の見方を示している。この方法は，認知行動主義者（Meichenbaum, 1977）とヴィゴツキー派の理論的伝統に基づいていた。それは，生徒の学習活動の自己調整の有力な個人的力としての自己指導の役割を主に強調している。この著者たちは，学習課題は定義や説明のような言語操作をたくさん使用するという。言語課題調整の教示方法の目標は，自己指導によって，積極的な個人の制御下にこの学習スキルを置くことである。ビーミラーたちは，以下のことを注意している。生徒が新たな学習課題に取り組むときに言語化を強いる取り組みには，問題が多い。というのも，言語化は認知的容量を独占してしまい，知的記憶が必要な能力を奪い取ってしまうからである。そうではなく，著者たちは，効果的自己指導を妨げないように，学習課題要求と生徒の先立つ達成に自己調整言語を適合させることをすすめる。ビーミラーたちは，教室学習間に言葉で表現する中位学力の生徒と低位学力の生徒の失敗は，生徒が仲間の学習を援助するように頼まれれば，乗り越えられることを見出した。このように，仲間を教えることは，学習の自己調整の言語形式を向上させる教授手段として役に立つのである。

結　論

　以上の9つの典型的指導モデルは，次の仮説に基づいている。学習の自己調整は，生徒が学習経験の間に繰り返し使う固有位相過程からなる獲得された能力である。学習を内省することは，事後の考察であるべきではない。そうではなく，それは，体系的計画と遂行，あるいは意思的制御が先行する循環過程の自己成就段階なのである。学習の自己調整と自己内省の構成要素形式は，めったに学校では教えられないが，小学校から大学までの年齢範囲の，能力の点で大きく異なる多様な生徒たちが，教育的で個別の練習経験を通して学んでいるのである。この後の章では，この自己調整の指導モデルの著者たちが，その方法がいかに生徒に学習の自己成就サイクルの発達を促進するかを，詳細に述べている。

謝辞
　本章の初稿に有益な論評をしてくれたD・H・シャンクに謝意を表する。

第 2 章

書き行動と自己調整
：自己調整方略の形成法モデルのケース

スチーヴ・グラハム
(Steve Graham/ University of Maryland)
カレン・R・ハリス
(Karen R. Harris/ University of Maryland)
ガレ・A・トロイア
(Gary A. Troia/ University of Maryland)

　多くの職業作家は，執筆するときに様々な自己調整方略を使っている。その方略とは，執筆行動，内容構成，執筆環境を管理しようとして，プランニングし，見直し，編集し，環境構築し，さらに評価することである（Graham & Harris, 1994; Plimpton, 1967; Zimmerman & Risemberg, 1997）。例えば，ジョン・アービングは，『熊を放つ』と『サイダー・ハウス・ルール』の執筆にかかる前に，タイム・プランニング，情報収集，ノート作り，見ること，確かめること，観察すること，それに研究することに相当な時間を注ぎ込んだ（Plimpton, 1989）。『写真論』の著者，スーザン・ソンタグは，各頁に 30～40 枚の草稿を何度も書くほど多くの手を入れた（Burnham, 1994）。ジョセフ・ヘラーは，『キャッチ22』の著者であるが，いつでもどこでもアイディアが生じたときにすぐに書けるように，紙入れの中に 3 センチ×4 センチの索引カードを持参していた（Plimpton, 1967）。
　このような個人の逸話は，書き行動☆が，広範な自己調整と注意制御を必要とする，難しく厳しい課題だという見方と一致する（Kellogg, 1996; McCutchen, in Press）。この見方は，創作の新しい例として，あらゆる機会に認められている（Beaugrande, 1984; Flower & Hayes, 1980; Grabowski, 1996; Hayes, 1996）。それはまた，3 つの他系統のエビデンスによっても支持されている。

まず，書き行動（Scardamalia & Bereiter, 1986）の研究を含む専門的技術についての広範囲に及ぶ資料では，方略知識の獲得が，力量が初歩から熟達へと進行する過程で学習者にとって大切な役割をすることを示している（Alexander, in press）。次に，ヘイズとフロウァー（Hayes & Flower, 1986）による熟練した書き手の組織的観察は，職業作家の個人の逸話と一致している。その逸話には，作家が書き行動に多様な自己調整方略を使っていることが示されている。第3に，プロでない作家に自己調整の書き行動方略を教えると，その作家の書く力が明らかに向上するという研究が増えている（Graham & Harris, 1996; Harris & Graham, 1996; Zimmerman & Risemberg, 1997）。

☆　作文と文法の両方を含む行動。

　書き行動が，高度の自己調整や努力を常に必要とすることはいうまでもない。例えば，個人の経験を書くことは，内容が使いやすく覚えやすく，自己調整する必要が減るので，認知過程を必要としない（Graham, & Harris, 1997b; Scardamalia & Bereiter, 1986）。同じように，何かをしようとしてメモを記すように，日常生活の一部として生じる多くの書き行動課題は，それほど努力せずにまた高度な目標指向行動に頼らずに，普通は行われるのである。しかしながら，このことは，書き行動の成長がこの過程の発達と利用によって進行するからといって，書き行動を自己調整することが大切でないというのではない（Graham, & Harris, 1994; Zimmerman & Risemberg, 1997）。さらに，プランニングや見直しをするような自己調整手法の使用は，なじみでない話題についてだけではなく，よく知っている話題についてでも，書き行動を変えさせ，大いに上達させることができる。例えば，記憶から情報を順番かランダムかに取り出しただけで自叙伝を書いてみると，退屈で無感動な原稿になることが多い。注目されるのはどんな点か，どの教訓か，どの経験が共有されるか，どのように全体が組織するかについて，前もってプランニングすることによって，読む価値のある作品になりやすいのである。

知識伝達

　最近のマンガ『ピーナッツ』の中で，スヌーピーが，犬小屋の上に座り，足でタイプライターを叩いている。彼は次の文章をタイプしている。「薄い霧が

雨に変わった」。彼は次の文をタイプする。「雨は雪に変わった」。第3の文をタイプする前に，彼はタイプライターから紙を取り去って，話しがつまらなくなったとつぶやいて，それを放り投げた。

　彼の書き行動の方略は，生徒を含む多くの子どもが作文に使う方法を想起させる。彼らは，書き行動課題を，知っていることの伝達課題に変換している——つまり，記憶のための書き行動か，パターンによる書き行動☆である（Scardamalia & Bereiter, 1986）。少しでも役に立ちそうなら，どんな情報でも記憶から検索されて，次の新しい着想の創出を刺激する新しい句や文章として記録される。読み手の要求，話題から課せられた制約，テキストの編集，美辞麗句の工夫には，ほとんど注意が向けられない。プランニング，見直し，その他の自己調整過程の役割は，最小限に抑えられている。この検索および書く過程は，メタ認知的制御なしに大部分操作される自動化され閉ざされたプログラムのように，普通は機能する（McCutchen, 1988）。このことは，この書き行動の方法が必ずしも無分別だという意味ではない。むしろ，それは，大部分が構成過程間の小さな繰り返しの相互作用によって進行するのである（Scardamalia & Bereiter, 1986）。

　☆　作文のスタイル，内容ではない。これを学ぶことで，効果的スタイルを身につける。

　この書き行動の方法は，書き行動と学習にやりがいがあると理解した生徒の間で特に目立っているように見える。例えば，グラハム（Graham, 1990）の研究の中で，学習障害の子どもは，書き行動課題の多くを問答課題に変えた。問答課題とは，心の中に浮かんだものをすぐに知らせて，その後反応をすぐ止めることである。彼らは，作文を指定された問題の回答にただ「はい」か「いいえ」で答えることから始めて，その後，それに対する理由や説明を書くことにおよそ6分を費やすのである。

　そこで，書き行動と学習にやりがいがあると理解した生徒の書き行動の指導における大切な目標は，生徒がもっと目標志向的で，臨機応変で，内省的となるように，彼らに追加の自己調整過程を書き行動に組み込むように援助することである。この目標を成し遂げる1つの方法は，生徒にこの手法の使い方をはっきりと教えて，問題に正面から取り組むことである。私たちは多くの研究（Graham & Harris, 1993, 1996; Harris & Graham, 1996）で，この方法の効果を検討してきた。つまりその方法とは，書き行動と学ぶことに問題をもつ子どもた

ちに，熟達した作家が書くときに使うのと同じ方略と過程を教えることである。

本章では，生徒の書き行動と自己調整の方略を発展させる理論と経験に裏づけられた指導方法を検討する。私たちは，自己調整方略の形成方法にも言及する。自己調整方略の形成法について，子どもはプランニングと見直しのような作文の固有課題方略の使い方を共同ではっきりと教えられた。これらの方略は，方略使用，書き行動過程，遂行を遅らせる行動（否定的セルフ・トークあるいは衝動性）を調整する手法と一緒に教えられている。

自己調整方略の形成法を使用する，書き行動方略を教えられてきた大部分の生徒は，小学4年生から中学2年生の学習障害の子どもたちである。典型的な子どもは，知能テストの標準範囲の得点をとり，標準化されたテストの書き行動と教室の書き行動では出来が悪く，読みと数学，あるいはその両方で平均より2年以上も下回る成績である。自己調整方略の形成法は，標準学力の生徒（Danoff et al., 1993）と知能テストの標準範囲を上下する得点の学習障害の生徒（De La Paz & Graham, 1997a）に，書き行動方略を教えるために使われてきた。本章で示された2つの事例研究は，学習障害の子どもの自己調整方略の形成法の使い方に中心が置かれている。

自己調整方略の形成法

自己調整方略の形成法は，生徒が作文に関係する高レベルの認知過程を習得するのを，援助するように設計されている。それはすなわち，効果的な書き行動方略の自立的，内省的，自己調整の使い方を形成すること，上手な書き行動の特性についての知識を増すこと，書き行動に対する積極的姿勢と書き手としての能力を形成することである（Harris & Graham, 1996）。

この目標は，モデル全体にわたる統合されたサポートの多様な方式によって，達成される。サポートの1つ目の形式は，生徒が教えられる書き行動方略に――方略は行動を組織し順序づけるのに役立つ構造を与えるのだが――固有のものである。サポートの2つ目の形式は，書き行動方略をうまく使い，書き行動過程を管理し，非生産的行動を前向きなものに置き換えるために必要な自己調整スキルの獲得を支援することである。これは，生徒に，自己評価，目標設定，自己指導のような自己調整の手法の使用を教えることである。

さらなるサポートは，書き行動方略と付随する自己調整の手法を教えるのに

使用される方法によって与えられる。最初に生徒がこの過程を使うことを学んでから,教師は,モデリング,説明,再説明,必要なときの助力などの多くの支援をする。このスキャフォルディングは,生徒がこの手法を1人で使うことができるようになると,次第に取り下げられていく。認知的資源は,生徒が自分の知識を増やすこと,書き行動,書き行動過程によってさらに増強される。モデルを構成することは,生徒に上手な書き行動特性になじませるのに使われている。自己モニタリング,目標設定,教師のフィードバックは,生徒に,書き行動能力の知識を獲得し,創作過程を調整する方法の習得を援助するのである。

●●● 指導の段階と特性

　6つの指導段階が,自己調整方略の形成法の枠組みを規定している（Harris & Graham, 1992, 1996）。段階は,表2.1にあるように,**背景知識を形成すること**（書き行動方略と自己調整の手法を使うために必要な知識とスキルを形成すること）,**書き行動方略を討論すること**（書き行動方略と自己調整の手法の目的と形式を討論すること）,**書き行動方略の見本を示すこと**（書き行動方略と自己調整の手法をどのように使うかの見本を示すこと）,**書き行動方略を記憶すること**（書き行動方略と自己調整の手法を使うための手法ステップを記憶すること）,**書き行動方略をサポートすること**（書き行動方略と自己調整の手法を使うために当面の調整された支援を与えること）,**自立した遂行**（書き行動方略と自己調整の手法を自立して使うことを勧めること）を含む。これらの段階は,一般的指針を与える「メタスクリプト」を示している。その指針は,生徒と教師の要求に見合うように再注文され,結合され,修正される。さらに,いくつかの段階は,すべての生徒に必要なのではない。例えば,生徒の中には,すでに,背景知識（段階1）を習得している者がいる。背景知識は,書き行動方略と指導の対象である自己調整過程の使用が必要とされる。

　表2.2で示された,自己調整方略の形成の指導の特徴は,教師と生徒間の対話的学習,個別化,基準に基づいた指導,継続する方略の形成過程である。さらに,自己内省の使用を含む維持と一般化を促進する手法は,自己調整方略の形成法のモデル全体に統合されている。これらの手法は,書き行動方略と自己調整の手法を使用する機会を特定すること,これらの過程が他の課題と新しい

表 2.1　自己調整方略の形成法モデルの指導段階

背景的知識を形成すること
　指導の最初の段階は，生徒が事前スキルを発展させるように支援することである。その事前スキルは，書き行動方略（上手な書き行動の基準の知識を含む）と付随する自己調整の手法を理解し，獲得し，実行するために必要なものである。

書き行動方略を討論すること
　第2段階で，教師と生徒は，個別の課題を仕上げるために使われる現行の書き行動の遂行と方略を検討し討論する。指導対象の書き行動方略がそのとき説明される。その使い方と使う時期，目的や利点も検討される。生徒は，方略を学び，この試みの協同パートナーになるように頼まれる。またこの時点で，生徒が現在使っている否定的な，あるいは効果のない自己言明や信念にも注意が向けられる。

書き行動方略の見本を示すこと
　第3段階で，教師は，問題規定，プランニング，方略使用，自己評価，コーピングと誤りの修正，自己強化言明を含む，適切な自己指導を使う書き行動方略をどう使うかの見本を示す。教師の遂行を分析した後で，教師と生徒は，もっと効果的にするために書き行動方略をどう変えるかについて取り組む。生徒はそれから，書き行動に使うために個人の自己言明を発展させ，記録する。

書き行動方略を記憶すること
　第4段階で，書き行動方略のステップ，それを記憶する方法，個別化された自己言明が記憶される。生徒は，はじめの意味が維持される範囲で言い換えることがすすめられる。この段階は，基本的に学習が困難で記憶に問題のある子どもを含むが，生徒全員に必要というわけではない。

書き行動方略をサポートすること
　第5段階で，生徒と教師は，個別の書く課題を仕上げるために方略と自己指導を一緒に使う。目標設定と自己評価を含む自己調整の手法がこのとき説明される。

自立した遂行
　最後の段階で，生徒は1人で方略を使う。もし生徒が，目標設定や自己評価のような自己調整の手法をまだ使っているなら，それらを徐々になくす決意をする。生徒はまた，自己言明をひそかに"頭の中で"言うようにすすめられる（もし，彼らがまだそうしていなければ）。

場面でどのように修正される必要があるのかについての分析，指導と次の実施間の過程の成功の評価を含んでいる。さらに他の教師も，生徒に対する教室での書き行動方略と自己調整手法の使用の指導を頼まれる。

　今まで，書き行動方略を教えるために自己調整方略の形成法を使う20の研究が行われてきた。その中には，私たち（Graham et al., 1991; Harris & Graham, 1996，参照）の研究と他の研究者（Collins, 1992; De La Paz, 1997; Tanhouser, 1994）の追試研究もある。モデルは，多様なプランニングと見直し方略を教えるために使われてきた。それは，ブレインストーミング（Harris & Graham,

第2章 書き行動と自己調整：自己調整方略の形成法モデルのケース　　27

表 2.2　自己調整方略の形成法の特徴

対話的学習
　教師と生徒との対話的学習では，自己調整方略の形成法のモデルが強調されている。生徒は，教師と一緒になって，お互いに指導の目標を決め，課題を仕上げ，方略と方略獲得の手法を実行し，評価し，修正する協同者と考えられている。

個別化
　指導は，対象とされている過程とスキルがそれぞれの子どもの書くことに対する現行のアプローチを向上させるために，個別化されているのである。教師は，個々に応じたフィードバックとサポートを与えることによってさらに個別化し，生徒の能力と要求に基づいて，モデルの基本的段階を修正する（追加，削除，再編）。

基準に基づいた指導
　指導は時間より基準に基づいている。生徒は，自分のペースで指導段階を移行する。遂行のはじめの基準に合致するまで，次の段階には進まない。指導は，生徒が書き行動方略を効率的，効果的に使えるように習得するまで終了しない。

形成過程
　自己調整方略の形成法は，新しい方略が持ち込まれ，前に教えられた方略が向上する進行過程である。例えば，仲間によって修正方略を教えられると，生徒は，はじめはお互いの書き行動を評価する2つの基準だけしか使わない。例えば，不明確なテキストの場所ともっと詳細さが必要な場所を区別する（MacArthur et al., 1991 参照）。この方略は，後に要点を示す方法と順序のフィードバックを含むまで改良される（Stoddard & MacArthur, 1993 参照）。

1985），生産的な自己モニタリング（Harris et al., 1994），情報とセマンチック・ウェブを読むこと（MacArthur et al., 1996），要点を示す方法を使う記述内容の作成と編集（Graham & Harris, 1989a, 1989b; Sawyer et al., 1992），仲間のフィードバック（MacArthur, Schwartz, & Graham, 1991），使用を見直す目標設定（Graham, MacArthur, & Schwartz, 1995; Graham et al., 1992），構造と内容の両方の見直し（Graham & MacArthur, 1988）を含んでいた。
　自己調整方略の形成法は，生徒の遂行の4つの視点で変化と改善を促してきた。それはすなわち，書き行動の質，書き行動に関する知識，書き行動の方法，自己効力感（Graham et al., 1991; Harris & Graham, 1996 参照）である。さらに教師と生徒による自己調整方略の形成法についての評価は，肯定的である。ある教師が書いているように，生徒が書き行動方略の使い方を学ぶと，教師は生徒が"ひらめくことがわかる"のである。書き行動方略を教える場合に自己調整方略の形成法をどう使うかが，次の2つの異なるプランニング方略で示されている。

●●● 事例研究 1

　現代のエッセイスト，マーチン・アンダーソンは，「概略かあるいはある程度はっきりと定義された概念地図が，真剣に執筆する前にはいつも存在する」と言う（Anderson, 1995, p.10）。いくつかの研究の中で（Graham & Harris, 1989b; Sexton et al., in press），私たちは，書き行動と学習にやりがいがあるとわかった生徒に，アンダーソンの場合といくぶん似た方略を教えることが，彼らがもっと優れた意見文（opinion essay）を書くために役立つかどうかを検討した。その方略は，書き手に次の支援をするように計画された一連の段階を含んでいた。それは，書き手が自分のめざすものを特定し，はじめの内容の骨子を作成し，書きながら骨子を発展させ，修正し続けることへの支援であった。

　環境と参加者　最初の事例研究は，ワシントンDC周辺の「軌道幹線道路」の少し外側に位置した小学校で行われた。学校の母集団は多様であり，子どもの62％はアフリカ系アメリカ人，23％は白人，11％はアジア系アメリカ人，3％はヒスパニックであった。この生徒たちのおよそ40％が，無料か割引費用のランチを受けていた。

　書き行動方略は，その学区★で学習障害と確認された6人の生徒に教えられた。5，6年の生徒は，終日一般教育クラスにいた。学校が，特別な指導の必要がある生徒を教えるのにインクルージョン・モデルを採用していたためである。書き行動の程度が様々なクラスは，一般 兼 特別教育の教師によって教えられるチームだった。「作文過程重視」の作文教育が，教室で行われた（Atwell, 1987）。生徒たちは，小集団で構成方略（composition strategy）の指導を受けながら，ワークショップに参加していた。

　★　メリーランド州では，学習障害は，子どもの遂行期待レベル（個別知能検査による）と遂行観察レベル（個別学力検査）間の不一致を証明して決められている。

　この生徒たちは，自己調整方略の形成法の指導を受けるために，教師の評価によって選ばれた。それは，生徒が，書き行動に問題があり，動機づけが低レベルで，書き行動の成否の原因について不適応信念をもつという評価である。教師も，生徒の論文を書き行動スキルの向上を望んでいた。というのは，教師はその力が上級の小学校（upper elementary school）のためだけではなく，次の中学・高校の学年にももちろん大切であることを知っていたからである。

第2章 書き行動と自己調整：自己調整方略の形成法モデルのケース

　6人の生徒のうち4人が男の子で，5人はアフリカ系アメリカ人であった（1人は白人である）。彼らのWISC修正版のIQは，81から117までであった。3人の5年の生徒と1人の6年の生徒は，3年レベルの読解力だった。それに対して他の2人の6年生は4年レベルの力であった。書き行動の標準化された尺度，記述式言語テスト－2（Hammill & Larsen, 1988）では，6人中5人の生徒は，彼らの年齢レベルの平均を下回る得点だった。1人の生徒は，平均を上回ったが，教師はテスト結果は生徒の書き行動，特に論文の書き行動を正確に表していないと言った。普段この生徒の書く論文は，大事な情報の書き入れ損ないがあり，時々，かなり関係のない素材が入っていたのである。その書き行動レベルではプランニングを重要視していたのだが，6人のうちの誰1人として，書き行動前のプランニングについて何のエビデンスも示さなかった。

　指導　教師は，論文の中に共通してみられる要素を含めて，生徒が意見文について何をすでに知っているかを検討することから，指導を始めた（背景知識を形成すること）。この知識は，これらの要素が骨子に含む情報を作り出すヒントとして役に立つので，この書き行動を使うために必須な前提条件，と考えられていた。教師と生徒は3タイプの共通の論文要素を検討した。すなわち，前提，支持理由，結論である。次に彼らは，教室で読んでいる論文の要素と他の子どもたちが書いた論文の要素の用例を区別した。それから彼らは，別の話題を使って論文の構成要素が何であるかを考えるのにしばらく時間をかけた。

　この初回のレッスンの後で，生徒ごとに個別相談が行われた（書き行動方略を討論すること）。教師と生徒は，生徒が書き行動に今使っている方略と自己言明について話題にした。このときに，教師は，生徒に意見論文を書く方略を教えようと言った。彼らは，方略を学習する目標（良い作文を書くための）と，論文の構成要素の包含と拡充はどのくらい書くことを上達させるかについて，話し合った。教師は，自己評価が生徒に論文の完全性と方略を使う効果をモニターできることを示すために，進み具合のモニタリングの考えをさらに説明した。同時に，彼らは，以前に書かれた作文に含まれる要素数を数え，図示した。教師は，生徒が書き行動を学ぶにつれて，図式が自己モニタリングにどのくらい使われ続けるかを説明した。相談を終える前に，教師は，協同者としての生徒の役割を強調し，方略を学習するための記述目標を一緒に作成した。

　個別相談後に，教師と生徒は，書き行動についての2人の検討結果を要約した。それぞれの生徒は，方略ステップの一覧表を持った（表2.3参照）。方略

表 2.3 書き行動方略のステップ

- 誰がこれを読み，なぜ私がそれを書いているかを**考えなさい**。
- TREE を使って何を言うかを**考えなさい**。
    - 主題 (*T*) 文を書きなさい。
    - 理由 (*R*) を書きなさい。
    - それから理由を**検討** (*E*) しなさい。
    - 終わり (*E*) を書きなさい。
- もっと書きなさい，そしてもっと言いなさい。

の最初のステップは，対象となる読者と論文を書く理由を特定することである。第2のステップで，生徒は彼らの論文の骨子を作り上げた。これは，論文の前提を設定すること，前提をサポートする構想を考え出すこと，それぞれの構想の読者の反応を評価すること（そして不適当な考えを削除すること），論文の結論を記録すること，どのように理由が組み立てられ，順序づけられるかを決めること，を含んでいる。第3のステップは，書き行動に際し，骨子を見直し推敲し続けるための覚え書きの作成であった。

　教師は，生徒にそれぞれのステップの理由をどう考えるかを尋ねた。それから2人は，方略の使い方とその時期を検討した（例えば，自分の意見を述べたり何を信じているかを話すように言われるのはいつなのか）。教師は，努力の大切さを強調しながら，方略を学ぶ手続きを述べた。方略は習得されなくては機能しないからである（これは，帰属機能，目標設定機能の両方に役立つことを意味した）。

　第3のレッスンで，教師は，口に出して考えるときに，どうやって書き行動方略を使うかの見本を示した（書き行動を示すこと）。生徒は，最初の草稿を考え書いている教師を手伝った。教師と生徒は一緒になって，教師の仮説をサポートする可能な着想を受容したりまた拒否し，さらに，論文を書いている間そのプランを修正し続けた。最初の草稿が書かれると，教師と生徒は論文を読み返し補正した。

　教師は，方略を示した後で，方略，書き行動過程，行動を管理するサポートのために，多様な自己指導を使った。これは問題定義（例，私は何をする必要があるのか？），プランニング（例，了解，まず私が必要なことは……），自己評価（例，私が実際に信じていることを言ったか？），自己強化言明（例，すばらしい，これはいい理由だ）を含む。教師は，論文を書いた成功を努力と方

略利用のせいにした（前述したように，この生徒たちは，書き行動の成否の原因に不適切な信念をもっていた）。帰属的自己発言の例は次のものを含む。"もし私が頑張って，次の方略のステップをたどれば，私は，良い論文を書けるだろう"，そして"私は良い論文を書きたいので，一生懸命その方略を使おう，そして良い論文の構成要素を盛り込もう"。

　書き行動の使い方の見本が示された後で，教師と生徒は，書いているときに自分に向けて具体的な言葉にすることの大切さを検討した（生徒は，書くときに使う，個人の積極的で時には消極的な自己言明の例をすすんで提供した）。彼らは，教師が努力と方略利用の役割を強調する言明を重視して，自分の仕事がよくできるのを助けたと言ったそのタイプも，さらに特定した。この自己言明がどれくらい役立つかを検討した後で，それぞれの生徒は，彼らが使う小さな図式の自己言明を作り記録した。①方略と書く過程を管理する（例，ゆっくりやろう，そしてマイペースでやろう）と，②成功を努力と方略利用に帰属する（例，頑張ろう，もっとうまく書こう），と。

　生徒は，方略，つまり記憶法 TREE（表 2.3 参照）と彼らが第 4 レッスンで使うつもりのいくつかの自己言明を記憶することに取り組んだ（書き行動方略を記憶すること）。この情報を記憶する練習は，生徒たちがお互いに質問することで普段は練習していた。この項目は大部分の生徒には容易に記憶されたが，何人かはさらにそれ以上の練習が必要だった。

　後のレッスンでは，生徒は，論文を書いているときに記述方略と自己調整の手法を利用するように，教師からの支援を受けた（書き行動方略をサポートすること）。指導のこのステップの目標は，子どもがこの手法の使い方を学んでいるとき彼らの努力をサポートすることである。教師は，子どもがこの手法を使うことに次第に慣れてくるのに合わせて援助を減らしながら，用意されたサポートのレベルを調整し修正した。

　まず，生徒は，書く骨子を発展させることにかなりのサポートを受けた。生徒との先行経験から，教師は，方略のこの役割は生徒にとっては意欲をそそるものになると考えた。サポートは，プランニング中，先導協力者として教師が活動することだった。彼らが一緒にプランを立てるとき，教師は，方略ステップを忘れたようにわざと 2，3 の間違いをした。このために，そうした間違いの影響と理由について検討することになった。教師はそのとき，"私は，方略ステップのすべてをたどってみる必要がある。そうすれば私は良い論文を書く

ことができる"というようなプラスの帰属言明の修正と組み合わせる，間違いの修正の見本を示した。もし生徒が，後で，方略使用の間違いを犯すと，間違いのありそうな結果はもう一度検討された。そして生徒は，プラスの帰属言明を使いながら，ステップをやり直すことをすすめられた。

　プラン作り協同者としての教師の役割は，援助とスキャフォルディングのあまり押しつけがましくない形にすぐに換えられた。その形は，ステップを実行しあるいは自己言明を使う覚え書き，特定の過程により注意をそそぐヒント（例えば，もっと可能性のあるサポート理由を考え出す），方略使用と付随する自己調整の手法のフィードバックである。いくつかの例では，教師と生徒は，個人のステップの基礎にある理由づけを再検討することが必要であった（例えば，それぞれの着想に対する読者の反応を評価する必要性）。援助には，生徒が自分に役に立つ自己言明はどれかを決めることの支援も含まれていた。覚え書きとしての方略チャートあるいは自己言明リストを参照することが少なくなると，教師は，生徒に自己言明をひそかに使うようにすすめた。

　生徒が論文を書くとき，教師は，生徒に記述方略と自己言明とを結びつけて目標設定と自己評価（図表使用を続けること）を使うようにすすめた。論文を構想する前に，生徒はこの論文の構成要素全体を含む目標を設定した。一度論文ができると，生徒は，含まれる論文の要素数を数え，表にすることはもちろん，どの構成要素がないかを確認するために，論文を再検討した。それから生徒は，相互の論拠の長所と短所をフィードバックして，互いに論文作成を分担した。

　3，4本の論文を書いた後で，全部の生徒が教師のサポートなしで記述方略と自己調整の手法を使うことができた。ここで，生徒は1人で論文を構想し，書くことができた（自立遂行）。教師は必要とされるプラスで前向きなフィードバックを与え，生徒は互いに論文作成を分担し続けた。ある生徒は，ヒントや覚え書きとして方略図式と自己言明のリストにまだ頼っていたが，それを使わずに書くようにすすめられていた。生徒は，少なくとも2本以上の論文では目標設定の使用と図示化の継続が求められた。その後で，生徒はこの手法の使用は自分次第だと言われた。

　グループ・カンファレンスでは，生徒は，自分たちが学習している方法が他のクラスでどのように利用できるかを検討した。何人かの生徒は，書き行動で"もっと頑張る"と自分自身にすぐに言うか，あるいは自分の論文が"十分良

表 2.4 生徒の自己調整方略の形成法の指導の前後の遂行例—事例研究1

指導前
「子どもは自分のペットを選ぶことが認められますか？」
答え：はいといいえです。それは，あなたが適当な家をもっているか，そしてその世話ができると思うか，によります。

指導後
「子どもは第2言語を学ぶ必要がありますか？」
答え：はい，子どもが第2言語を学習するのは良い考えだと思います。子どもが外国へ行ったときに，そこの人々が何を言っているかわかるでしょう。そしてもし，子どもがそこへ引っ越して学校に行くことになっても，先生のことや先生の言うことがわかるでしょう。それが子どもが第2言語をいま学習することの十分な理由です。母親が別の国へ旅行したとき，子どもは行く先や引っ越す場所で言語がわかるので，興奮し，愉快だと思うのです。それが子どもは第2言語を学習すべきだと考える理由です。

い出来か"と自分に問いかけるのだ，と言った。その後の記述方略と自己調整の手法を使う機会が，生徒に特定された。それぞれの生徒は，方略と教示過程も評価した。彼らの全員が，方略を学習するのは楽しいし，他の生徒も，方略の学習から得るものがある（例えば，全部の学校がこれを学習すべき）と述べた。指導に何か変えることがあるかと尋ねると，ただ1つの提案は，方略を使用する宿題を出すことだった。

単一主題の方法を使った公式の評価は，指導が，生徒がどうやってと何を書くかの両方を，変化させることを示した（Sexton et al., in press）。自己調整方略の形成法の指導の前に，生徒は論文を書くように言われると，彼らは，ただ2, 3のアイディアしかない程度の低い論文を作成しようとして，すぐに書き始めた。彼らは，普通自分の立場を述べ，ただ1つの支持する理由を続け，結論を述べずに突然終わってしまう。指導に従うと，たいていの論文は，事前に構想され，出来上がった論文の質は向上した（表2.4）。論文は長くなり，仮定を支持する理由の数が多くなり，本文は論理的に配列された。良い論文の基本的要素のすべてがそろっていたのである。彼らは，良い論文を書く自分の能力におおむねこれまでより自信がもてたのである。5人の生徒は，書くことの努力の役割，方略使用，あるいはその両方に，積極的にもなった。同じ結果が，グラハム，ハリス（Graham & Harris, 1989b），タンハウザー（Tanhouser, 1994）による以前の評価で得られていた。

●●● 事例研究2

　第2の事例では，執筆に先立って論文の骨子を発展させることを生徒に教えた。ただ，書き行動方略を教えるために使われた方法は，2つの重要な点で異なっている。第1の違いとして，インストラクターは，方略をはじめに記述することと生徒にそれぞれのステップの理由と価値を考えるように頼む代わりに，いくつかの課題（目標設定，ブレインストーミング，組織化を使うこと）を達成するやり方の見本を示した。そして生徒は，インストラクターによって使われた過程から不可欠な特徴，理由，価値を引き出し，抽出した。書いているときだけでなく，プランニングを含む他の課題も同じように扱う過程の実行を記憶するために，生徒を支援する方法として記憶法（STOP & LIST）が取り入れられた。第2の違いは，持続と一般化をすすめるための"宿題"の使用である。宿題に対しては，生徒が家や学校で他の課題に方略を適用する機会を特定し，どのように役立ち，どんな修正が必要かを明確にすることが求められる。宿題を仕上げた後で，生徒は方略使用の結果と適切性を検討するのである。

　参加者　書き行動方略は，本章の第3著者から，学習障害のある3人の5年生に個別に教えられた（Troia et al., 1997）。記述式言語テスト−2（Hammill & Larsen, 1988）では，それぞれの子どもは，平均を1標準偏差かあるいはそれ以上下回る得点だった。子どもの教師は，書き行動の問題は教室でも明らかに同じ結果であると指摘した。

　生徒の2人は男子で，1人はアフリカ系アメリカ人であった（他の2人は白人）。WISC−ⅢのIQは，98から104の範囲だった。それぞれの生徒は，平均を2標準偏差下回った。それぞれの子どもの教師は，作文の過程重視の指導をした。いくつかのプランニング指導は，書いているときに思い浮かぶのだが，生徒の誰1人として，書き行動のときに前もって計画していなかったのである。

　指導　指導は，それぞれの子どもが意見文と物語（背景的知識を形成する）について既知のことを検討し発展させることから始められた。インストラクターは，子どもが良い論文と物語の属性に精通しているなら方略の効果は大きい，ということを信じていた。この知識を発展させる指導は，最初の事例で使われたものに似ているので，ここでは繰り返さない。

　この最初のセッションの後で，それぞれの生徒は，3つのレッスンに参加した。そのレッスンでは，インストラクターは，目標設定，ブレインストーミン

グ，順序づけを使う特定課題のやり方の見本を示し（方略を含んだ最初の過程），生徒は，使用された基本的過程を取り出し評価した。方略は，書き行動と他の課題のあるこの過程を用いるための覚え書きとして取り入れられた（書き行動の見本を示すことと書き行動を討論すること）★。

★ 指導の段階はインストラクターによって記録された。

　最初のレッスンで，インストラクターは，口に出して考えながら，1つの章を読み，物語を書く過程の使用の仕方をやってみせた。その章を読むと，インストラクターはまず目標を設定し（"植物がどのように食物連鎖に当てはまるか調べてください"），既知のことをブレインストーミングし，表にし，題材によって自分の考えに順番をつけた。読み進むにつれて，彼は，着想とカテゴリーを加え，削り，変え，再配置して彼の構想骨子を修正した。同じように，インストラクターは，物語を書くとき，目標を設定し（"創造的な書き行動をする私の同級生と共有できる良い物語を書くこと"），物語に含まれる考えをブレインストーミングし，使おうとする考えに順番をつけた。書いている間，彼は考えを追加し，変化させ，削除し，再配置して，骨子を修正した。両方の課題の見本を示して，彼は自分がやったことそれぞれに理由をつけた。そして課題がうまくできるように自分を言葉で励ました。インストラクターが，考えを生み出しまとめるかあるいは後でプランを修正するとき，生徒は，インストラクターを手伝うようにと言われた。

　2つの課題の見本が示された後，生徒は，インストラクターがやったことをある程度時間をかけて考えるようにと言われた。インストラクターは，課題を仕上げるのに使う3つの過程から不可欠な特徴，理由，価値を子どもが抽出するのを支援するために，一連の質問をして生徒の考えを指導した。質問ははじめ，インストラクターが2つの課題をするときに，課題が同じだったか，違っていたかに集中した。全部の生徒は，同じものとして，目標設定，ブレインストーミング，順番をつけることを特定した。インストラクターは，そのとき，なぜこの過程を使っているかとこの過程がどのように役立っているかを，生徒に尋ねて，質問にしっかりと焦点を合わせた。質問は，それから，インストラクターの物語を書く方法が，子ども自身の方法とどのように違うのかに移った。生徒は，自分の書き行動にそれぞれの過程が使えるかどうかの評価も尋ねられた。

同じ手法が，インストラクターが話す準備，旅行の計画，物語を書くことの見本を示した次の2つのレッスンで，使用された。手法のただ1つの違いは，それぞれのレッスンの見本を示すことで，インストラクターがしたことは同じか違ったかを考えるように，生徒が頼まれたことであった。このレッスンのシリーズは，インストラクターが，記憶法を説明して終了した。その記憶法は，子どもが，書き行動とプランニングを含む他の課題に取り組むときの，目標設定，ブレインストーミング，順序づけを援助するためのものである。小さなチャートが，STOP & LIST (**S**top **T**hink **O**f **P**urpose & **L**ist **I**deas **S**equence **T**hem.) の記憶法を紹介するために使われた。

翌日，目標設定，ブレインストーミング，順序づけが役に立つか，またどのように役に立つかを考えるために，生徒を対象にSTOP & LISTの検討が再開された。以前に生徒が3つの過程のそれぞれを使用した，時，場所，理由についてのリストが作成された。このとき，インストラクターは，子どもにSTOP & LISTの使い方を学ぶように頼み，その学習手続きを記述した。彼は，方略学習の目的は，"良い物語を書くことと方略を他の課題で使うこと"だと言った。それから生徒は，学習過程を促進するためにやることを考え出した（例えば，"あきらめるな""頑張れ"などと自分を励ます）。このレッスン中に，生徒は記憶法とそれを意味している文章を記憶することを少し練習した（書き行動を記憶すること）。このことは，生徒がそれを容易に早く繰り返せるまで，次のレッスンでも続いた。

次の指導段階で，生徒は，物語を書くときのSTOP & LISTの適用に，インストラクターからの援助を受けた（書き行動方略をサポートすること）。インストラクターはそれぞれの生徒と物語を一緒に考えて，方略と記憶法が適切に使われていることを確かめた。記憶法のチャートは，生徒が，目標の設定，ブレインストーミング，順序づけを想起するために使われた。その後の物語では，インストラクターは，それぞれの子どもの要求を満たすように，インプットとサポートの量を修正した。支援は，合図すること (prompting)，ガイダンスとフィードバックをすること，再説明である。記憶法チャートの利用を含むこのスキャフォルディングは，それぞれの子どもにはできるだけ早く弱められた。

物語を書いた後，生徒は，なぜ成功したか，失敗したか，あるいはその両方であるかを，同定するように言われた。すなわち，目標設定，ブレインストーミング，物語を書く順序づけ，の役割を評価すること，それにもっと良い物語

を書くために他に何ができるかを検討すること,である。それぞれの生徒は,STOP & LIST がどのくらい役立つか,また機能するにはどんな修正が必要かを示して,家や学校でそれを使う機会をさらに特定した。宿題の実施例は,報告,外出,学校の必需品,のプランニングである。次のレッスンのはじめに,生徒は,宿題が見事に仕上げられ,課題遂行時の方略の役割と価値が評価されたというエビデンス(骨子かプランニング・シート)を示した。それぞれの子どもは,前のレッスンから使われてきた目標設定,ブレインストーミング,順序づけを,他のときにも記述した。子どもたちの実施例は,書き行動の宿題の完成に中心が置かれていた。

2つの物語を書いた後で,それぞれの生徒は,インストラクターのサポートなしに,STOP & LIST を使うことができた。このとき,生徒は,1人で物語を構想して書いた(自立遂行)。教師は,必要な積極的で前向きなフィードバックを与えた。生徒は,方略使用の結果と妥当性の検討だけでなく宿題も続けた。

指導は,子どもが物語を書くのに方略を1人で使うことができて2つの宿題を続けてうまく仕上げたときに打ち切られた。一度この目標が達成されると,生徒は,目標設定,ブレインストーミング,順序づけの過程が,物語を書き宿題を仕上げるときに,どれくらい役立つかを再検討するよう求められた。彼らは,STOP & LIST はこれらの課題のためにどの程度修正されるべきか,そして今後方略を使う機会をどの程度特定するべきかをさらに検討した(例えば,書き行動課題,宿題,買い物,部屋の整理など)。

単一主題の方法(Tawney & Gast,1984)を使った公式の評価は,指導が,生徒の書く目的と方法を変える(Troia et al., 1997)と述べた。自己調整方略の形成法を始める前には,参加している生徒には,物語を書く際,事前の構想が全然なかった。しかし指導の後で,彼らは物語を考えるために STOP & LIST を絶えず使い,論文は長くまた完全になった(表2.5参照)。この効果は,意見文の執筆まで一般化し,教示終了後約1か月間,実施された調査の答えを書くときまで維持された。生徒は,それは,"学校で良い成績をとる""私にはない着想を生み出す""良い物語を書く"のに役立つと言い,方略と指導過程についても肯定的だった。

表 2.5 事例研究2における生徒の
自己調整方略の形成法の指導使用の前後の遂行例

指導前
　6月のある日，男が気球に乗りに行った。そして，彼は渓谷に入り，そこを抜けようとしたが，渓谷が邪魔になって先に進むことができなかった。男は気球で上に昇ろうとしたが時間がなくなった。そこで，彼は昇るかわりに，下に降りた。それから彼は，自分の足で谷を登って家に帰った。終わり。

指導後
　メリーランド州ラスビィである朝，ベビーシッターのクリスチーナは，クリスを見守っていた。クリスはわずか9歳だった。クリスは自然科学者だった。クリスチーナはクリスの研究室で何かを食べた。クリスチーナは太ってきた。湯気が，彼女の耳から，口からも出た。クリスチーナは顔色が変わった。クリスは彼女に薬を与えたが効かなかった。クリスは新しい薬を作り始めたが，遅すぎた。クリスチーナは壁を破って街へ飛んでいった。クリスチーナは小さな崖に飛び跳ねていった。さらに彼女は巨大車のラリーまで飛び跳ねていった。彼女は車全部を壊した。クリスは彼女の後を走った。そして彼女に錠剤を投げて，彼女はそれを飲み込んだ。彼女は元へ戻った。彼女は 698,319 ポンドではなく，89 ポンドとなって喜んだ。2人は家へ戻った。クリスの母親，スウーが家に来たが，ドアを使わなかった。彼女は，壁の穴を抜けて来たのである。クリスチーナは，それはクリスの実験の1つであると説明した。終わり。

自己内省の練習

　方略をどう使うかの知識があるからといって，機会があれば使われるのではない。サロモンとグローバーソン（Salomon & Globerson, 1987）が書いたように，新しい状況に有効な方略を使い損ねて，自分たちがせっかく獲得したものをうまく利用しないことがある。彼らはさらに次のように言う。普通の条件下で，やれることと実際にやることとの間のギャップがいくらか存在する。というのは，人は，最小努力の原則☆に基づいて活動しているから，往々にして全然気にしていないのである。

　☆　強化の原理の1つで，必要な遂行行動の少ないほう，反応コストの少ない選択肢が好まれるという原則。（心理学辞典，有斐閣，2005年，p.289）

　注意深く見守っていないと，いつ有効な方略をとればいいかよくわからない。転移とは，なじんだものをあまりなじまないものに当てはめるときを見分けることである。さらに単純な過程が活性化すると，転移は，同じ手がかりに主と

して頼ることになる（Salomon & Globerson, 1987）。有効な方略を使用する時期を見分けようとして，偶然一致する外見に頼るのには少なくとも2つの障害がある。まず，すでに練習されたものとはっきりと際立って似ている例だけは，特定されやすいと思われる。したがって，転移はずっと違ったものにまで及ばない。次に，表面的特徴が似ていても，特に課題を遂行する現行の手順がすでにあるときには，機会は見分け損なわれる。これらの習慣が改良の必要があるときでさえ，定着した習慣を打ち破るためには，注意深い制御が必要なのである。

転移は，個人が有効な方略を評価しなかったり，また評価を下げると，生じない。方略が学習され，単純な形で実施されると，方略的に調整された成功と，より典型的遂行との間を結合する機会は減少する。その結果，使用者は，方略のもつ価値に気づかないか，その有効性を低く見積もるのである。

方略がはじめに高い関心をもたれても，方略を雑に使うと，使用を減らしたりやめるように，価値を認めなくなることがある。また，有効な方略も間違って適用されることがある。例えば，表面的特徴から転移の機会を特定するときに，有効な方略が間違って使われることがある。その表面的特徴は，適切な転移を必ずしも保証しないからである（Salomon & Globerson, 1987）。

私たちが観察していた1人の生徒は，物語の骨子を発展させる事例研究1の方略，TREEを自発的に使った（Graham & Harris, 1989b）。TREEは意見文の内容を作るために形成されたものなのにもかかわらず，これを使ったのでかえってまずい構想の物語作りに終わってしまった。もし，生徒が雑な形の方略を使わなければ，下手な転移を変えられただろう。クラスメイトの1人はまさにそうしたのである。TREEの基となる基本的原則（骨子の着想を促すためにその分野の要素を使う）が抜き出された。そして方略は，物語執筆に見合うように修正された。

方略を学習し使用するときに，思考と自己内省がどれほど生じるのかが，転移の範囲と深さに明らかに影響する（Harris & Graham, 1992; Wong, 1994）。自己調整方略の形成法モデルでは，自己内省と注意深さが，指導のときに教え込まれた。私たちが一緒にやっている多くの子どもたち，とりわけ書き行動と学習の困難に悩んでいる子どもは，自由に任されるとそれほど注意深くはない（Harris, 1982）。ここで示された2つの事例研究は，生徒が自己調整方略の形成法を使うときの自己内省の実行の程度を示している。これは，表2.6に要約さ

表 2.6　自己調整方略の形成法の指導で普通使われる自己内省の練習

・学習とその転移になりそうな遂行の要素を抜き出す。
・それぞれの要素か方略の基礎にある法則かを推論する。
・方略が指導と転移の課題解決にどのように適用できるかを決める。
・方略の使用をモニターする。
・指導と転移の間で，方略を使った結果を評価する。
・先行の方略行動と結果を，教えられた方略を使うときの遂行と行動と比べる。
・指導間と転移時に，指導に先立って，なぜ困難があるのかを考える。
・課題遂行を向上させるために何か他にできるかを明らかにする。
・方略が，指導と転移の間に，どのように使用され修正されたらいいかを考える。
・方略の事前の使用を特定するための記憶を探す。
・近い将来と遠い将来に方略を使用する機会を見つける。
・方略学習を促進する行動を特定する。
・指導過程を評価する。

れている。

　指導の一部に自己内省と注意深さを含めることが，方略の転移を保証するのではない。それは必要だが十分な条件ではない。上記の要素の全部が含まれていても，ある子どもたちはそれでもまだ一般化できないのである。

結　論

　本章で，私たちは，子どもに，プランニングと見直しのような追加の自己調整過程を書き行動に組み入れるように支援する特別な方法に，重点的に取り組んできた。これは明らかに，彼らにそのような方略をどのように使うかを教えることを含んでいる。私たちはこれが効果的な書き行動プログラム（生徒に書き行動の問題の有無にかかわらず）の決定的要因だと信じているけれども，そのような指導は，生徒の自己調整のスキルがうまくいき成長する環境（書き行動過程を使う教室のような）で実施される必要がある。例えば，もし子どもたちが書き行動自体や書く内容を重視しないなら，彼らは，教室で教えられた特定の自己調整の手法を含む資源を思うように利用できないかもしれない。同様に，書き行動における自己調整の形成は，もし子どもが自分の行動をやりきる機会があまり与えられないと，抑制されるのである（Zimmerman, 1989）。もし，私たちが，子どもが計画的で，内省的で，機知に富んだ書き手となることを期待するなら，彼らには学んでいる（そのうえ自分で発達させる）自己調整スキ

ルを使う十分な機会を与えられる必要がある。これは，彼らに教室の個人的，行動的，環境的作用に対して方略的制御を使わせることである。

　書き行動の唯一の正しい方法などない，ということに気づくこともまた大切である。職業作家が，書き行動過程をどのようにたどるかはそれぞれ大変異なっている（Plimpton, 1967 参照）。主題や課題によって自分たちの方法を変えるのである。例えば，ノーマン・メイラーは，『バーバリーの海岸』を書いているとき，自分は前もってはほとんど見通しはないし，"毎日どこへ進むかのアイディアなどはない"と言っていた（Kazin, 1967, p.258）。ところが対照的に，『裸者と死者』では，記録でいっぱいのファイル，1人ひとりの登場人物の長い事件記録，どの人物がある人物と交渉しなかったことを示すチャートを作成して，十分なプランを立てていた。子どもたちは，もし試行と冒険ができない環境で活動するなら，同じレベルの柔軟性まで発達できない。しかし，彼らは，もし教室環境が支持的で楽しく威圧的でなければ，書き行動の多様な方法をもっと探すであろう（Corno, 1992; Graham & Harris, 1988）。

　結局，自己調整の形成を促進することは，子どもの良い書き行動プログラムの1つの見方でしかない。自己調整は書き行動スキルの基本的要素であるが，それは唯一のものではない（Graham et al., 1997）。これはグラハムによる最近の研究で説明されたことである（Graham, 1997）。見直すことの基礎にある自己調整過程を実行する手続きのサポートを子どもに与えることは，テキストが良くなったと評価された多くの変化の増加を含む，いくつかの重要な改善になった。それでも，多様な問題がまだ残っていた。生徒は，予想される読み手の関心には一般に無関心で，文章の形式を過度に強調し，修正の別々の要素で苦労していた。その修正は意図的な変化をまあまあの記述英語に訳すことであった。そこで修正（と書き行動の他の見方）を良くしようとする努力は，単なる自己調整以上のものに中心を置く必要がある。私たちは，過程，意味，文章の形式間の合理的バランスを維持することが重要なのである（Harris & Graham, 1994）。これらの要素のただ1つか2つに焦点を合わせる書き行動プログラムだと，若い書き手に正しい方略を教えないことになる。初歩的能力から専門的能力への進行は，これらのどの各領域に生じる変化にも必要なのである（Alexander, in press; Graham & Harris, 1997a）。

第3章

小学校段階での
理解方略の相互交流による教授

マイケル・プレスリー
(Michael Pressley/University of Notre Dame)
パメラ・ビアード・エル-ディナリー
(Pamela Beard El-Dinary)
ルース・ワートン-マクドナルド
(Ruth Wharton-McDonald/University of New Hampshire)
レイチェル・ブラウン
(Rachel Brown)

　私たちは，これまで，小学校において読み書きや話し方などの言語技術を教えることがどういうことかについて批判的に検討を進めてきたが，その中で問題にしてきたのは，典型的とされる教え方と非常に効果的とされる教え方の両者のあり方についてである。理解方略を教えるということが通常は行われない場面（例えば実験室のように）だけでなく，理解方略を教えることがカリキュラムの主たる部分を占めるような教室場面をも取り上げて研究を行ってきた。
　本章の主な目的は，効果的な理解方略の教え方について，その特質はいかなるものかを説明することにある。さらには，私たちが薦める理解方略の教え方のタイプについて，理論的な検討を行い，実証的に明らかにしている研究知見をまとめて紹介することにする。小学校段階での理解方略の教授を支持する重要な知見の1つは，年齢がさらに上で，読むことに熟達した者を対象とした研究成果に基づくものである。こういった研究成果から，小学生に対する読みの指導によって育てるべき理解の仕方がどのようなものであるか，重要な示唆を得ることができる。

熟達した理解の特質

　この章で取り扱う小学校段階での研究は，非常に効果的な読みができる者を対象に，読みの特質を探る研究とともに進められてきた経緯がある（Pressley & Afflerbach, 1995; Wyatt et al., 1993）。効果的な読み手を取り上げた研究は，小学校のカリキュラムの中で理解方略を教えることがなぜ重要になってくるのかを，明らかにしてくれているのである。

　発話プロトコル分析は，私たちが熟達した読みについて調べるときに用いてきた主な研究方法であるが，意識的に統制できる理解過程を目に見える形にしてくれるものである。プレスリーとアフラーバック（Pressley & Afflerbach, 1995）は，確認することができたすべての読みに関する発話プロトコルを分析し，様々な読み手のタイプ，読み物，読み手の目標からなる 40 以上の異なる研究を要約している。これらの発話プロトコルによる研究において最も際立った特徴は，読み手が意味を構成するように強く動機づけられているという点にある。優れた読み手が報告しているのは，読んでいるときに本文と柔軟に対話するようにし，既有の知識を使って意味を取るようにし，そして，文の中で出てくる新しい考えとすでに知っていることとを結びつけるようにしている，ということである。熟達した読み手は，文章から伝わる考えに対して強い感情でもって反応しがちである。プレスリーとアフラーバック（Pressley & Afflerbach, 1995）の言葉を借りると，読みの中で「構成しながら応じることに長けている」のである。

　発話プロトコルをみれば，彼らが構成しながら応じることに長けていることがはっきりとわかる。本文の中で中心となる考えと重要な細部とを押さえながら積極的に応答し，熟考し，吟味しているのである。そのような読み手は，本文を精読する前に全体にざっと目を通すようにしており，そうすることで，扱っている内容の大まかなところを掴み，個々のテーマがどこでどのように取り上げられているかを理解している。読み手の目標に沿うような内容に対しては特別の注意が払われる。読み進めながら急に前のページに戻ったり，行ったり来たりすることがあるが，これは，たいていの場合，意識的な推論を行っているためである。本文を通して関連した主張を探したり，すでに読んだ内容，前に出てきたこと，これから示される内容をうまく関係づけたりしながら，作業記憶の中で異なる複数の考えを同時に保持している状態といってよい。優れた

読み手は，本文から必要な情報を得るまでは処理をやめることはない。優れた読み手は，文を読む中で，そこで述べられている主張の妥当性やおもしろさなどの評価をしている。いったん読み終わったとしても，もう一度考え直したり読み直したりといったことをよくするが，これは，読んだことを理解できているか確かめているのである。

　端的に言えば，優れた読み手は，読みの過程の全体を通して，意味を構成し，構成された意味に対して応答しているのである。先行する知識に基づいて，本文の中で次に述べられる内容を予測することを頻繁に行っている。そのような仮説の生成を，読み始めてから読み終わるまで続けているのである。文の中で新しい考えが出てくると，先に立てた仮説が修正される。優れた読み手は，文章に対して強い感情でもって反応する傾向にある。読みながら驚いたり笑ったりするし，がっかりしたりやきもきしたりもする。

　プレスリーとアフラーバック（Pressley & Afflerbach, 1995）が発話プロトコルに関する文献をレビューする中で，明らかにしている点がもう1つある。それは，熟達した大人の読み，例えば専門領域での専門家による読みに比べると，小学生や中高生による読みがほとんど能動的とはいえないという事実である。このことについて恐らく考えられる1つの理由は，能動的に理解することを教えられたり勧められたりしていないからではないだろうか。小学校段階での読みについて広範な観察を行い，それをもとに深い考察を初めて行ったのは，ダーキン（Durkin: 1978-1979）である。

　最後に，発話プロトコルによる研究の中で明らかにされていることとして，能動的に理解することが読みの力を高めることにつながっているということがある。言語報告から，能動的に処理を行うことと読解する力との間には一貫した相関関係がみられている（例えば，能動的に理解することは文章に関する記憶を高める。Pressley & Afflerbach, 1995, 第2章）。発話プロトコル・データに基づけば，小学生に対して理解方略を教えることに十分な根拠があるように思われる。

小学校の教室で行われていること

　私たちの研究グループの他のメンバーとは，今の小学校の教室で理解の仕方がどのように教えられているか，その特質を明らかにする検討をかなり進めて

きた。私たちと研究仲間が取り組んできた研究の流れに，ここでの話と関わるものがあるので取り上げることにする。

●●● 典型的な教室で行われている理解の指導

今の小学校で理解方略が教えられているとはいえない。どのようなことが明らかになっているか。プレスリー，ワートン-マクドナルドら（Pressley, Wharton-McDonald et al., in press）は，4年生と5年生に読み書きを教えることの特質を詳細に明らかにすることを試みている。ダーキンとまったく同じように，1995年から1996年の学年度におけるニューヨーク州の北部地方の10の4,5年生の教室でも，理解の仕方はほとんど教えられていなかった。研究の対象となった4年生の教師も5年生の教師も，それぞれが自分の教室のあり方を決めるのに中核となる目標なり実践なりをもっているものと思われた。例えば，すばらしい文学作品を読むことを強く勧め，それに対していろいろと応えるようにさせていた。フィクションで長めの作品（すなわち小説のこと）を読み，それに応えること（例えば，書き行動は文学作品に対応していた。小説の中で出てきた語彙や語の綴りに対する理解など），これらに関することでカリキュラムの範囲は限定されていた。一方で，文章の書き方に重点を置いている教師たちもいた。作文の構想を練り，下書きをし，書き直しをする，といったことを中心に教えていた（例えば，小論文を考えさせるために特定の文章を読ませていた）。プレスリーらの論文（Pressley et al., in press）に出てくる1人の教師は，自分のカリキュラムを，伝統的な考え方で，基礎を叩き込むものと捉えていた。そして，それが，読み，綴り，言語技術，理科，社会科といった教科のすべてに通じるものとして捉えていた。

しかしながら，どこに力点を置こうが，プレスリーら（Pressley et al., in press）が調べたほとんどの教室で明らかになったことは，以下の5点である。①一般読者対象の本，特に小説を読むこと。②作文の構想を練り，下書きをし，書き直しをする書き行動を教えること。その際，これらの手順を促す支援をすること（例えば，ストーリーの構成に気づくように配慮した用紙）。③読むこと，書き行動，内容の分野として関わる範囲のもの，これらを結びつけて教えること（例えば，社会科のテーマに関連して読みを行い，そのテーマに関する話題で作文を書かせる）。④練習帳や宿題を利用するなどしてスキルを教える

こと（すなわち，書き行動の手順や語彙の綴り）。⑤クラスでの討論，1対1での短い話し合い，コンピュータを介した学習など，多様な教授過程によること。以上であるが，ここで問題となるのは，これらの活動を，教師が読み書きを教える方法として捉え，中心的なものとして選び取っているところがあるということである。

●●●● 4年，5年の学年段階で中心的活動として理解方略を教えるということ

　言語技術の指導にあたって，理解方略を教えることを中心に据えることができるものと思われる。プレスリーらの論文（Pressley et al., in press）では，そのような教師について調べられていないが，1989年と1993年の間にあたるプレスリー，エル-ディナリー，ガスキンズらの論文（Pressley, El-Dinary, Gaskins et al., 1992）では，そういう教師を見つけ出して検討が行われ，理解の発達を中心に置いているすべての教室で，どのような活動が見られるかが明らかにされている（まさに，理解方略を教えることがほとんど行われていないというはじめの主張どおり，理解の指導を中心に置いている小学校の教室を見つけることは容易ではなかった）。

　具体的に述べると，プレスリー，エル-ディナリー，ガスキンズら（Pressley, El-Dinary, Gaskins et al., 1992）が検討したのは，学校を基盤として，教師が開発し，有効であると考えられた理解方略の教え方であった（すなわち，その教え方で子どもたちに効果がみられるということを教師たちが実証しうるものだった。例えば，同じ地区の子どもに対して，一般に行われている教え方をした場合と比べて，方略を教えたほうが，事前-事後テストの成績に向上がみられた）。最初の研究は，ベンチマーク・スクール（ペンシルベニア州，メディア）で行われた。この学校は，小学校年齢の子どもが読みの問題を克服できるよう支援することに熱心に取り組んでいた（Gaskins et al., 1993; Pressley, Gaskins, Cunicelli et al., 1991; Pressley, Gaskins, Wile et al., 1991）。ベンチマークでの調査の後，メリーランド州の地方の公立学校2校で，さらなる研究が進められ，読解方略の使用を促すことを目的とした小学校段階でのプログラムが行われた（Brown & Coy-Ogan, 1993; El-Dinary et al., 1992; Pressley, El-Dinary, Gaskins, et al., 1992; Pressley, El-Dinary, Stein et al., 1992; Pressley, Schuder et al., 1992）。

この研究では，エスノグラフィー，エスノグラフィーによる面接，長期にわたる事例研究，教室談話の分析などの多様な質的研究法が用いられた。検討された3つのプログラムに細かな点で違いはあるが，いくつかの結論が共通して導き出されている。

1. 理解方略の指導は，学年度にわたって継続され，長期にわたるもので，理想としては学年度を越えて行われるというものだった。
2. 子どもの年齢が下がるほど，それぞれの方略について理解させ，方略の利用をどのように調整すればよいかについて指導するのに，さらなる努力が必要となった。
3. 典型的には，2,3の有効な方略が重視されていた。例えば，次のような方略である。文の中で次に来る情報を予測すること。文章の内容とすでに知っていることとを結びつけること。文に書かれてある関係を内面的な心的イメージとして構成すること。意味がはっきりしないときに文脈上の手がかりを検討したり読み直したりといった問題解決方略を使うこと。要約をすること。興味深いことに，理解方略を扱う教室で教えられていた方略は，上達した読み手が行うのと同等の手順を促すことを目的としていた（Pressley & Afflerbach, 1995による先の議論を参照のこと）。
4. 教師は，効果的な理解方略について説明し，詳しく手本を示していた。最初に手引きとなる説明を行った後，方略の使用が長期にわたって持続するように見本を示していた。これは，ダフィーら（Duffy et al., 1987）によって明らかにされた方略指導の考え方と対応している。教師が方略の見本を示すのは，アルゴリズムのように定められた規則をそのまま示すというものではない。通常は，学習課題の必要に応じて実際に行いながら見本を示すのである。そのようにして手本を示せば，「あらかじめ用意された」反応ではなく，方略を創造的に適用し，調整し，組み合わせる必要が出てくる。さらには，課題の要求に応じた方略の使い方について，どんな方略を選ぶとよいかという手がかりを示しながら指導が行われていた。個々の方略をいつ利用するとよいかに関して短い授業が何回も行われていた。指導の全体を通して，方略の有用性が強調され，方略の使用によって理解が増すことを何度も何度も子どもに自覚させていた。
5. 子どもたちは，方略を使うところをお互いに実際に見せるようにし，文

章理解の方略をどのように使うかについてお互いに説明をしていた。このようなことは，文章について話し合いをしながら何度も行われていた。そして，グループで読んでいる文章を理解する上で有効だった方法を報告しあっていた（とりわけ，Gaskins et al., 1993 を参照のこと）。文章とすでに知っていることとを結びつけること，文の意味を要約してまとめること，文中にある関係を視覚化すること，ストーリーの中で何が起こるか予測すること，文を解釈すること，文に対して応答すること，これらのことが話し合いの中で行われた（Brown & Coy-Ogan, 1993）。

以上のような教授のあり方は，**相互交流方略教授**として知られるようになった。その理由は，次のようなことを重視しているためである。読み手が文章に対して応じること（Rosenblatt, 1978）。複数の読み手が一緒になって文章について考えて解釈を行うこと（すなわち，相互に関わりあいをもつこと。例えば，Hutchins, 1991）。文章に対する教師の反応と生徒の反応がそれぞれの文章に対する考え方にお互いに影響を及ぼしあっていること（すなわち，相互作用がそれぞれに関わりあっていること。例えば，Bell, 1968）。

端的に述べれば，このような教授には，直接的な説明と教師による方略のモデリング，それから補助の下での方略の練習が含まれていた。グループで文章の読みを行う中で，生徒たちが方略を使おうとする必要性に応じて教師による支援が行われていた（すなわち，方略適用のためのスキャフォルディングがなされていた。Wood et al., 1976）。グループでの読みは，柔軟な解釈による討論を伴うものであった。

●●● 要　約

アメリカの小学校の教室では，理解に関する指導がまったくといってよいほど行われていない。そうであるにしても，とりわけ，理解スキルの育成を教室でのねらいとするのならば，そういった指導が行われてもよいのではないか。私たちの考えでは，読む内容を理解できる読み手を育てることが，読みの指導のすべてにわたる目標であり，その意味でも，理解の指導をねらいとすることが望ましいといえる。

相互交流方略教授の理論的な検討と方法としての有効性の実証

相互交流方略教授に関して実証的な検討と考察が重ねられてきた。本節では，最も重要な部分を取り上げることにする。

●●● 全体的な理論的考察

相互交流方略教授の主な仮定としては，望ましい方略の使用や情報処理の1つの具体例として熟達した読みのことを考える。そして，相互作用においていくつかの認知的要素を含む（Pressley et al., 1987, 1989）。読み取りと理解の手続き，メタ認知的知識，宣言的知識，達成動機づけなどがそうである。

効果的な読みには，読み取りと理解の手続きが含まれる。これは，はじめのうちは，意図的，意識的に行われ，努力を要するものであるが，次第に内面化してゆき，自動的になり，努力もあまり必要とはしなくなる。しかしながら，自動化される前の段階で，**読み取りと理解の手続き**が効果的に利用できるかどうかは，**メタ認知的知識**（すなわち，自分自身の思考過程に関する知識）のあり方に左右されるところがある。すでに知っている手続きを，いつ，どこで用いればよいかについて認識できているかがとりわけ重要である。そのようなメタ認知が発達するのに，主として必要なことは，手続きを使う経験を多様な文脈の中で幅広く積み重ねることである。ただし，特定の方略が，いつ，どこで有用になるかについて系統的に指導することで，メタ認知の発達を促すことも可能である（例えば，O'Sullivan & Pressley, 1984）。

宣言的知識（すなわち，事実に関する知識）も，読み取りと理解の手続きが利用できるようになる上で役に立っている。言葉の知識が非常になじみのあるものであるため，一目見ただけで，文章に書かれてある内容と関連性の高い領域の一般的知識について認識がなされるのである。そういった知識の発達もまた，1つには，広く読むことによっている。

読み取りと理解を行うためには努力が必要である。言い換えると，十分な**達成動機づけ**を必要とするのである。そのような動機づけがもっている意味合いは，次のことを理解しているかどうかによって大きく異なってくる。うまく読めるようになるには努力を費やすことがとても重要であること，熟達した読み手が行っている過程に特に努力を傾ける必要があること，そして，これらのこ

とを理解しているかどうかが大きな決め手となる（Borkowski et al., 1990）。もちろん，そういう動機づけは，以前にうまく読むことができたかどうかという過去の成功経験から生じてくるものでもある。反対に，読むことに努力を費やし始めたころにうまくいかない経験をしてしまうと，自分には言葉の力がなさすぎるためにうまく読めないのではないか，といったように誤った信念を形成してしまい，動機づけを低下させてしまうことにもなりかねない（例えば，Pearl, 1982）。

◉◉◉ 注意深い観察による検証に基づいて相互交流方略教授を理解する

相互交流方略教授法を用いた教室での言語技術の指導における主な特徴は，理解方略を教えることにある（Pressley, El-Dinary, Gaskins et al., 1992）。典型的なものとしては，理解方略のちょっとしたレパートリーを教え，文章を理解する際にこれらの方略を適切に関連づけたり調整を図ったりすることを教えるのである。例として，以下に示してあるのは，相互交流方略の教室で教えられる方略である。

・次に来る内容の予測（例えば，話に伴う挿絵を見た後で）
・視覚化（すなわち，読んでいる文章が表している考えをうまく表現するような心的イメージを構成する）
・先行知識とのつながりをつける（コロンブスについて文に書かれていれば，知っていることをすべて考える）
・本文に関して自分自身に質問をする
・曖昧になったら明確化を求める（例えば，読み直しをする）
・要約をする

相互交流方略教授は，極めて構成主義的な考え方をとっている（Harris & Pressley, 1991; Pressley, Harris et al., 1992）。教師による方略の説明とモデリングは，ただ単に，生徒が知識を構成するための出発点としての役割を果たすだけである（Elbers, 1991; Iran-Nejad, 1990; Wittrock, 1990, 1992 を参照）。教師による方略使用のモデリングの中身には，たいていの場合，方略を構成的に適用することが含まれている。すなわち，自然に理解が生じるような様々な状況で

(例えば，最近の出来事を新聞記事で読むなど)，教師は方略の説明を行い，見本を示すということであり，例外なく教師に求められることは，「とりあえずの道具として」方略の見本を示すことである。

教師による説明やモデリングは有益であるが，一方で生徒が自分の力で方略を学んでいくことが必要といえる。生徒は方略を練習し使いながら，いつ，どのようにして方略を利用するとよいか，理解していくのである。読みの最中にどのような認知的処理を行うかで，何をどのくらい理解できるかが異なってくることを理解するようになる。読んでいる内容と知っていることとを絶えず結びつけるようにすることで，先行知識が理解を促す力をもっていることを何度も体験する機会をもつのである。要約すると，教師による方略の説明とモデリングは，生徒が知識を構成する最初の過程をなすだけであって，生徒は自らの力によって，よりよい情報処理の仕方を学んでいく必要がある。

生徒は，時には，方略の適用に問題を示すことがあるが，その場合，教師は，もう一度，方略の説明をし直したりモデリングをし直したりすることになる。教師と生徒の間には対話があり，方略の場面への適用方法を考え出すために共同して取り組むことになる。自然な文脈で文章を扱う際に，教師が方略を説明し直していく上で，ねらいとしているのは，単に正しい反応の仕方を教えるのではなく，生徒がその状況を「解決できる」よう手助けすることにある。つまり，教師が再度，理解方略を教えるときには，生徒が理解方略について知識を構成できるよう，さらなる働きかけを行うのである。

●●● 相互交流方略教授の有効性の実証

相互交流方略教授法に相当する方略指導を扱った3つの研究において実証的な検討がなされてきている。ともに，小学校段階から中学，高校にわたって，この方法の有効性が実証されている。

ブラウン，プレスリー，ヴァン・ミィーター，シューダー（1996） ブラウンら（Brown et al., 1996）は，2年生を対象にした読みの相互交流方略教授の効果について，1年間にわたる準実験的な研究を実施している。5つの集団からなる読みの学力が低いことが事前にわかっている2年生に対して，相互交流方略教授が行われた。低い学力の2年生の読み手をマッチングさせ（同質となるよう振り分け），言語技術の教師として良い評価を得ているが，方略教授の方法を

これまで用いてこなかった教師が指導を担当した。

　秋の時点で，読解力と単語を扱う技術の程度を調べる標準化された測度において，研究に統制群として参加したグループと方略教授条件として参加したグループの間に差異は認められなかった。春の時点までに，同じ測度に明確な違いがみられるようになり，相互交流方略教授を行った教室で効果が示された。さらには，方略教授を受けた生徒は，方略使用の測度でも解釈の測度でも良い成績をあげていた（すなわち，統制群に比べて方略教授群のほうが読んだ内容についてより深く，より多様性のある解釈をしていたのである）。

　コリンズ（1991）　コリンズ（Collins, 1991）は，理解方略の授業を1学期間（週に3日），5，6年生に対して行い，理解の程度が高まることを明らかにしている。予測すること，曖昧な場合に明確化を求めること，文中の議論にあるパターンや法則を探すこと，文章を処理する中で生じる意思決定について検討すること，問題解決を行うこと（遡及的思考や視覚化を利用することを含む），要約すること，文中にある考えを調整すること（文中の考えを部分的に整理し直すなど），文の解釈について集団で議論すること，以上のことを生徒に指導している。標準化された理解力の測度について介入前では，統制群と方略指導を受けた群の間に違いはみられなかったが，標準化された事後の学力テストにおいて，3SD（標準偏差）の差異が認められ，非常に大きな介入の効果が示されている。

　アンダーソン（1992）　アンダーソン（Anderson, 1992; Anderson & Roit, 1993も参照のこと）は，6年生から高校2年生の読みに問題を抱える子どもを対象にした相互交流方略教授の効果について，3か月にわたる実験的な研究を実施している。相互交流方略のグループが9つ，比較対照となるグループが7つ，小集団で理解方略の指導が行われている。どちらのグループも事前から事後にかけて標準化された理解の測度において上昇がみられているが，方略の指導を受けたグループのほうが伸びは大きかった。アンダーソン（Anderson, 1992）は，様々な質的データも収集し，方略教授によって意味を読み取る力を向上させることができたと結論づけている。例えば，方略教授群の生徒は，難しい読み物にも取り組むようになり，理解しようと努めるようになったこと，クラスの仲間と協働して本文の趣旨を掴むようになったこと，文章に反応し精緻化するようになったことなどが明らかにされている。

●●● まとめ

　相互交流方略教授という指導モデルは，年少の読み手の望ましい方略使用，情報処理を促進することを意図している。教えるということは，構成主義的な過程の始まりにすぎず，生徒は，教師による説明とモデリングを理解しようとし，教えられた方略を実行に移そうとするのである。

　この方法を採用している教室では，理解方略を教えるということが，言語技術の授業における主たる特徴となる。しかしながら，どのような小学校の教室でもそうであるが，言語技術の授業においてその他の多くのことが，教師が決めた活動を中心にして進められているということがある。今までのところ，相互交流方略教授法は，他の言語技術の指導法に比べ，効果がみられることがわかっている。ただし，この効果の対象としては，現時点では，力のある読み手よりも，読みの力が足りない者に対して特にいえることではある。

プログラムに基づく実践

　相互交流方略教授では，2，3の有力な方略をひとまとめにして教える。そして，優れた読みを行うには，適切な方略を選ぶ必要があることを系統的に指導していく。方略のレパートリーとして典型的なものとしては，読みを行う前に利用できるもの（例えば，概観すること，予測をすること），読みの最中に利用できるもの（意味を表すイメージを構成すること，質問をすること，曖昧になったときに戻って見ること，先行知識と結びつけることなど），読みの後に利用できるもの（要約をすることなど）がある。

　導入としては1度に1つか2，3の方略が取り上げられる。そうすることで，1つ1つの方略について徹底した指導と実践が可能となり，方略のレパートリー全体について調整がしやすくなる。いったん，方略の手ほどきをしてやれば，あとは，方略の使い方を幅広く様々な形で練習するのみである。補助の下での指導やフィードバックをしっかりと受けて，方略の文章への適用を試みていく。これは読みのグループで行われるのが通常であり，生徒たちは読みの中で実行してきた方略を報告しあう。教師にとって実際に手応えのある仕事の1つとしては，生徒が方略の適用を試みる際に体験する固有の問題を見極めることである。そのため，方略の適用を試みる際に声に出して読んだり，読むときにど

方略を選ぶか口に出して考えたりするようにすれば，その助けとなる。

　幅広い課題や題材で方略をなめらかに利用できるようになることが長期にわたる目標である。この目標を達成するために，カリキュラムを通じて方略の指導と方略の適用が行われる。これは，通常，読みに取り組んでいるときに特に重視される。カリキュラムを通して方略の使用を実践することで，学んでいる方略を，いつ，どこで用いるとよいか，方略使用による学習上の利点は何かについて広く知らせることができる。また，もちろん，そのような教師による説明は，構成主義的な過程の始まりにすぎず，生徒は学校生活を通じて方略を用いながら，方略の使い方に慣れることでどんな場合に利点があるか，いつ方略を利用すればよいかについて理解していく。私たちが強調しておきたいことは，効果的な相互交流方略教授を行っている教師たちが次のようなことを認めていることである。理解方略の新しい学習課題や学習内容への転移は，自動的なものとはいえず，それゆえに，方略を用いるべき場面について幅広く指導し，多くの状況で方略を使う練習をさせる必要があるということである。

　教師による方略の説明やモデリングは，指導の初期段階では，できるだけ広範囲にそして系統的に行われる。数か月が経つと，教師による方略使用の促し（例えば，「ここではどんな方略を使ったらいい？」）はかなり弱められていく。方略の実行スキルを獲得していくに従い，ヒントはあまり与えられなくなり，省略されるようになっていく。

　理解方略の基礎的研究の多くは，文章に述べられてある情報の記憶を重視しているが（Pressley et al., 1989），実際，相互交流方略教授を行う教師もかなり強調するところではある。認知的方略は，解釈のための道具なのである（すなわち，個人的に意味のある理解を構成するためのものである）。一例として，ガスキンズら（Gaskins et al., 1993）によって行われたベンチマークでの研究では，6人の教師による方略指導の授業で，教室における対話が分析され，解釈を行う活動が明らかにされている。通常の教室での談話と比べると，かなり異なるものとなっていた。

　キャズデン（例えば，Cazden, 1988）やメハーン（Mehan, 1979）の観察によれば，典型的な教室の談話においては，教師による発問，生徒の反応，教師による反応の評価というサイクルが多く含まれている（すなわち，教師による開始，生徒の反応，教師による評価の頭文字をとってIREサイクルという）。しかしながら，ベンチマークでの資料にはIREサイクルはほとんどみられない。

むしろ，80％にあたる時間，教師は生徒と相互作用に基づく対話を行っていた。このことについてガスキンズら (Gaskins et al., 1993) は，過程－内容のサイクルとして言及している。教師は，方略に関する議論や実行を刺激する手段として，意味内容を取り上げていた。議論の中で生徒が意見を述べると，教師は生徒の反応を評価しようとはせず，むしろ，それらを掘り下げるような質問をしていた。方略をさらに用いて内容に取り組むよう促していたのである（例えば，得た情報と先行知識とを結びつけるようなことを生徒がしていなければそれを促すことや，自己質問を促すこと）。教師の目標は，方略による処理を通して内容の理解を促進することにある。つまり，小学校段階の内容の範囲が，方略指導に有利なものとなるように入れ替えられるというものではなく，むしろ，小学校の内容を学習するときに，方略の実践を併せて行えば，役に立つであろうということである。

このような例を考えてみてほしい。教師が生徒に段落をまとめるよう求めたとする。要約について指示を出したら，教師は生徒に対して，読みながら心に浮かんだイメージを記述するように求めるかもしれないし，文の内容と先行知識とを関連づけることで要約に磨きをかけるよう励ますかもしれない（例えば，「第3種のてこの原理がどのように作用しているのかを視覚的にイメージすると，支点はどこになりますか？」「第1種と第2種のてこの原理に関する著者の説明について，あなたが視覚的にイメージしたものと，この絵の間にはどのような違いがありますか？」「あなたがこれまでに第3種のてこの原理を利用したことのある事例をあげることができますか？」「この単純な仕掛けは，あなたにとってどのように役に立ちましたか？」など）。

ガスキンズら (Gaskins et al., 1993) の調査における極めて重要な知見は，個々の授業の中で頻繁に行われている，以下のことを明らかにしたことである。

1. 生徒に対して方略の使い方の指導が行われていること。
2. 必要に応じて教師からの補助的な指導や助けを得ながら，生徒が方略を実践すること。
3. 教師が重視したい（もしくは手ほどきしたい）特定の方略があれば，授業のはじめの段階で，注目してほしい内容にはどのようなものがあるかについて述べられていること。
4. 教師が方略使用の見本を示し，方略が学習上いかに有効かに関して逸話

的な情報を提供するといったことが頻繁になされていること。
5. それぞれの方略を，いつ，どこで用いればよいかについて教師が伝えていること。

読みの中での望ましい方略の使用と情報処理：理解方略の自己内省的な利用

　相互交流方略教授の目標は，理解方略をいつ，どのようにして用いればよいかについて熟知した上で利用できるようになることである。そういった認識は，集団での読みを通して理解方略を使った場合に強められる。生徒たちは，読みながら口に出して考えることで，他の生徒がそうする様子に接することにもなる。ある生徒が視覚的にイメージして考えたことがこの時点で意味が通るかどうか，話し合いがなされ，別の生徒が先行知識と関連づけを行ったりするのである。そういった集団での読みによって，お互いの理解過程を振り返る機会を多くもつことができるのである。

　方略を適切に般化していくためには，通常，短期間の方略指導では難しい（Brown et al., 1983）。相互交流方略による教室の生徒は，多様な種類の文章において方略を使う練習をすることで，般化させていくことを学んでいる。また，読みが進むにつれて，方略について振り返る知識やその応用をさらに促すよう，新しい文章や場面に既知の方略をどのようにして用いていけばよいかについて実質的な議論が行われるようになる。

　生徒は，方略の使用には努力が必要であることを必ず認識する。しかし，どんなスキルであれ，理解方略を使う練習を重ねれば，努力は必要としなくなる。そのため，長期にわたって集団で方略の実践を行うことで，方略使用の動機づけを高めるようにすべきである。さらには，相互交流方略教授のグループで行われる話し合いは，典型的な形で教師主導によって質疑応答が進められる話し合いや，読みの順序がほぼ決まっているものと比べて，格段に興味を喚起するものであるし，子どもの関心が主体にある。どのようにしたら積極的な読みが熟達した読みになるかについての教師からの説明や，方略使用に対する教師による正の強化を受けることによって，生徒はさらに方略を学んで利用したいと思うようになる。

　相互交流方略教授を通じて生徒に伝えようとしている主なメッセージは，自分なりの読みを自分自身の力で引き受ける，ということである。驚くにはあた

らないが，相互交流方略教授を行う教室では，読みのグループではない場合でも，方略的に取り組む様子がよく見受けられる。私たちは，パートナーとの読みのときに，生徒が明らかに方略的になっている場面をよく見かけた（つまり，教師が見回ったり注意を喚起したりしなくても方略を使っていたのである）。さらに，ブラウンら（Brown et al., 1996）の研究では，2年生を対象とした相互交流方略教授において，見知らぬ大人と1対1を基本に声に出して読み考えることで，方略的になることが明らかにされている。よくわかる結果として，統制群にあたる教室と比べて，方略教授を受けた生徒らによるストーリーの再生には，方略使用によって促進されるタイプの推論が多く含まれていた。

　要約すると，相互交流方略教授の目標は，熟達した読み手の理解方略を用いることができ，そして，それらを適切に使いこなす読み手を育てることにある。今後のさらなる研究として，こういった指導とともに生徒の認知が実質的に変化していくことをデータとして押さえていく必要があるが，今の時点で，相互交流方略教授が自己内省的，自己調整的な読み手を育てると考えてよいのではないだろうか。

第4章

大学生が
自己調整学習者になるための教授

バーバラ・K・ホッファー
(Barbara K. Hofer/University of Michigan)
シャーリー・L・ユー
(Shirley L. Yu/University of Houston)
ポール・R・ピントリッチ
(Paul R. Pintrich/University of Michigan)

　自己調整学習は，教室場面における学生の学習遂行と学力を支える重要な側面である。自己調整学習には多くの異なるモデルがあるが（Schunk & Zimmerman, 1994b），それらに共通する基本的な仮説は，学生は認知や動機づけ，行動を積極的に調整することが可能であり，これらの様々な調整過程を通じて，目標を達成し，よりよいパフォーマンスを行う，というものである（Zimmerman, 1989）。しかし同時に，多くの学生，例えば大学生や大人でさえも，自己調整学習者にならないという懸念がある。私たちは，自己調整学習者の自然な発達について，また自己調整学習を高める公式的な介入について，ほとんど知らないのである（Schneider & Pressley, 1989; Schunk & Zimmerman, 1994b）。学生を自己調整学習者にするための公式的介入が，ある程度成功するというエビデンスはある（Hattie et al., 1996; Simpson et al., 1997）。しかし，小中高の12年間にわたり，また高等教育において，認知的そして自己調整的方略の教授には，多くの解決されない問題が存在しているのである。
　本章の目的は，大学生を自己調整学習者にするための教授について論じる文脈の中で，これらの問題を記述することである。自己調整学習を改善するための教授努力に関する，ある種の問題は，学校教育のすべてのレベルに応用可能であるが，また別の問題は，大学のレベルに特有のものであろう。私たちはこ

こで一般的問題とともに，特に高等教育レベルで重要な問題について論ずる。これらの問題への最終的解答があるわけではないが，私たちの議論が，理論や研究，そしてこの領域の教授実践を明確化する助けになることを望んでいる。はじめに，学生が自己調整学習者になるための教授に含まれる全般的問題についての短い概観を行う。次に，私たちの概念的枠組みと，大学生のコースでの実際の適用について述べる。最後に，将来の研究と実践に向けいくつかの提案を行う。

大学生が自己調整学習者になるための教授における全般的論点

自己調整学習の教授には多くの論点があるが，この節では以下の4つの全体的な論点を議論する。すなわち，①介入の構成要素と計画，②統合的 対 補助的なコースの計画，③転移の議論，④大学生の特徴，である。

介入の構成要素と計画

第1の全般的な論点は，自己調整学習者をどう定義し，介入を構成する潜在認知的，メタ認知的，あるいは動機づけ的な構成要素をどう捉えるかという観点からみた，介入の目標に関わるものである。公式的な介入を計画するためには，何が介入のための指導の焦点となるのであろうか。自己調整学習には非常に多くの定義があり，どのような介入が公式的に学生への教授の試みとなりえたかについても，さらに多様性が存在する（Simpson et al., 1997）。例えば，学習方略の教授に関するメタ分析研究の中でハッティら（Hattie et al., 1996）は，介入は，学生に1つの特殊な方略（例えば，記憶法の使用，下線の引き方）を訓練するような，極めて短期的な実験室的研究から，いくつもの異なる認知的，メタ認知的，動機づけ的方略に焦点を当てた，数週間から数か月にわたる，より広範な，フィールドに基づいた介入まで様々であることを指摘している。これらの方略は，記憶法の使用のような認知的方略から，自己テスト（self-testing）のようなメタ認知的方略，適切な帰属のような動機づけ的方略まで広がる。加えて研究では，これらの一般的学習方略以外にも，極めて領域固有な方略（例えば，2次方程式の解法のアルゴリズム）や，より一般的な思考，問題解決，あるいは知的スキル（例えば，分類，三段論法的推論）の教授につい

ても検討している。シンプソンら（Simpson et al., 1997）は，大学生のプログラムが，特殊で読解困難な媒介（remediation）と機能的な読解スキルに焦点を当てるものから，対照的に，より一般的な，様々な認知的，自己調整的方略を目標とする，学びの学習のコースまで広がることを述べている。

　介入の焦点にかなりの多様性があることは明らかである。介入計画の観点からは，計画者はプログラムの範囲，プログラムの内容，そしてプログラムの時間的枠組みを考える必要がある。これらのプログラムの3つの側面に関する決定は相互に関連している。例えば，時間的枠組み（短期あるいは長期の）はプログラムの範囲を制約する。範囲の点では，プログラムは，介入のコースの中でどのくらいの種類の方略に焦点を当てるのかが問題となる。1つだけの方略に焦点を当てた極めて狭い方略と，多くの異なる方略を含むより一般的なプログラムを比較することは困難であるが，ハッチィら（Hattie et al., 1996）は，彼らが単一構造介入と呼ぶものについて提起している。それは，1つの特殊な方略（記憶法の使用であることが多い）を教えられることは，学生の遂行に最大の効果をもたらすというものである。反対に，より一般的な多方略のプログラムの効果はいくぶん弱いが，遂行にそれなりの効果をもつ（Hattie et al., 1996）。1つの特殊な方略のみを教授した研究は，実験的研究であることが多く，範囲と焦点が狭いために一般的な指導プログラムへの汎用可能性は低い。しかし彼らは，どのような介入であっても，明確に定義された目標方略をもつことが重要であることを提起している。大学の文脈では，私たちはただ1つか2つの基本的方略よりも，より幅広い方略を目標とする多方略のプログラムが必要であると考える。しかしハッチィら（Hattie et al., 1996）の分析では，介入の効果を弱めることのないように，多方略プログラムの範囲に何らかの制限をおく必要があることを提案している。この提案と同様に，プレスリーとウォロシン（Pressley & Woloshyn, 1995）は，学生に最も効果的にその方略の使い方を学習させるためには，一度にわずかな数の方略を教授し，モデリングさせ，そして実践させることが重要であると述べている。

　プログラムの範囲の制約について考える際には，異なる方略をどのくらい教えるかだけではなく，どちらを教えるのかについても考えねばならない。プログラムの内容は，記憶や学習を強調する一般的方略から，全般的な知的，問題解決的スキルまで，そして領域固有の方略（例えば，数学に特化した方略）や動機づけ方略（例えば，適応的帰属）まで，大きく変化する。限られた時間的

枠組みの中では，プログラムでこれらの異なる方略のすべてを教えることは不可能なため，プログラムの計画者は選択をしなければならない。ハッティら（Hattie et al., 1996）は，①記憶スキル，②構造的援助あるいはプランニングや要約，精緻化，そして教材の統合のための様々な認知的，メタ認知的方略，③適応的帰属，の3つの内容を強調するプログラムが，メタ分析において高い成果をもつことを報告している。同時に，これらの3つの内容領域の効果量（effect sizes）のうち，あるものは1つか2つの研究のみに基づくものであるため，結果を一般化する可能性については注意が必要であることを提起している。

しかし私たちの観点からは，このような全般的な認知的，メタ認知的方略，また動機づけ方略（例えば，適応的帰属）の強調は，自己調整学習のモデルにおいて動機づけと認知の両方を考慮することが重要であるという私たちの研究に沿うものである（Garcia & Pintrich, 1994; Pintrich, 1989; Pintrich & De Groot, 1990; Pintrich & Schrauben, 1992; Wolters et al., 1996）。加えて，それはプレスリーやその同僚らの**優れた方略使用者モデル**（例えば，Pressley et al., 1987, 1989; Pressley et al., 1992; Pressley & Woloshyn, 1995）や，自己調整学習の社会認知的モデル（Schunk & Zimmerman, 1994b），そして方略的学習モデルとプログラム（例えば，Weinstein, 1994a, 1994b; Weinstein & Underwood, 1985）などの他の自己調整学習のモデルとも類似するものである。最後に，それは介入において，認知的，動機づけ的方略の両方を統合することが重要であるとする，大学の学習スキルプログラム（例えば，Simpson et al., 1997）とも一致する。そのため，私たちは，学生が方略を目的的に用いるための"スキル"と"意志（will）"の両方をもつことをめざした，幅広い認知的，メタ認知的，そして動機づけ的方略を含む，1つか2つ以上の多くの方略を教える多方略プログラムを提案する。

介入の時間的枠組みが，プログラムの範囲と内容を制約することは明らかである。数週間や短期間の実験的介入のプログラムでは，恐らく自己調整学習にとって重要な，幅広い認知的，メタ認知的，動機づけ的方略を教えることはできないだろう。プレスリーとウォロシン（Pressley & Woloshyn, 1995）は，認知的方略の教授は複雑で時間のかかる教授課題であり，数週間や数か月では効果的に教えることはできないであろうと述べている。同時に，彼らの研究は主に小学校に基づくものであり，小学生と大学生の知識の基盤，メタ認知，そして自己調整的能力には重要な発達差が存在する（Schneider & Pressley, 1989）。

第4章 大学生が自己調整学習者になるための教授　　63

　小学生は，方略に関する一般的なメタ認知的知識を，一般的な自己調整能力と同様に発達させるだけであるため，大学生よりも，認知的，メタ認知的方略の使用により多くの時間と練習を必要とするであろう。年少の学生にとって，方略教授プログラムは，数か月以上続く長期間のプログラムになりうることは明らかである。

　対照的に，大学生では，ある種の方略の知識的基盤や一般的な調整方略を発達させている。それによって，方略教授から利益を得ることが容易になるため，効果的な教授に必要な時間が短縮される。この場合，学期でのコースのような短期間の介入プログラムは有用であろう（例えば，McKeachie et al., 1985; Pintrich et al., 1987; Simpson et al., 1997; Weinstein & Underwood, 1985）。もちろん，多くの大学生でも，方略に関する知識基盤が十分でなく不正確な場合もあり，彼らの認知的，自己調整的方略は比較的非効率的で不十分であるかもしれない。しかし短期間のプログラムであっても，大学生が知識基盤と自己調整方略の効果的な使用を発達させることは可能である。それはこれらのプログラムが，年少の学生よりも，大学生においてメタ認知と自己調整の能力を発達させやすい，一般的な発達原理に基づいて作られているためである。この意味で，大学レベルの（アメリカではおよそ4か月の）学期でのコースは，大学生における自己調整学習の発達の助けになると考えられる。

　しかし同時に，大学生のより発達した知識基盤と方略使用ついての潜在的なマイナスの効果もありうる。すなわち，大学生の知識基盤と方略使用は，それ以前の小，中，高校での12年間で習慣的に用いられており，それにある程度成功することで，認知的，行動的なレパートリーが確立されてしまっている可能性がある。結局，大学生は小中高校段階において比較的成功したため大学にやってきたのである。このことは，彼らの知識基盤と自己調整能力への自信を増加させるだろう。この意味では，内容領域において概念変化が生じにくいこと（Pintrich et al., 1993）と同じく，知識基盤と方略使用による彼らの学習についての暗黙の理論も変化しにくい。高校に比べ大学では，しばしば低い成績しか得られないという不均衡はあるにもかかわらず，大学生は，学習への方略を変化させる必要があるとは考えていない可能性がある。この論理に従えば，年少の学生に比べ，大学生の方略に関する知識基盤や実際の方略使用を変化させることはより困難であろう。実際，ハッティら（Hattie et al., 1996）のメタ分析では，小中高校段階の学生に比べて大学生は，学習スキルプログラムから少

しの利益しか得られていないことを見出している。彼らのメタ分析からは，この結果が学生の発達差によるものなのか，あるいは異なる年齢段階での介入の特徴によるものなのかは明らかではないが，それは学生の年齢や経験に関連してプログラムの時間や長さを考慮する必要があることを提起しているのである。

●●● 統合的 対 補助的なコースデザイン

　介入プログラムの計画に関する第2の重要な一般的問題は，時間あるいはプログラムの長さに関するものである。すなわち，スタンドアローンあるいは補助的なコースデザイン 対 統合的プログラムという問題である。補助的なコースの介入は，学習方略教授は，大学生では独立したコースとして与えられるが，高校レベルでは，その内容は独立した"学習スキル"コースとして，あるいは英語や社会の中の別の単元として教えられる。反対に，統合的プログラムではカリキュラムを通じて方略教授を埋め込む，あるいは染み込ませることをめざす（例えば，Gaskins & Elliot, 1991）。統合的プログラムでは，カリキュラムにおいて方略教授を埋め込むことで，一般的な認知的，自己調整的方略が学習スキルコースだけでなく，多くの場面で有用であることを学生に教える。そしてそれは，学生が，方略を単に学習スキルコースのために学習し，そして忘れ去られるものと認知しなくなる可能性を大きくするのである。加えて，方略を多くの異なる分野，様々なタイプの課題と内容領域で用いることで，統合的プログラムは方略の転移が生じる可能性を高めるのである（Salomon & Perkins, 1989; Simpson et al., 1997）。

　実験的，あるいは準実験的な計画を用いて，直接的に統合的 対 補助的プログラムを比較した研究は多くはないが，小学校，中高等学校段階では，統合的プログラムが最も有用であるようだ。上述のように，年少と年長の学生の間には，小学校段階で統合的プログラムをより生産的にし，採用を容易にするような発達的な差異がある。しかし私たちは，なぜ統合的プログラムが小学校段階での改善を容易にするのかについて，極めて実際的な理由もあると考えている。まず，小学校の教師はすべての教科を教え，児童に1日に4～6時間（アメリカでは年に180時間）を費やす。そして教科内容の知識だけでなく，一般的な学習の方略についても教えるための，多くの時間と機会が認められている。加えて小学校教師は，学習と発達のための教授を強調するような教師としての信

念をもつのに対して，中・高校の教師は，領域固有的知識と課題領域を教えることに主な責任があるという信念をもつ，という研究もある（Calderhead, 1996）。このような信念によって，小学校教師には，一般的な学習方略を教える価値を理解させること，そして実際にそれを教えようと試みることをより容易にするのである。この時間と機会，そして教授と学習についてのサポーティブな信念が合わさることで，小学校段階では統合的プログラムが実行されやすくなると私たちは考えている。

　これとは対照的に，大学の教職員とともに働いた私たちの経験では，彼らの大多数は，主な教授目標は学習や自己調整のための一般的方略の教授にあるのではなく，専門領域に限定した内容（例えば，化学的事実や歴史の動向など）や方略（例えば，異なる方程式を解くためのアルゴリズム）を教えることにあると考えていた。実際私たちも，教員らが研究領域の専門家であることや，自己調整学習そのものと，自己調整学習させるための教授方法についての知識が教員に欠如していること，また，一般的な学部のカリキュラムや期待される内容，そして教員が学生と過ごす授業時間の量が限られていること（アメリカではコースごとに，平均3～4時間）を考慮すれば，専門領域に限定した内容と方略の教授が主な教授目標であるべきだとする彼らの意見に同感である。これらの制約の下では，大学レベルでは統合的プログラムを実行することはより困難だろう。同時に私たちは，大学生の中には，様々な学習や自己調整の方略の使用に関するある知識や実践から利益を得る者もいると考えている。したがって，私たち自身の教育実践の中では補助的なコース方式を用いてきた。統合的対 補助的なアプローチのいずれを用いるかの決定は簡単なものではない。計画者は，学校あるいは大学における学科の知識や信念，スキル，そして方略教授への動機づけ，また学部的，カリキュラム的な関心の点から，学生の年齢レベルと文脈的な制約を考慮しなければならないだろう。

転移の問題

　もちろん大学レベルでは比較的容易であろうが，補助的コースに対する主たる困難の1つは，学習の転移に関するものである。これは，何らかの介入プログラムを計画する際に考慮すべき，第3番目の一般的問題である。転移の問題は歴史の古いものであって（Cox, 1997; Salomon & Perkins, 1989），私たちは転

移に関するすべての問題を詳細に論じることはしない。しかしながら，統合的対 補助的コースについて，統合的アプローチでは，学生が多くの異なるコース文脈において，様々な内容領域にわたり，また様々な学習課題のタイプにわたり，多様な方略を学ぶ機会をもつことから，転移の可能性が増大するかもしれない（Pressley & Woloshyn, 1995; Simpson et al., 1997）。このようにして，統合的アプローチでは，こういった様々な演習を通して方略を自動的に使えるようになるよう，学生に様々な領域や課題にわたって演習させることで「ロー・ロード（low-road）」☆な形（Salomon & Perkins, 1989）で転移を促進する可能性がある。このことはとりわけ小学校段階では，生徒にカリキュラムにおける主要な内容領域のすべてに渡って演習させる（Gaskins & Elliott, 1991）統合的プログラムについていえるだろう。反対に，大学段階における統合的アプローチは，方略の学習における教授が通常の専門コース（例えば，化学，歴史，社会学）の文脈に埋め込まれている。そして，それらを他の専門コースに転移させるために学びながら，同じくある文脈における学生の学習方略の問題にも直面しているのである。

☆ 足し算，引き算などの機械的な問題解決能力のこと。

シンプソンら（Simpson et al., 1997）が正しく指摘しているように，大学段階における補助的コースでは，特定の学びの学習コースにおける一般的な方略の学習から，他の専門領域のコースへと転移するに違いない。彼らによれば，第1に，学生に方略使用に関する宣言的，手続き的，そして条件的知識を与えることによって，そして方略を様々な目標，課題，内容領域，クラス文脈に柔軟に適用する方法を与えることによって，転移は促進されるという。補助的コースに関する最近の見方（例えば McKeachie et al., 1985; Pintrich et al., 1987; Weinstein, 1994a; Weinstein & Underwood, 1985）では，ある学習や勉強スキルへの厳密な適用に焦点を当てる古い学習スキルコースの考え方とは対照的に，これは学びの学習コースの特定の目標である。第2に，シンプソンら（Simpson et al., 1997）は，補助的コースは，学生に異なる内容領域から様々なタイプの学習課題を実践する機会を提供することによって，転移を促進する可能性があることを指摘している。最後に，「ハイ・ロード（high-road）」☆転移の考え方（Salomon & Perkins, 1989）に従えば，補助的コースは，ただコースで学ぶことの習得だけではなく他の専門コースにおいても，方略使用についての

学生のメタ認知や内省を促すことで転移の可能性を高められる。転移は統合的コースよりも補助的コースにおいてより生じにくいが，これらの3つの全般的提案は転移の可能性を高めるものであり，転移に関する議論は，学習の形式にかかわらずすべての方略介入の関心事である。

☆　文章題の解決のように，高次の問題解決能力のこと。

●●● 大学生の特徴

　上述のように，小学生と大学生には，方略教授プログラムの実施に影響するいくつかの重要な違いが存在する。もちろん，全般的な認知発達に関して，大学生や高校生は，年少の生徒に比べより高いメタ認知や自己調整の能力をもつ（Pintrich, 1990; Wigfield et al., 1996）。このことは，年長の学生や大人が方略教授からより多くの利益を得ることを意味するものではない。しかし年長の学生は，より多くの言語や概念，そして学習や思考の経験を有するため，認知やメタ認知の教授や議論がより容易となる可能性がある。同時に，以前に述べたように，大学生は経験によってある方略の使用を確かなものにするだろう。したがって，大学生に方略教授プログラムの中で方略について話をすることは簡単であるが，方略をそれほど使用していない年少の生徒に比べ，実際の方略の使用を変化させることは困難であろう。

　年少の生徒と年長の学生間のこれらの発達的差異に加え，同じ大学生間にも方略教授プログラムの使用の効果に影響する差異が存在する。例えば，ミシガン大学における私たちの研究では，学びの学習コースは適切なレベルの基本的読解スキル（例えば，基本的読解スキル，高校レベルの読みの理解）を求めるものだったが，これらの基本的なスキルがない場合，学生は高い学力を得ることはなかった（McKeachie et al., 1985）。私たちのコースはこれらの機能的な読解スキルに焦点を当てたものではないが，読解や基本的理解に問題をもつ学生には，全般的な学習方略に焦点づける方略教授は有効ではなかったかもしれない。シンプソンら（Simpson et al., 1997）が述べるように，これらの準備不足の学生には，読み書きや個別指導，学習支援センター，そしてコンピュータ支援指導における"発達的な"コースといった様々なプログラムを通じて，より直接的に読み書きのスキルを支援することが必要であろう。

これは，大学生でさえ，何らかの適性－処遇交互作用デザインのような，方略教授プログラムと相互作用する可能性のある様々な特徴をもつことを示唆している（Corno & Snow, 1986; Snow et al., 1996）。ミシガン大学（Mckeachie et al., 1985）やテキサス大学（Weinstein & Underwood, 1985）に入学するようなタイプの学生は，総合大学や短期大学で学習支援を求めるような学生とは，全般的適性や読解スキル，知識，そして学業的な成功の経験において大きく異なる。例えば，ミシガン大学において初期の学びの学習コースに在籍していた学生は，SATの言語と数学の合わせた平均が997点であり，ミシガン大学学生の平均である1,100～1,200よりも低かった（McKeachie et al., 1985）。しかしそれはほとんどの大学生の平均であった。反対に短期大学の学生では，適性や知識，そしてスキルや能力が大きく異なっており，別の種類の介入が必要となるかもしれない。同様に，大学や短期大学の学生の間にも違いがあることは確かである。ともかく，大学生間にも違いがみられることは，大学生が自己調整学習者になるための，唯一正しい方法や支援のプログラムがあるわけではないことを意味している。方略への介入は，学生の特徴や現場での文脈的な必要性に合わせなければならないだろう。この忠告を心に留めながら，次にミシガン大学での私たちの介入の全般的な概念の枠組みについて述べよう。

自己調整学習教授への介入の概念的枠組み

　私たちの概念的モデルは，学習の動機づけ的要素と認知的要素の統合を重要視する，動機づけと認知に関する一般的な社会認知的モデルに基礎づけられている（Garcia & Pintrich, 1994; Pintrich, 1989; Pintrich & De Groot, 1990; Pintrich, & Garcia, 1991; Pintrich & Schrauben, 1992; Pintrich, Smith et al., 1993; Pintrich, Wolters & Baxter, in press; Wolters et al., 1996）。私たちは，大学生を自己調整学習者にするための教授に関する初期の研究以来，理論的，実証的な検討に基づき，全般的な概念モデルを洗練させてきた（McKeachie et al., 1985; Pintrich et al., 1987）。しかしながら，私たちの関心は，これまでも今も，学習の動機づけ的および認知的要素を含む学生の学習の統合的モデルを構築することにある。
　私たちの現在のモデル（Garcia & Pintrich, 1994）では，2つの全般的な組織的概念と領域を提案している。すなわち，①知識／信念と，②調整に使用される方略の概念，そして動機づけ的領域と認知的領域の2つである。これらの領

域と概念を掛け合わせると，シンプルな2×2の，4つのセルとなる。すなわち，認知的知識／信念，調整のための認知的，メタ認知的方略，動機づけあるいは自己の知識／信念，そして調整への動機づけ方略である。これらのセルは，学生の教室での学習においては明らかに相互に絡み合っているが，概念的には区別しうるものである。ミシガン大学におけるコースでは，これらのセルの内容に焦点を当てている。本章で，私たちは認知的方略の知識と使用の両方に注目し，次に自己－知識と動機づけ方略の使用について注目し述べてゆく。

認知的，調整的学習方略の知識と使用

これらの認知的，調整的方略は，個人が自らの学習を調整するために用いる様々な道具であり方法である。学生はこれらの方略に関する宣言的知識（様々な方略とは**何で**あるか），そしてそれらを**いかに**使用するかに関する手続き的知識，最後に，目標や直面する学習課題，そしてクラスの文脈によって，**いつ**，そして**なぜ**様々な方略を用いるのかに関する条件的知識をもつ必要がある（Garcia & Pintrich, 1994; McKeachie et al., 1985; Paris et al., 1983）。

認知的学習方略 認知的学習方略の観点から，ワインスティーンとマイヤー（Weinstein & Mayer, 1986）の研究に基づき，私たちはクラスの学業成績に関連する重要な認知的方略として，リハーサル，精緻化，そして組織化の各方略を確認した（McKeachie et al., 1985; Pintrich, 1989; Pintrich & De Groot, 1990）。第1の方略について，学生が基本的記憶課題に用いる可能性のあるテクニックには，リハーサルや分類，想像，記憶術の使用など，多くのものがある（Schneider & Pressley, 1989; Weinstein & Mayer, 1986）。リハーサル方略には，学習する項目を暗誦する，あるいは読んでいるテキストの一部を朗読することが含まれる。やや消極的で内省的でないやり方でテキストの一部を強調したり，下線を引いたりする方法も，精緻化方略というよりリハーサル方略だといえるだろう。これらのリハーサル方略は，学生がテキストからの重要な情報に注意を向け選択すること，そしてこれらの情報をワーキングメモリ内に活性化しておく支援をすると考えられる。私たちのコースでは，これらのリハーサル方略のタイプについて議論するが，大学のコースで必要とされるより複雑な課題に対する有効性には限界があることを私たちは提起する。そしてまた，私たちは様々な想像的，暗唱のテクニックについて議論はするが，それらは基本的記憶課題に対し

てのみ重要であること，そして多くの大学のコースでは，単なる情報の記憶以上のものが求められることを記しておく。

反対に，私たちはコースの学習において，知識や様々な精緻化および組織的方略の使用に多くの時間を費やす。精緻化方略は，学習する教材の言い換えや要約，類推やノート作成法（消極的で単一のノート作成ではなく，学生が実際に理解し，ノートにアイディアを関連づけるように）を創出する。そして学習する教材のアイディアを誰か他の人に説明し，また質問を出し，質問に答えもするのである（Weinstein & Mayer, 1986）。他の一般的な深い処理方略のタイプは組織的方略である。それにはテキストからの主たるアイディアを選び出すことや，テキストや教材を概括すること，そして教材のアイディアを選択し組織化するために様々なテクニックを用いることが含まれる（例えば，重要なアイディアのネットワークや地図を描くこと，テキストの文章的あるいは解説的構造を確定することなど）。これらの方略は通常，リハーサル方略に比べ学習課題のより深い理解をもたらすものであり（Weinstein & Mayer, 1986），私たちは次にこのタイプの研究知見について議論する。

メタ認知および自己調整方略 認知的方略に加え，学生のメタ認知的知識とメタ認知方略の使用は，達成の程度に大きな影響を与える。それには認知に関する知識と認知の自己調整の，2つの一般的なメタ認知の側面が存在する（Brown et al., 1983; Flavell, 1979）。心理学的概念としてのメタ認知の位置づけに関しては，理論的，実証的な混乱があるが，それはメタ認知的知識の問題と，メタ認知的統制と調整の意識化を混同したことによって引き起こされてきた（Brown et al., 1983; Garcia & Pintrich, 1994; Paris & Winograd, 1990; Pintrich et al., in press）。私たちは，方略に関する知識（どのような種類の方略が使用可能なのか）と課題の変数（どのような課題の側面が成績に影響するのか，例えば，再生課題 対 再認課題など）をメタ認知的知識の一部であると考えるが，それを自己知識は動機づけあるいは自己知識のセル（以下に論じる）の一部と分類している。そのためメタ認知的統制あるいは自己調整方略には，学生が自己の認知や学習をモニターし，統制し，そして調整するために用いる，実際の方略が含まれる（Garcia & Pintrich, 1994）。

メタ認知的統制あるいは自己調整方略の多くのモデルには，プランニング，モニタリング，そして調整という3つの全般的な方略タイプが含まれ（Corno, 1986; Zimmerman & Martinez-Pons, 1986 と比較せよ），私たちのモデルもそれと

何ら変わるものではない（Garcia & Pintrich, 1994; Pintrich, 1989; Pintrich & De Groot, 1990; Pintrich & Garcia, 1991; Pintrich, Smith et al., 1993）。学生の学習に関する様々な研究で検討されてきたプランニング活動には，学習への目標設定，読解前にテキストを拾い読みすること，読解前に質問を生成すること，そして問題に関する課題分析を行うことが含まれる。これらの活動は，学習者が認知的方略の使用を計画することを助け，先行知識の重要な側面を活性化する，あるいは準備状態を作り，課題の組織化や理解を容易にする。これらのプランニング活動を行うものは，これらの方略を用いないものに比べ，様々な学習課題において良い成績を得るようである（Brown et al., 1983; McKeachie et al., 1985; Zimmerman, 1989）。

思考や学習行動をモニタリングすることは，自己調整学習の本質的な側面である。ワインスティーンとマイヤー（Weinstein & Mayer, 1986）は，すべてのメタ認知活動は，理解のモニタリングの一部であるとしている。モニタリング活動には，テキストを読んだり講義を聴いたりする際に注意を集中すること，理解のためにチェックするテキスト教材について質問することで自己検証すること，講義の理解をモニタリングすること，試験においてテスト遂行の方略を用いること（例えば，スピードをモニタリングしたり利用可能な時間を調節すること）などが含まれる。これらの様々なモニタリング方略は，学習者が調整的方略を用いることを通じて修正可能である注意や理解を損なわないように，との警告となる。このことは，もし学生が自分の注意や理解をモニターしなければ，自分の認知や行動を調整し変えようという欲求さえ理解しそうにないことから，私たちのコースには重要な強調点となる（Butler & Winne, 1995; Pintrich et al., in press; Winne, 1996）。学習におけるこのタイプの自己内省的練習は，すべての自己調整学習のモデルにとって重要である。学生は学習を調整するためにモニターし評価しなければならない。

調整方略はモニタリング方略と密接に結びついている。例えば，読みにおいて理解をモニターするため学習者が自らに発問する際，そして次にテキストの一部に戻って再読する場合には，この再読は調整的方略である。もう1つの読みのための自己調整方略のタイプは，やや困難な，あるいはあまりなじみのないテキストに直面した際，学生が読みのペースを遅くする場合に生じる。もちろん，試験のための学習の間，覚えていないあるいは理解していないコース課題（例えば，講義ノート，テキスト，実験教材，以前の試験や論文など）の何

らかの側面を概観することは，全般的な自己調整学習を反映している。テストの中で質問を読み飛ばし，その後にそこに戻ることは，学生が試験での行動を調整するために用いうる別の方略である。これらのすべての方略は，学生の学習行動を修正し，理解不足を補うことによって，学習を修正すると考えられる。私たちは，この領域の研究を議論し，方略の価値と有用性に関する教室と実験室での実験を示すことで，学生にとってこれらの様々な自己調整方略が有用であることを再度示したいと思う。

　学習と自己調整方略に関する私たちのモデルの最後の側面は，時間や学習環境，そして教師や友人などの他者といった環境を管理するために用いることに関わる資源管理方略である（Corno, 1986; Zimmerman & Martinez-Ponz, 1986 参照）。学習への一般的な適応的アプローチと同様，私たちはこれらの資源管理方略は，学生が環境に適応することや，学生の目標や欲求に合うように環境を変えることを助けると考えている。私たちの研究で注目する資源管理方略には，時間や学習環境，そして援助要請が含まれる。

　学生が時間をどう管理し，学習のためにどんな場所を選ぶかは，学習には直接影響しないかもしれない。しかしそれは，学生の学習課題を完成させる努力の助けにもなるし，妨げにもなるのである（Zimmerman et al., 1994）。同様に，いつ，どのように，そして誰から援助を求めるべきかを知っている学生は（Newman, 1994 参照），適切に援助を求められない学生よりも学習において成功する可能性が高い。私たちは，多くの大学生が，いかに時間を管理し，援助を求めるかを考える際の支援を求めていることを見出している。私たちのコースでは時間管理の一般的問題を議論するが，それは学習のための固定的なスケジュールというよりも，様々な時間管理の方法があることを強調するものである。援助要請に関して，私たちはグループ学習やピア・ラーニングの有用性を論じるが，それは社会的活動よりも，学習に中心を据え続けるグループの重要性を強調するためである。

自己知識と動機づけ方略の使用

　これらの認知的方略に加え，動機づけと認知を統合する私たちの一般的モデルを述べるにあたり，学習における動機づけの役割についても議論する。私たちは，学習者としての長所と短所について知ること，様々な学習課題や専門領

域への自己効力感，学習への一般的目標志向性，そして学習課題への個人的興味や価値の点から，自己知識の重要性を強調するのである（Garcia & Pintrich, 1994）。また，動機づけ方略に関しては，適応的帰属パターンの重要性と，自己価値を保護（Covington, 1992）するための遅延といったセルフ・ハンディキャッピング方略を回避することの重要性について論じる。

　自己認識に関しては，モニタリングと学習者としての長所と短所について知ることの重要性を全面的に強調する一環として，学習と動機づけのための自分自身の方略と，他者と比較したときの自分の能力を，学生に意識させたいと私たちは考えている。学生が学習をよりよく調整することができ，方略の使用をより適切に変化させられるのは，この自己知識のタイプによって可能となるのである（Butler & Winne, 1995）。例えば，基本的には学習への有用性に限界のあるリハーサル方略に頼っている学生にそのことを教えるのは，重要な自己知識である。この自己知識はリハーサル方略に依存しなくなるよう動機づける。加えて私たちは，どのようなタイプの方略が個人的目標や好みに合致しているかを知ることが重要であると強調する。例えば，ある学生はテキスト教材を組織化するために，概念地図のような組織化方略を用いることを好む。また別の学生は，このような情報や教材を可視的に示すタイプを好まず，よりテキストに基づく（言い換え的な），あるいは概括する方略を好むかもしれない。異なる方略がどの程度有効かに関する知識に結びついた好みに関するこのような自己知識のタイプは，あらゆる課題や状況で新たに学んだ方略を厳密に適用しようとする学生に比べ，より柔軟で自己調整的な学習者となる手助けをする可能性があることを強調したい。私たちはこれが，学習における自己調整的実践の重要な側面だと考えているのである。

　自己知識に加え，私たちは学習における自己効力信念および不安（または自己疑念）の役割についても議論する。学習の文脈における自己効力信念は，学習課題を遂行する可能性の判断を参照するものである（Schunk, 1991）。私たちは，自己効力理論（例えば，Bandura, 1986）の考えに従い，これらの信念は比較的，状況特殊的だろうと考えている。しかし，学生が学習する履歴の中で出会う状況や課題をすべて論じることが不可能であることを考えるならば，私たちは，この信念を様々な領域（例えば，数学への自己効力感）や課題（例えば，試験勉強）に関する全般的な効力信念として論じる。私たちの一般的な社会認知的モデルにおいて，自己効力感は特性あるいは比較的安定的な特徴ではなく，

他の方略のように変化し調整されるものだと考えている。このようにして，学生に自己効力信念は変えることができるもので，能力も固定的ではなく可変的である（Dweck & Leggett, 1988）ことを私たちは伝えようと試みている。コースで学ぶ多くの学生は，高校での学習レベルが高いことから，大学においても非現実的な高い自己効力感をもってコースの学習を始め，ほとんど努力することなくやりとげることがある。しかし繰り返し低い成績になると，学生の自己効力感は低下し，学びの学習に参加する中で，これらの学生は成績や自己効力感の改善をめざすのである。

　しかしながら同時に，私たちは，学習や成績を低下させるような，極端に低い効力感や，反対にきわめて楽観的で非現実的な，高すぎる効力感よりも，比較的**正確**にコンピテンスを認知することの重要性を強調している（Pintrich & Schunk, 1996）。自己調整学習に関するモデルに関して，学生がコンピテンスについての正確な情報をもつことは，自らの学習の程度を判断するための適切な規準となる情報を得るために重要であると私たちは考えている。すなわち学生が，自分に何ができて何ができないのかについて正確に知っていれば，学習方略を合理的に変えるためにその情報を用いるようになる可能性が高いだろう。反対に，学生が自分の学ぶ能力について過剰な自信をもつならば，現在の学習方略や学習習慣は良好で改善の必要はないと考えるだろう。正確で現実的な自己アセスメントの強調は，しばしば実際のパフォーマンスには基づかない自尊感情や自己価値を支援する一般的なプログラムとは対照的である。私たちは，学習を歪ませ，究極的には害をもたらす，過度に楽観的な全般的自尊感情に比べ，知能は増大するのだという信念と結びついた正確な自己認知は，よりよい準備教育になると強く信じている（Pintrich & Schunk, 1996）。

　自己効力感に関するこの議論の一部として，私たちはテスト不安とテスト場面で生じるある種の自己疑念と心配についても論じる。テスト不安は自己効力感とは別の概念であると考えられるが，先行研究において論じられるテスト不安には，通常，心配と情緒性という2つの要素が存在する。心配の要素はより認知的であり，テスト状況において生じる「自己を動揺させる観念」（Bandura, 1986）を含んでいる。これはコントロールを失わせ，注意と遂行を低下させるものである（例えば，「あれ，私この質問知らなかった。私はこのテストに落ちたら，コースを落第してしまう。きっと私は学校から追い出されてしまう」）。これらのやっかいな考えは自己効力信念と関連している。しかし

良好な自己効力信念をもつ学生でも，テストでは神経質になり，また不安になることもあり，自分や自分の成績に関してこれらの否定的な考えをもつ可能性がある。私たちのコースでは，思考のコントロールを取り戻し，これらの否定的な思考を避ける様々なテスト方略（例えば，テストで簡単な問題から取りかかること，答えがすぐにわからない場合には，一度その問題を飛ばして後でそこに戻ってくることなど）を提案する（Hill & Wigfield, 1984）。加えて，これらの方略は，テスト場面で生じる一般的な否定的情緒や感情をコントロールすることに有益であろう。

効力感や不安に加え，私たちは学生のもつ様々なコースに対する興味や価値についても論じる。興味は，クラスの特徴やコースの内容によって喚起される単なる状況的な興味ではなく，コース内容への個人的，特性的な興味であると考えられる（Hidi, 1990; Schiefele, 1991）。価値は，ある目標をもつコース内容を，学生がどのくらい重要であり，どのくらい有用であると認知するかに関わっている（Garcia & Pintrich, 1994）。私たちは，すべての学生がすべての大学のコースに対して個人的興味や高い価値，有用性を発達させるべきだとは考えていない。むしろ，学生は個人的興味や価値が低いコースも履修しなければならないだろうという，現実的な観点に立っている。しかしながら，これらのケースでは，努力や学習に対して自己調整しようとする欲求は，個人的興味や価値が高い場合と対照的に，高いことを私たちは指摘したいと思う（Pintrich & Schrauben, 1992; Sanson et al., 1992）。ここでもまた，自分自身の興味や価値観についてだけでなく，興味と価値観との相関関係や自身の学習についてもある程度の自己認識をもって，学生が様々なコースにおいてより方略的で自己調整的な学習をしたいと考えるようになることを私たちは望んでいる。

動機づけ的知識の最後の側面は，熟達あるいは学習目標とパフォーマンスあるいは外発的目標との一般的区別である。私たちは，目標志向理論（例えば，Ames, 1992; Dweck & Leggett, 1988; Maehr & Midgley, 1991）に従って，熟達目標とは，学生が課題における学習と熟達，そして自己改善の追求に焦点を当てる志向性であると定義する。反対に，外発的志向性では，学生は他者からの承認や報酬の追求，あるいは他者を負かすために高い成績を得ることに焦点づけられている。いくつかの研究では，成績や報酬に関連した外発的目標志向と，他者との競争や勝敗を強調する能力への志向性とを区別することの必要性を提起するものもある（例えば，Pintrich & Garcia, 1991; Wolters et al., 1996）。

熟達目標をもつことは動機づけや認知的な成果，そして全体的なパフォーマンスに積極的な関連をもっている（Ames, 1992; Pintrich & Schunk, 1996）。したがって，大学での学習で学生に熟達志向性をもつように私たちは奨励する。しかし同時に，学習への内発的目標がないところで，大学生に少なくとも外発的目標（最小限成績を気にすること）をもたせることは，自己調整学習方略の使用と成績とが積極的に関連するというエビデンスも存在する（Pintrich & Garcia, 1991）。現実的な観点に立てば，成績は大学生活での1つの事実であり，将来のキャリア選択への含みをもつものなのだ。私たちは学生に成績を無視するようにとは教えないが，文脈における成績の役割を理解するよう，そして大学のコースでの「確実な」ゴールとして，成績に過度に依存することのないように，支援しようと思う。

　教室で学生が用いる動機づけ方略には様々なものがあるが（Garcia & Pintrich, 1994），私たちはコースの中で帰属の役割に焦点を当てる。帰属理論と研究（Weiner, 1986）は，成功や失敗に対する学生の帰属は，将来の動機づけやパフォーマンスに重要な役割を果たすことを繰り返し示してきた。特に，失敗の場合，能力の低さよりも努力や方略使用に原因を帰属することは，より適応的であることが見出されてきた（Borkowski et al., 1988; Pintrich & Schunk, 1996; Weiner, 1986）。すなわち，学生が自分の失敗を努力不足や方略の欠如に帰属した場合，それらの帰属因は通常統制可能で内的，そして不安定的であると認知され，そのため将来の課題ではそれらを変えられるという可能性がある。私たちは公式的な帰属の再訓練（Foersterling, 1985 参照）をするわけではないが，学生が動機づけを調整するために用いうる帰属理論と一般的な帰属原理について議論する。ここで私たちは，ミシガン大学において，この概念的枠組みがいかにして実際に行われたかについて論じよう。

学びの学習への介入の実施

●●● 概説

　学びの学習（learning to learn）は，ミシガン大学心理学部における学部の入門レベルのコースである。1982年の秋期に最初に開講された。このコースは大学の社会科学分類の必要科目であり，履修前に必要な基礎必須科目はなかっ

た。

　学生に示されたこのコースの目的は2つあった。1つ目の目標は，認知および動機づけ心理学の概念を教えることである。私たちは学生に，学習や志向について学生が相当の経験をすでに積んでいるが，これらのプロセスがどのように進むかについて十分に考えることはありそうにないことを説明する。認知心理学への入門は，学習や記憶，そして問題解決の活動に含まれる心的プロセスの理解を支援する。加えて，認知と動機づけの基本的プロセスを理解することによって，私たちは，様々な方略が，いつ，そしてなぜ用いられるのかという条件的知識を構築することの手助けになることを期待する。

　2つ目の，議論上より重要な目標は，学生にこれらの概念を大学における学習に適用させることである。このコースは，学生に大学のコースやそれ以外の学習でも役立つ学習と調整の方略のレパートリーの発達を援助することで，学生に学習者としての効力性を増加させることである。加えて，学生がこれらの概念を適用して，自らの学習を振り返ることを期待している。生涯学習の概念は，教育において重要性を高めており，私たちの論理的根拠では，良い教授とは，学生に学び方，記憶や思考の仕方，そして自己調整的，自己内省的学習者（Weinstein & Mayer, 1986）として自分自身を動機づける方法を含むのである。

●●● 学生

　このコースでは，履修希望者であれば誰でも履修できるが，特に第1セメスターあるいは大学のコース課題の初年度に困難のあった1年生あるいは2年生を対象としている。大学の全学部から学生が当コースを履修しており，コースの履修希望者数は，各セメスターで提供されるコースの定員を上回っている。

　ある学生にはコースへの登録のために学習アドバイザーが助言をし，別の学生は自分自身でクラスを選択した。履修した学生は，通常自らの学習遂行に自信がなく，より効果的な学習スキルを発達させ，学習の主要な領域でより進んだコース学習を始めるのに先立って履修することを望んでいた。履修が自己選択であることから学生の質は，仮及第点の成績の者から，「B」を1つでも取ると成績が落ちてきた兆候と捉える者まで様々だった。それらの本当の学習上の困難をもつ者には，以下のような様々な理由が存在した。すなわち，高等学校での適切な準備が欠如している者，単に自分の生活を管理するための自由に

圧倒され，学習に成功することの優先順位が低すぎ，実際の学習もそれに伴い劣っている者，また何人かは，先に診断不可能の障害を有している者もおり，また他には，高校で用いた学習方略が大学の授業では効果的ではないことを見出している者もいた。

コースを履修している学生はしばしばミクロレベル，およびマクロレベルの両方で自己調整につまずくことがある。彼らは読んだり，勉強したり，問題に取り組んだり，そしてテストの準備をしたりするときに学習のモニタリングや評価をするのが苦手かもしれず，したがって自らの学習方略を振り返り修正するという練習が不足しているのである。しかしより大きな意味で，彼らは自己調整を難しいと感じてもいる。というのも，多くの学生は高校で学習達成できるようにと，やる気を起こさせるシステムやサポートを親や教師が提供するという形で**他者調整**を受けてきた可能性があり，ここにきて彼らは，自分自身の時間や努力，そして動機づけを自己調整する能力はむしろ十分に発達してこなかったことに気づくからである。このように学習のための資源をいかに管理するかという問題は，多くの点で焦点が当てられるようになる。コースにおいて様々な学生が存在すること，そしてそのニーズには多様性があることは，コースの計画，教授，そして内容には極めて大きな課題となる。

●●● コース形態

コースは4つの学期の単元があり，計画された授業時間が週に4時間あり，うち2つが講義で2つが実験室／議論のセクション形式である。授業全体は75〜100名の学生からなり，コースの教授によって行われる2回の1時間講義に該当する。認知心理学の原理，概念，そして研究知見が講義の中で示される。加えて，20〜25名の学生からなるより小さなグループでは，週1回，大学院生のインストラクターによる実験室セッションが行われる。実験室セッションでは，講義によって示された概念と学生自身の学習の関連について，実習やグループワーク，そして自己内省的，自己調整的学習の応用と実践を促すよう計画された活動が行われる。

●●● コースの話題

　前節で述べたように，コース全体を包括するテーマは学生が自己調整的，自己内省的学習者になることである。したがって，コースで望まれる1つの成果は，学生が自らの学習においてより自己内省的で方略的になること，学習をコントロールすることである。授業では，学生に，学習や動機づけの理論や，幅広い方略とそれを用いる理由や文脈，これらの方略を用いる練習，そして練習において内省する機会を与えていく。以下に，いくつかの注目すべき領域とその適用について，コースの話題の素描として述べる。

　情報処理　私たちは，感覚記憶や短期記憶，長期記憶に含まれる能力と処理を含む，人間の記憶の情報処理過程について学生に教える。そして，ある変数は記憶の保持を促し，ある変数は忘却を促進するといったように，いかに記憶が多くの変数によって影響されるかを強調するいくつかのデモンストレーションを行う。特に教材の有意味さは，いかに良い学習や良好な記憶に影響するかを私たちは強調している。例えば，短期授業中の実験では，半分の学生にはトピック・センテンスの文章が与えられ，朗読するよう指示される。残り半分の学生は，文章については何の指示も与えられない。その後，その文章をできるだけたくさん想起するよう求められるが，その結果，目標となる情報の文脈を知ることは，理解と再生の一助となっていた。関連して，私たちはコースの情報を組織化するために概念地図を用いるよう学生に教えた。そして情報を階層的な枠組みに組織化することが再生を促進することを示したのだ。同様に，精緻化と組織化方略，そして既有知識に新たな課題と結びつけることの価値を学生は学んだのである。

　ノートの取り方　クラス内の活動では，学生のペアは，学びの学習と彼らの**目標となる**コースの2つのクラスのノートの取り方を検討する。目標となるコースとは，各学生が選んだもので，特に学びの学習からの方略と原理を適用し反映したものである。学生は示されたノートの取り方のタイプの共通点と差異点について，そしてノートの取り方が異なるスタイルになった理由についても議論した。そして学生は，試験勉強に向けて教材がよりよく組織化され使用準備がなされるよう，ノートの一部を書き直しする。私たちは学生に対して，重要なことは，講義ノートのすべての書き直しに時間を費やすことではなく，ノートの取り方をより自動化するように，よりよいノートの取り方の技術を練習

することであり，そこで学生は勉強中のノートの取り方が巧みになることを強調する。また学生は，授業後，概念をより精緻化するための，2つの欄からなるノートの取り方の方法を用いて，コーネル式ノートの取り方システム（Pauk, 1993）を実践する。

テストと準備 私たちは繰り返し学生に試験の質問を考えさせる。そして試験の前に内容を見直す手段として，他の学生の質問を書き，それに回答することが行われる。私たちは，活動の構造をより見えやすくする手助けとなる，意味をなさない句（nonsense phrases）からなる多肢選択問題の模擬試験を実施し，これを用いてテスト対策について議論する。同時に私たちは，評論テストのスキルを改善する機会を提供する。学生は，学びの学習コースに対する適切な評論の質問に対して筆記で回答し，読み，評価し，そして順位づけするための一連の回答が与えられた。そのとき学生は，良い回答とそうでないものを区別する特徴を同定するのだ。学生は小グループで，回答を批判的に検討し，順位を比較し，セクションで最善の回答であっても改善の余地があることについて考える。次に授業では，質問のすべての部分を記述してみたり，分析と報告の違いを理解したり，的の外れた妨害情報を省いたりといった，効果的な論文の回答を書く際の，幅広い問題について議論する。学生は，大学院生のインストラクターからのフィードバックを受けるため，論文を書き直し，書き直し前の版とともに提出する。

目標設定 学生が大きな目標を壊し，それを扱いやすい目標にする援助をするため，私たちは遠い目標から近い目標までのいくつかの目標を同定する。例えば学生に，生活，大学，学期，コース，来週，そして今日それぞれに2つの目標をもつことを求める。私たちは，学生に，より大きな目標に向かって行動するために今何ができるかに焦点を当てること，また彼らの成功や失敗を努力や方略に帰属させることを促すのだ。学生が，遂行の結果は内的で統制可能であり，そして学びの学習のようなコースを履修することは，目標に届くステップとなる1つの方法であると理解することを，私たちは期待している。

時間管理 コース履修の2日間，すべての学生は日常活動の記録をとり続けることが求められる。1時間ごとに区切ったマス目を用いて，学生は様々な活動をいつ行っているかを記録するのである。例えば，睡眠，授業出席，学習，付き合い，テレビ視聴，食事などである。学生はこれらの記録を実験室に持ち寄り，パートナーと分かちあう。講義の中で時間管理について学んだことに従

って，今回の時間の使い方と方略の選択のパターンを評価しながら，学生が互いにコンサルタントになるのである。この活動の成果は，1人ひとりの学生に，試験やペーパー課題のような学期を通じたコース全体の課題によって，どのクラスに注目するかの関心が変わるのだという知識を提供し，毎週の学習への暫定的で柔軟な手引きを発達させる。この活動によって学生は，将来に向けたモニタリングと修正へのツールを得，現在の時間の使い方の実践を振り返り，その効果を評価し，よりよい調整方略を発達させ，自分のスケジュールを自分でコントロールする感覚を再び獲得する。

　補助的なコース・トピック（協同学習，動機づけ方略など）は，実験室のセクションや宿題で生じる自己内省的活動に理論的枠組みを与える講義やテキストを用いて，同じように扱われる。可能であれば，トピックは実践で継続的にモニタリングや内省を行うために再び検討される。例えば，学生のノートの取り方の実践は，授業の中で学んだテクニックの効果を評価するため，後に学期の中で再び扱われる。そしてクラスの試験は，学習の方略を持続的に内省するための手段として用いられる。動機づけ方略の議論は，コースの初日に行われる学習の動機づけ方略質問紙（Motivated Strategies for Learning Questionnaire: MSLQ; Pintrich, Smith et al., 1993）の自己評定版に始まり，授業を通じて一貫して行われる。重要概念は講義の中でさらに解明され，やがてコースの後のほうになって，学生によるロールプレイで説明されるのである。

コース教材と必要要件

　テキスト　コースで用いられるテキストには2つある。最初のテキストは認知心理学のテキスト（Matlin, 1994）であり，これは学習における認知過程に関する理論と研究を示すものである。一般的に，学生にとって認知心理学のテキストは，心理学入門を履修していない者にはしばしば難しいのであるが，コースが応用的な性質をもつため，他に比べこれらの学生にとって，教材はよりわかりやすいものなのだ。私たちはこのテキストに実践的学習スキルブック（Pauk, 1993）を補足する。この本は読みやすく，学生が有益だと思う特定の示唆を与えるが，通常その表記は理論的ではない。そのコースは，理論に基づく実践的学習方略と応用に沿った認知心理学の原理を示すテキストが必要である。この理想的なテキストは心理学の基礎のない学生に，理論的概念を紹介する。

試験 テキストや講義，実験室の中で学生が課題を理解することは，通常2つの短い質問，2回の中間試験，そしてコースの最終試験でテストされる。これらの評価は多肢選択，短い解答，評論の質問から構成され，次第に困難になり要求も増えてゆく。実験室セッションには，テスト受験に応用できる認知的方略とメタ認知的プロセスに注目すること，様々な学習方略の効果と価値を提示することが含まれる。コースを通じて，評価の期間と困難さは次第に増し，学生にとってより挑戦しがいのあるものになっていくだろう。他のコースでの必要条件と同様，これらの評価における成績は，競争的あるいは「歪んだ」ものではない。したがって，学生はクラスメイトから学習することや，クラスメイトを援助することを促されるのである。

研究プロジェクト 学生は3～5人のグループになって，学期中のコースの間，実証的な研究プロジェクトを計画し，実行し，レポートを書き上げる。また学生は完成した研究を実験室セクションの短い口頭報告で発表する。研究プロジェクトには主に3つの目標がある。第1は，心理学者が研究を実施する方法について，学生に実際に経験をさせることである。研究プロジェクトは学習と勉強の問題について焦点を当てるため，プロジェクトによって，学生の学習方法の違いによる長所や短所の理解を援助するデータが生み出され，結果的に条件的知識を増加させるのだ。第2の目標は学生に自分のプロジェクトを計画する際に，コースから得られたアイディアを精緻化し応用させることである。第3の目標は，グループのプロセスや効果的なグループワークに必要なスキルに注目させる状況の中で，他の学生と協力的に学習を実践させることである。

研究プロジェクトのトピックは学習のある側面に焦点を当てるもので，通常小実験，調査，あるいは観察研究の形式をとる。例えば，ある特定の研究では，学生はリハーサル方略と精緻化方略のいずれが効果的かを比較する。別のプロジェクトでは，観察研究によって，学生は大学内のいくつかの図書館で学習する間，学習の妨害要因の数と課題を離れる行動とを比較した。一般に，自分が選んだプロジェクトによって，学生は自分自身の学習の実践をこれまでの研究の観点から内省し，また共同研究を実施する上でのスキルを振り返るのである。各研究グループは，必要に応じインストラクターからのガイダンスの下で，チームとしての効果の評価を実施するが，これはグループ過程においてコース途上で修正する機会を提供するものである。

記録帳 学生は学期を通じて記録帳を持っている。各週，学生は読解や講義，

そして実験室について振り返り，コースでの課題と自身の学習者としての経験の統合を促すような，いくつかの案内的な質問が与えられる。案内的な質問の例は以下のようなものである。「今週のテストに対するあなたの準備を振り返りなさい。テストのためにあなたはどのように勉強したのかを述べなさい。テストでどのように回答したか，テキストをどのように読んだのかに基づいて，あなたの用いた方略がどのように機能したのか，あるいはしなかったのかを確認し，今後それらの方略を用いたいかどうかについて述べなさい」「どんな条件（あるいは状況）の下で，ストレスや不安があなたの効力感を損なうのでしょうか？　これらの状況で，どのような要因がストレスや不安の否定的効果を減らせるのでしょう？」。学生はまた，ある週の間に学習方略やプロセスを変えたことといった，自分が学習者として経験した洞察について書くように奨励される。これらの課題は，学習の自己内省的実践を習慣化する援助となるように計画されている。

　記録帳の第1のねらいは，目標となるコースでの学習と動機づけについて学生に報告させることにある。学生が得た方略の多くは，コースのすべての学習に有益であると予想しているが，また私たちは，学生が極めて注意深く新たな方略を適用し，その中で自身の進歩を報告するようなコースを確認してほしいとも望んでいる。学生は記録帳に，目標となるコースで用いる特定の方略について，そしてそれらが学習や遂行にもつ効果について記述することが期待されている。

　記録帳は学生と大学院生のインストラクターの間の会話の形式として機能する。学期の間の何回か，学生は記録帳の用紙に記入し，インストラクターがコメントを書き入れる。加えて，毎回1組の記録が提出される前に，学生は，コメントを出し，反応し，提案し，そしてサポートするため，クラスの他の学生と記録帳を交換する。それによって，学生は互いの経験から学習するのである。記録帳は学生のメタ認知的思考や自己調整を促し，自己内省的学習者としての実践を高めるように設計されていた。

研究と実践への将来の方向性

　学びの学習コースの教授における様々な点において，私たちは，コースに参加した学生の動機づけと認知における介入の効果について研究を実践してきた

（例えば，Hofer, Yu, & Pintrich, 1997; McKeachie et al., 1985）。この研究は私たちの概念的モデルと，コースにおける私たちの教授の両方を修正する手助けとなってきた。初期の研究では，コースは学生の学業成績（Grade Point Average; G. P. A.）に何らかの影響を与えること，そしてテスト不安のレベルを低下させ効力感を高めること（McKeachie et al., 1985）を示した。最近では，より幅広い動機づけ的，認知的変数を評価する際（Hofer et al., 1997），学生の学習への熟達志向や自己効力感，そしてコースの価値や興味は増大し，テスト不安は減少することを見出した。加えて，自己報告による方略使用も増大したのである。より重要なことに，相関的分析の結果，コースの学生において，動機づけ的信念（熟達目標，効力感，そして興味と価値）は彼らの認知的，自己調整的方略の使用と正の関連をもつことが示された（Hofer et al.,1997）。この結果は，自己調整学習において動機づけと認知的要因の両方が重要であると考える私たちのモデルと一致するものである。

一般に，先に本章であげられた4つの主な論点において，私たちの研究は大学生にとって認知と動機づけの要因を対象範囲とする介入が何らかの有用性をもちうることを提起する。もちろん，私たちの研究のほとんどは，学びの学習コースにおける学生の遂行に関してのみ注目して実施されており，これらの学生が，転移によって他のコースでもいかに学習するかについては，さらなる研究が必要である。しかし，私たちが先に行った研究（McKeachie et al., 1985）やワインスティーンとアンダーウッドの研究（Weinstein & Underwood, 1985）では，大学での総合的なGPAと成績という形で，何らかのペイオフ（報酬）が存在することが示されている。だがそれは，ここでの私たちの結果と以前の相関的知見（例えば，Pintrich & Schrauben, 1992; Wolters et al., 1996），そして動機づけ的要因は重要であり，学生の様々な認知的，自己調整的方略の使用を促進しうるという他の研究（例えば，Borkowski et al., 1990; Pressley & Woloshyn, 1995）の結果からも明らかであろう。したがって私たちは，認知的，自己調整的方略を教授するよう設計されたどのような介入でも，動機づけの問題には触れられるべきだと考えている。

私たちの提起した第2の問題は，統合的 対 補助的コースデザインの使用に関わるものである。私たちの研究は補助的コースデザインのみを用いているため，どちらのコースがよりよいかという実証的エビデンスを提供することはできない。しかしながら私たちは，この問題は，実証的エビデンスはないものの，

学校において機能する文脈的な制約と関連している可能性があると考えている。特に大学レベルでは，補助的方法は有用なものだと考えている。なぜなら大学の学部では，領域専門のコースにおいて，一般的な学習や自己調整方略を教える可能性はなさそうだからである。同時に，すべてではなくある一部の大学生には，一般的方略に焦点を当てた補助的介入の必要があることは明白である。しかしながら，コースで用いられる課題と教授方略の点について，補助的コースをどのように設計することが最適かに関して，なお研究の必要がある。シンプソンら（Simpson et al., 1997）は，異なるコースや専門領域で用いられる様々なタイプの課題に対する介入を設計する必要性を提案している。一般的方略教授に関するこの**概念化**のタイプは，大学生にとって有用であり，方略を転移させる努力を助けるものである。しかし，様々な領域における様々な課題を分類すること，そしてどのようなタイプの方略や知識が求められるのかに関する分類の方法を研究する必要があることは確かである（Burrell et al., 1997; Pintrich, 1994）。

　転移の点から，大学生に自己調整学習を教授する際の議論において生じる，未解決な多くの問題が存在する。一般的方略には，少なくとも GPA における変化などの，ある程度の転移が生じるというエビデンスを私たちは有している（例えば，Mckeachie et al., 1985）。しかし，私たちは転移のプロセスに関して，すなわち他のクラスの補助的コースで学んだ学生が，これらの方略の使用をどのように考えているかについて，ほとんど何の情報ももっていない。このタイプの情報は GPA や保持率といった一般的な自己報告測度あるいは全体的測度では容易に得られない。学びの学習コースに参加しているときやそこを終えた際の学生に対する，質的，エスノグラフィック的な観察やインタビューなどのよりプロセス志向的な研究が確かに必要である。この研究のタイプは，様々なコースにおいて方略を使おうと試みる（あるいは使用しない）学生についてのより深い分析を含むであろう。加えて，時間を追って学生を調査する縦断的研究も，大学での学業を通じて学生の自己調整がどのように発達的な経緯をたどるかを検証し，大学における何らかの方略介入の**認知的な残余物**（cognitive residue）を注意深く調べるために有用であろう。

　最後に，大学レベルの方略介入研究のほとんどは，介入の**主な効果**に焦点を当てるものであり，異なるタイプの学生では潜在的にどのような交互作用があるかについては検証していない。もちろん，大学生の学習スタイルに関する研

究は存在し，学生がコースの特徴とどのように交互作用的に関係するかが検討されている。しかし私たちは，確固とした特性モデルや個人的学習スタイルに基づく推論が，この領域で最も役立つとはいえないと考えている。反対に，学生が大学のコースで用いる様々な認知的，動機づけ的信念や方略は，個人の特性ではなく，変化しやすいものであると予想している。しかしながら，これらの異なる信念や方略が，いかにして自己調整方略の学習を制約する，あるいは促進するかについて十分な研究はみられていない。

　例えば，認識論的信念の領域（Hofer & Pintrich, 1997 参照）では，スコマー（Schommer, 1993）は，知識に関するあるタイプの信念は，深い処理方略の使用を制限することを示している。したがって大学生は，方略について，そしていつどのようにそれを用いるのかについて知っているだけではなく，方略使用の現実的な制約に関わる他の信念ももっているのであろう。この場合には，介入では，部分的にこれらの信念をターゲットとしなければならない。学生のもつ大学での一般的目標と学習への目標志向性に関しては，同様のタイプの分析を行うことが可能である。すなわち，あるタイプの目標をもつ学生は，あるタイプの方略だけを用いるよう方向づけられるであろう（Pintrich & Garcia, 1991; Pintrich & Schrauben, 1992）。これらの異なる信念や目標が，方略介入の特徴との間でいかに交互作用するかに関する研究はほとんどなく，大学生への方略教授の研究において，これらのタイプの適性－処遇交互作用に関する研究が求められている。

　結論として，概念的モデル，研究，そして教授プログラムがより洗練され効果的になるほど，私たちがこの領域において進歩を続けていることは明らかであろう。しかし依然として，将来解決されるべき多くの重要な理論的，実証的問題が残されている。加えて，大学生や他の学生が自己調整学習者になるための教育に取り組むための教授内容知識を，より明確に共有することが必要である。大学レベルでの自己調整学習の教授へのアプローチに関するこの議論が，教室における自己調整学習の促進に用いられる様々な方法，方略，そしてカリキュラムの議論を活性化する一助になることを望んでいる。

謝辞
　草稿に対して有意義なコメントをいただいた，本書の編集者であるシャンクとジマーマンに感謝申し上げる。より重要なのは，ミシガン大学の私たちの同僚，ビ

ル・マッカーシーに対する本領域における私たちの仕事への洞察,知識,そして援助に対する感謝である。ミシガン大学における学びの学習コースの創始者そして開発者であるビルのおかげで,私たち本章全体の作業ができたのである。

第 5 章

統計学における
自己モニタリング・スキルの指導

ウィリアム・Y・ラン
(William Y. Lan/Texas Tech University)

　自己モニタリングは,「自分の行動のある側面に対して意図的な注意を向けること」(Schunk, 1996, p.342) として定義づけられる自己調整の下位過程であり,ここ数十年,自己調整学習に取り組む研究者の注目を集めてきた。自己モニタリングは,生徒の学習に対して影響力のある要因であることが明らかにされてきている。自己モニタリングを生徒に行わせることによって,学習への取り組み (Malone & Mastropieri, 1992; McCurdy & Shapiro, 1992),学力 (Sagotsky et al., 1978; Schunk, 1983),課題に取り組む時間 (DiGangi et al., 1991; Harris, 1986; Morrow et al., 1985),教室での行動 (Lloyd et al., 1989; Maag et al., 1992),問題解決能力 (Delclos & Harrington, 1991) が向上することを研究者たちは明らかにしている。
　上に述べたように,研究者たちが,自己調整学習の多くの側面の中で,とりわけ自己モニタリングに注目してきたことは,驚くべきことではない。自己調整学習の下位過程について論じる際に,様々な理論的立場の心理学者らの間で合意がなされてきたことは,自己モニタリングは,自己調整を先導する機能をもっているため最も重要な下位過程だということである。例えば,プレスリーとガターラ (Pressley & Ghatala, 1990) によれば,自己モニタリングの過程は,学習者が以下に示すような規準に従って,特定の学習方略の効果について評価

を行うものとして述べられている。その規準とは，①方略が目標への到達にどのくらい貢献しているか，②方略が必要とする労力や時間がどの程度のものであるか，である。学習者は，これらの2つの規準を適用することで，現在の方略を続けるべきか，別の望ましい方略に変更すべきかについて判断することができる。したがって，自己モニタリングというのは，「思考の過程や結果をそれらが生起している最中にオンラインで評価する働きをもつものであり，他の過程を活性化したり非活性化したりする実行過程」（Pressley & Ghatala, 1990, p.19）なのである。ジマーマン（Zimmerman, 1989a）が指摘しているように，自己調整の理論モデルを概観すると，プレスリーとガターラが記述した学習における自己志向のフィードバック・ループは，オペラント，現象学，社会的認知，意思といった理論的背景をもつ研究者たちの間で提案されているモデルの特徴と共通している。

　自己モニタリングが，自己調整を支える基本的な下位過程として機能するのであれば，自己モニタリングは，自己調整のすべての要素に対して影響を与えるものとみることができるであろう。社会的認知理論（Zimmerman, 1989b）によれば，自己調整は3つの構成要素からなるものである。特定の自己調整学習方略，自己効力感，目標への関与の3つである。学習行動，学習環境，学習場面における内面的認知過程を調整する上で自己調整学習方略が選択され用いられるが，その際，現在用いている方略と別の方略の効果に関する自己モニタリングの結果に基づいて方略の選択はなされる必要がある（Thoresen & Mahoney, 1974; Zimmerman, 1989b）。学習者の自己効力感の認識も，学習の進度の自己モニタリングと課題に関する能力についての自己判断に基づいている（Diener & Dweck, 1978; Kuhl, 1985; Pearl et al., 1983）。目標への関与は，目標自体に関する認識と，結果の自己調整や意思に基づく努力といったような自己調整学習方略に関する認識なくしては成立しえないものであり，これによって学習者が課題に粘り強く取り組むかどうかが左右されることになる（Zimmerman & Ringle, 1981）。自己モニタリングは，学習場面に適用されると，自己内省の実行を開始し，学習者自身の特徴と学習環境を含む学習過程のすべての側面にわたって注意深く振り返るように学習者に働きかけるものと思われる。この自己内省の実行によって，自己調整が学習を促すのであろうし，自己調整学習者と，そうでない者や自己調整の程度が低い者との間に，行動，動機づけ，メタ認知の面での違いをもたらしていると思われる（Zimmerman, 1990）。自らの学習を自己

モニタリングすることの効果について関心をもってきた研究者の1人として，本章では，大学での統計学の科目で，大学生を対象に行った研究結果について紹介し，自己モニタリングが学習の様々な側面にどのように影響を及ぼしているかを明らかにする。

自己モニタリングと学習に関する授業研究

大学院生を対象にした統計学の入門講座

　自己モニタリングを介入として利用した講座は，ほとんどの州の教育大学で行われている大学院レベルの統計学の入門講座であった。授業は，通常の学期の15，16週間にわたって週に2回か，夏学期の6週間の毎日1時間半のどちらかで行われた。科目の中で，度数分布，代表値と散布度，正規分布，標準得点，相関，回帰などの記述統計学と，確率，二項分布，符号検定，Z検定，異なる研究デザインに応じたt検定，一元配置の分散分析などいくつかの推測統計学の主な内容が取り上げられた。教育大学や他の大学でもほとんどの大学院の教育課程で必修講座として，毎学期（年に4回），開講され，教育学や人間科学に関する大学院の院生が主に受講していた。看護学校や学際的な大学院の教育課程の学生も特別にこの講座を受講していた。この講座を受講者として履修した地方の小学校や中学校の教師は，通常の学期よりも夏学期に多かったが，どちらの学期も，年齢，性別，出身大学に関する受講者の構成は同質のものであった。

　統計学講座の講義担当者として気がついたことは，多くの院生にとって，大学院の学習において最も難しい科目の1つが統計学だということである。したがって，この講座を受講するときに，学生たちの期待は低く，高い不安を抱いていた。例えば，「数学の講座を最後に受けたのは20年も前になる」「自分に統計学を教えてくれるな。数字では仕事ができない」「これが学位取得に必要な最後の講座です。とにかく乗り切りたいのです」といった意見がみられた。さらに憂慮すべきことは，比較的容易な講座内容から難しい内容に進んだときに，学生たちは授業で取り組んでいることが何なのかさっぱりわからなくなってしまうことである。例えば，回帰の章に入ったときに，回帰式の切片や傾きを出すために面倒な計算の実行を求められると，計算の目的を見失ってしまう

学生もいた。回帰分析の最終的な結果として重要になるのは，予測に用いる回帰式であることを教科書でも授業者も強調しているが，学生らは回帰式の1つか2つのパラメーターを明らかにしただけでやめてしまい，もう問題を解いたものと考えてしまうようである。切片と傾きの値を求めるが，式には当てはめず，その後の予測の問題をどうやって解けばよいのか，わからなくなってしまう学生もいた。また，学生の中には，相関の単位として，相関係数は－1から1の範囲であることがわかっていても，32.06といった理論的にありえない値のまま，課題を提出していた。記述統計学では長たらしい計算が求められるが，推測統計学のほうは論理的思考によるので比較的易しいと言って，試験前には推測統計学の学習に自信をもっていたが，試験の成績をみると，記述統計学の試験よりも推測統計学の試験のほうが悪かったという学生も中にはいた。統計学の講座の学習課題が難しくなっていくにつれて，学生が自己モニタリングできていないことが明白となっていった。

　この授業で学生が自己モニタリングできなくなる理由について検討した結果，主として認知的要因からくるものと考えられる。挑戦レベルの高い学習課題であり，状態に向けられた思考（心配や不安，欲求不満，Kuhl, 1985）となるために，学生の情報処理能力を超えてしまい，自らの学習の自己モニタリングを妨げてしまうものと思われる。もしこのことが事実ならば，統計学の学習の際に，学生にとって自己モニタリングの手助けとなるよう，自己モニタリングの過程のきっかけを与える外的な手掛かりが必要になる。先行研究では，学習障害児を対象に，算数の計算課題に対する注意の集中を促す上で聴覚的な手がかりが有効であることがすでに明らかにされている（Heins et al., 1986）。

●●●● 自己モニタリングへの介入

　操作　統計学の授業で使用された自己モニタリングの手掛かりは，学習活動と学習内容の理解に学生が注意を向けることを意図したプロトコルであった。統計学の科目で使われている教科書（Pagano, 1994）から合計75の基本概念を抜粋し，プロトコルの左側の縦の列に一覧にして示した。プロトコルのそれぞれの概念には，横の並びに空欄が設けてあり，教科書を読むこと，必須課題の取り組み，授業後のクラスメイトとの話し合いへの自発的な参加，個別指導を受けること，概念を習得するのに必要なその他の活動への取り組み，これらの

第5章 統計学における自己モニタリング・スキルの指導

あなたの学籍番号 _____				時間と概念に接した回数			
章	知識の構成要素	教科書 時間と回数	課題 時間と回数	話し合い 時間と回数	個別指導 時間と回数	合計 時間と回数	構成要素の自己効力感
1	観察 対 実験研究	A　B					C
1	独立 対 従属変数						

図5.1　自己モニタリングのプロトコルの一部の例である。Aの文字の空欄には，概念を理解するために様々な方法を用いた時間数を分単位で記録した。Bの文字の空欄には，概念に接した回数を記録した。Cの文字の空欄には，概念に関する問題を解く自己効力感について1から10の数字で記入した。1は自信が低く，10は自信が高いことを意味する。

回数と時間数を自分で記録するようになっていた。横の並びの最後の空欄は，1が最も低い自己効力感，10が最も高い自己効力感を示す10段階の尺度で，概念に関する問題を解く自己効力感を評定する際に用いられた。この自己モニタリングのプロトコルは，本研究における自己モニタリング条件群の生徒が利用した。図5.1に自己モニタリングのプロトコルの一部を例として示しておく。

　75の統計学上の概念の一覧を示すことで，講座内容を整理したり見直したりすることができ，学生の学習に対して影響を及ぼす可能性が問題となろう。自己モニタリングの過程よりも，講座内容そのものにふれる量によって，何らかの効果がみられる可能性があるのである。この交絡する変数を統制するために，別の処遇条件として，授業者のモニタリングのプロトコルを作成することにした。授業者のモニタリングのプロトコルは，同じ75の統計学上の概念からなるものであるが，自らの学習活動ではなく，授業者の教育活動をモニターするよう学生に仕向けるものであった。授業者のモニタリングのプロトコルのそれぞれの概念にも，横の並びに空欄が設けてあり，授業のペース，例の豊富さ，課題の数，学生が質問できる時間について，10段階の尺度で評価ができるようにしてあった。尺度の1の値は，授業の程度が十分ではないこと（授業のペースが速い，例や課題が少ない，質問のための時間が学生の要求する時間よりも短い）を表し，10の値は，授業の程度が逆に過度になっていること（授業のペースが遅い，例や課題が多すぎる，学生が求める以上に質問の時間をとりすぎる）を表していた。この授業者のモニタリングのプロトコルは，本

研究における授業者のモニタリングの条件群の学生によって利用された。

　心理学者の主張では、効果的な自己モニタリングにおける重要な特質として、規則性と近接性の2つがあげられている（Bandura, 1986; Shapiro, 1984）。**規則性**とは、学習者が断続的ではなく継続的に自らの学習行動をモニターすることを意味している。**近接性**とは、長い時間が経過してからではなく、行動が生じてすぐに自己モニタリングすることを意味している。統計学の授業で2つのプロトコルを予備的に実施してみると、こちらが想定するほど、規則的、近接的な形でプロトコルを利用しないことがわかった。学生の中には、学期のはじめに受け取ったプロトコルを、学期の最後に回収するまで一切使わなかった者もいた。さらに、プロトコルを手渡す以前に、自分が正しいと思う数字を記入していた。このことは、外的な手掛かり（プロトコル）を単に与えただけでは、自己モニタリングの過程に取り組ませたことにはならないということを示唆している。学生らによるプロトコルの規則的、近接的な利用を確実なものにするために、統計学講座の学習で、毎回、プロトコルに記録するように促した。また、それぞれの学生に対してプロトコルのコピーを2枚分（コピーAとコピーB）、用意した。授業の初日には、自己モニタリングか授業者モニタリングのいずれかのプロトコルのコピーAを学生は受け取り、次の授業の集まりでコピーAをコピーBと交換した。それぞれの授業の後、コピーを点検して、プロトコルに記入する指示に従っているか確認するようにした。プロトコルの記録と交換の手続きは、学期を通して続けられた。こちらが頻繁にプロトコルを見直すことで、学生は正確にプロトコルを実施していることになる。

　これらの2つの処遇条件群に加えて、何ら介入による処遇はなく、講座をただ受講するだけの統制条件群が設けられた。

　手続き　統計学の授業で学生に対して研究への参加を募るために、10点を加算すること（講座の成績全体の5％に相当）を申し出た。ごく少数の例外を除いて、授業に登録していた学生のすべてが自発的に参加した。各学期で講座に登録していた学生は20〜25名にすぎなかったので、十分な対象者数を確保するため、4学期間にわたって研究を実施する必要があった。理想的には、同じ学期の中で、自己モニタリング、授業者モニタリング、統制条件の3条件に対してランダムに学生を割り当てるべきであった。しかしながら、こうすると、統制条件の学生が何もしないで加算得点を得てしまうことになる。他の2つの条件群の学生たちには、広範囲にわたってモニタリングの活動に取り組むよう

に求めるので，こういう状況は，学生たちの不満を招くおそれがあった。この問題を避けるため，はじめの3つの学期に登録をした学生には2つの処遇条件に参加してもらうようにし，第4の学期に登録をした学生には統制条件として参加してもらうようにした。

　はじめの3つの学期に登録をした学生に対しては，学期初めの授業の集まりで，研究への参加が加算得点を得る条件であることを知らせるようにした。同意を確かめる書面に署名を求めた後，自己モニタリングと授業者モニタリングにランダムに割り当てを行い，自己モニタリングのプロトコルか授業者モニタリングのプロトコルのいずれかを配布した。この授業で行われている研究プロジェクトは複数あるため，自分のプロトコルがクラスメイトのものとは異なる可能性があることも知らせておくようにした。

　2つのプロトコルは，自らの学習活動か授業者の教育活動のいずれかを学生がモニターできるように作られていた。研究の成否は，プロトコルによって予測通りに学生の注意を操作できるかどうかにかかっていた。操作の成功を実証するのは，学生が利用したプロトコルに書かれた内容であった。自己モニタリングのプロトコルを利用した学生は，プロトコルを学習に関する情報を得るための手段と捉えている傾向にあった（例えば，「自分が教材を理解できているか評価するのによい道具だ。さらに理解を要する内容領域を特定する手助けにもなる」「プロトコルによって，自分がわからなかった内容や，それをより効果的に学ぶためにはどのようにしたらよいか，認識することができた」）。一方，授業者モニタリングのプロトコルを利用した学生は，教室での指導を向上するための手段として捉えている傾向にあった（例えば，「これは，授業の教え方を評価するのに非常によい方法だ」「プロトコルによって，先生が自分の指導の効果についてとても気をつけているということがわかる」）。

　データ収集　ジマーマン（Zimmerman, 1990）の仮説によれば，自己調整学習者とそうでない学習者との違いは，行動，動機づけ，メタ認知の側面にあるが，介入上の3条件の学生たちのこれらの側面の差異に関するデータが収集できるよう，様々な測度を準備した。行動変数に関する測度としては，講座の試験，自己調整学習方略の使用，熟達をめざす学習と挑戦を求めること，以上の3つ，動機づけ変数に関する測度としては，学習に関する統制感，統計学への内発的動機づけ，以上2つ，メタ認知変数に関する測度としては，自己判断の正確さ，知識の構造，以上2つのものであった。これらの測度に加えて，処遇

前の数学の学力を測定するために，数学の学力テストを作成した。

　4つの学期の試験を利用して，統計学の授業における学生の学習を評価した。それぞれの試験は，多肢選択の40問で構成され，授業で利用した教科書の3章から4章程度の範囲に関するテスト項目から選び出して作られた。これらの試験は，統計学上の概念に関する理解と，統計学上の計算を行う能力とを測定することをねらいとした。各テストで必要になる統計学上の公式は，用紙にしてテスト冊子に添付して渡すようにし，テスト中に計算機は使ってもよいことにした。何年かにわたる修正を経て，この試験は，学生の学習を測る信頼性のある尺度となった。研究が実施された4学期の間で，試験に関するKR-20（キューダー・リチャードソンの公式20）は，.73から.86の間の値をとった。4つの試験で，テスト得点とその平均得点は，想定された範囲である0から40の間で算出された。これらの試験の得点が，本研究における最終的な従属変数にあたると考えた。この研究の中で操作を行う自己モニタリングによって，試験で測定される生徒の学習の程度が高められる結果とならなければ，行動や動機づけ，メタ認知の面でいかなる変化がみられたとしても意味はないだろう。以前に行った同様の研究の中で（Lan et al., 1993），自己モニタリングによって試験の成績が向上することをすでに明らかにしているが，自己モニタリングが学生の学習に対して向上効果をもつという結果をここでも追試してみたいと思う。

　先に論じたように，自己調整に関する研究者は，自己モニタリングを自己調整の最初の下位過程，時には単独の下位過程として捉えている。そのため，自己モニタリングを行っている学生は，他の自己調整学習方略も利用する傾向にあると考えてよい。この予測を検討するために，統計学講座における自己調整学習方略の使用について測定した。自己調整学習方略の使用を測る測度として，ジマーマンとマルティネス-ポンズ（Zimmerman & Martinez-Pons, 1986）によって明らかにされた13の方略を取り上げた。自己評価，教材の体制化，目標設定とプランニング，情報収集，記録をとることとモニタリング，環境構成，結果の自己調整，リハーサルと記憶，仲間からの支援の要請，教師からの支援の要請，テストに備えての教科書の見直し，ノートの見直し，過去のテストや課題の見直し，以上の13の方略である。本研究における学生はすべて成人であったため，ジマーマンとマルティネス-ポンズのリストにあった方略の1つ，親からの支援の要請は，ここでの測度には含めなかった。測度として取り上げ

たそれぞれの方略について，それらがよくわかるような行動の例を示した。例えば，自己評価の方略は「自分の宿題の課題を点検すること」，教材の体制化は「科目内容の要点をまとめること」，目標設定とプランニングは「学習活動の時間と順序を計画すること」，記録をとることとモニタリングについては「宿題の誤答の一覧を作ること」というように示した。統計学の勉強のときのこれらの方略の使用頻度について，①まったくない，②めったにない，③ときどき，④しばしば，⑤いつも，の5段階の尺度で表すよう求めた。

　自己調整学習方略の使用に関する測度の構成概念妥当性について確かめるために，方略の使用頻度と試験の成績の平均値との間の相関係数を算出した。13の方略のうち6つ（自己評価，情報収集，リハーサルと記憶，仲間の支援の要請，テストに備えての教科書の見直し，過去のテストの見直し）と試験の成績との間に有意な相関が認められた。仲間の支援要請の方略を除いて，方略と学業成績との間には正の相関がみられた。

　達成動機づけに関する理論家が示唆するところによれば，自己調整学習者というのは，熟達をめざす学習に関心があり，挑戦性の高い課題を好むような学習目標志向の人たちであろうと思われる（Elliott & Dweck, 1988; Meese, 1991; Nicholls, 1984）。統計学の授業において，挑戦を求め，熟達をめざす学習の機会を学生に与えることで，自己モニタリングがこれらの変数に及ぼす影響について調べた。授業者からのフィードバックを受けた後，課題に関する習得証明をすべて取得したいと思えば，その回数分だけ，宿題を再提出することが学生らに許された。また，教科書の問題が十分に挑戦しがいがないと感じた場合，講座のはじめの5章に関して熟達のための問題に取り組めるよう，5組分の問題を用意した（はじめの5章を終えた後，挑戦しがいのある問題を要求した学生はいなかった）。授業者からのフィードバックを受けるために，学生は，熟達のための問題に対する解答を提出することができた。しかし，熟達のための問題に関する取り組みは，講座成績に影響を与えるものではなかった。各条件において，宿題を再提出したか，熟達のための問題に取り組んだ学生数を記録し，熟達学習と挑戦を求める行動の測度とした。

　相関研究では，自己調整学習者は自己効力感があり内発的に動機づけられているということを十分に実証してきている（Pintrich & De Groot, 1990; Zimmerman & Martinez-Pons, 1988, 1990）。自己モニタリングが，学習の統制感や統計学に対する内発的動機づけといった動機づけ変数に影響を与えていること

とを，この実験研究の中で明らかにしたいと思う。学習の統制感を測る測度としては，「この講座の勉強をしているとき，何に取り組んでいるかわかっている」といった質問内容が6つ含まれていた。統計学に対する内発的動機づけを測る測度としては，「必要がなくても，統計学の授業をもっと受けたいと思う」といった質問内容が6つ含まれていた。質問内容に対して，当てはまるか，当てはまらないか，その程度に応じた6件法のリッカート尺度で2つの測度に答えるよう生徒に求めた。この測度での低得点は，統制感と内発的動機づけのレベルが低いことを表し，高得点は，高いことを表している。あいにく，2つの測度に関して，クロンバックのα信頼性係数が相対的に低かった。統制感尺度が .52 であり，内発的動機づけ尺度が .60 であった。

　本研究では，自己モニタリングのメタ認知への影響を調べるために2つの変数を測定した。第1に，3条件の生徒の間で，テスト項目の正答と誤答の自信のレベルを比較することで，自己判断の正確さという変数を設定することにした。各テスト項目の前に空白を設けておき，問題の解答についての自信を1から10の間の数字で書き込むように生徒に求めた。1の値は自信の低さを，10の値は自信の高さを表している。4つの試験の学生の解答を正解と不正解のまとまりに分類し，それぞれの自信の評定の平均値を別々に算出した。授業者モニタリングと統制条件の学生に比べて，自己モニタリング条件の学生のほうが，自己判断がより正確であるものと予測された。したがって，他の2条件群に比べて，自己モニタリング群のほうが，正解の自信のレベルが高く，不正解の自信のレベルが低いということになる。

　自己モニタリングと自己認識の間に正の相関がみられることも研究者によって明らかにされてきている（Zimmerman & Martinez-Pons, 1988）。この関係に基づくと，自己モニタリングによって，講座で学習した統計学上の知識の構造や構成を認識しやすくなるのではないかと考えられた。そのため，授業者モニタリングと統制条件の学生に比べて，自己モニタリング条件の学生のほうが，より適切な知識の構造を示す結果となるはずである。4つの講座試験に12の質問を加えて，知識の構造という変数を測定した。各質問には，関連のある統計学上の概念と無関係のものとをいくつか並べておき，学生には，無関係の概念を削除し，関連のあるものを要約する形でまとめ，それに見出しもつけるように求めた。例えば，知識の構造を測定する質問に，**相関係数，分布の多様性，分布の特徴，標準偏差**といった4つの概念を一覧にした。この質問に対する適

切な解答としては，相関係数の概念を除いて，分布の特徴，分布の多様性，標準偏差の概念をまとめ，要約に第 1，第 2，第 3 の見出しをつける。概念をまとめる論理的な方法は 1 つ以上存在することも時にあるが，教科書や講座シラバス，授業中の指導で取り上げてきた要約と同様のものとなるように学生には要求し，解答の任意性が最小限のものとなるように努めた。知識の構造を測定する測度は，以上のような 12 の質問で構成され，0 から 12 までをその範囲とした。高得点が適切な知識の構造を表し，低得点は不適切な知識の構造を表した。

　数学の学力テストは，22 の多肢選択の問題で構成され，困難度は小学校の算数から大学の代数学にまで及ぶものであった。テストではすべての問題に解答するよう学生に求めた。テストの信頼性係数は .86 であった。3 条件の学生の間で事前の数学の学力が同質であることを調べるために，各学期のはじめにテストを実施した。結果として，事前の数学の学力に有意な差は認められず，3 つの実験条件群の学生たちの比較が可能だということがさらに確かなものとなった。

　4 つの試験には，それぞれ自己判断と知識の構造の測度を伴い，3，4 週間の間隔をおいて学期の中で実施した。自己調整学習方略の使用，学習の統制感，統計学に関する内発的動機づけを測定する尺度は，学期の最後に行われた。熟達をめざす学習と挑戦を求める行動の測定として，学期を通して宿題を再提出した学生，もしくは，熟達のための問題に取り組んだ学生の数を記録した。

●●● 介入の結果

量的分析の結果　一連の 4 学期間にわたって，73 名の大学院生からデータを収集した。不完全な回答のために 4 名を除き，分析対象は 69 名の学生となった。自己モニタリング条件が 23 名，授業者モニタリング条件が 21 名，統制条件が 25 名であった。69 名の学生のうち，38 名が女性，31 名が男性であった。3 条件群の間で，行動，動機づけ，メタ認知の面での差異に関する予測について検証するためにデータ分析を行った。予測されたように，授業者モニタリングと統制条件群の学生に比べて，自己モニタリング条件群の学生のほうが，成績が優れていた。自己モニタリング条件の学生の試験の得点の平均値を全体で平均した値は，34.95 であり，授業者モニタリング条件（平均 = 32.71），統制

条件（平均=32.53）よりも高かった。さらなる分析によって，自己モニタリングと授業者モニタリング条件の間の有意差が明らかになり，自己モニタリングと統制条件の間に関しては，5％の有意水準にかろうじて達しなかった。自己モニタリング条件の試験の平均得点の全体平均について，授業者モニタリング条件よりも標準偏差で0.59高く，統制条件よりも標準偏差で0.66高かった。学習に関する自己モニタリングの効果量は，コーエン（Cohen, 1977）の基準に従った評価によれば，中と大の間であった。

　検討した13の自己調整学習方略の中で5つの方略に有意差が見出された。自己評価，環境構成，リハーサルと記憶，仲間からの支援の要請，テストに備えてテストや課題の見直し，以上の5つである。自己モニタリングと統制条件に比べて，授業者モニタリング条件のほうが，仲間からの支援の要請の方略を高い頻度で利用していたが，授業者モニタリングか統制条件のどちらかに比べて，自己モニタリング条件のほうが，残りの4つの方略を高い頻度で利用していた。自己モニタリング過程に携わることで，自己評価，環境構成，リハーサルと記憶，テストに備えてテストや課題の見直し，といった自己調整学習方略の使用頻度が増すことを結果は示唆している。このことは，自己モニタリングが学習者の自己内省の実行を開始させ，現在実行中の学習過程の多様な側面に関する振り返りを学習者に促す要因となっているエビデンスとみなすことができる。そこには，社会的，物理的学習環境，採用している認知的方略，有益な情報と支援の源，学習目標に向かっての進度，といったものが含まれている。

　宿題となっている課題の再提出の回数や，熟達のための問題に取り組んだ頻度によって測定された熟達を求める行動は，条件群の間で有意差が認められなかった。統計学を受講したほとんどすべての学生が，宿題の完全な習得証明を得るために，宿題となった課題を再提出したのである。しかしながら，熟達のための問題に取り組んだのは，自己モニタリング条件では，25名中4名の学生のみ，授業者モニタリングと統制条件では，それぞれ1名にすぎなかった。予測された方向での差異ではあったが，有意ではなかった。この結果に関する1つの説明は，学生の成績への関心が非常に強かったために，自己モニタリングの効果を圧倒してしまったということである。宿題の課題は，成績点とみなされたので，実験条件群に関わりなくすべての学生が宿題を再提出した。熟達のための問題は，成績と関連がなかったため，多くの学生がそれに取り組むことに関心をもたなかったのである。

統計学講座の動機づけに及ぼす自己モニタリングの効果に関して，学習の統制感，統計学に対する内発的動機づけのどちらにも群間の有意差は認められなかった。動機づけに処遇の効果がみられなかったのは，講座独自の特性によって説明できる。先述したように，多くの学生は，受講の際，不安は高く，期待は低い状態にある。講座の授業者は，学生の講座に対する否定的態度を改めるいくつかの試みを行っている。例えば，不安を和らげるようはじめの指導のペースはゆっくりと進め，授業中や授業後に生徒との個別的なやりとりの機会を十分に設けるようにし，完全な習得証明を得るために宿題は再提出してもよいという方針を周知した。このような指導の実践は，講座に登録した生徒に対して，全体的に肯定的な態度を形成した。多くの生徒が言っていたのは，宿題が再提出できるのは，とても良い授業の方針だということである。なぜなら成績の少なくとも20％の部分が自分の努力次第で確実に何とかできるからである。学習の統制感と統計学に対する内発的動機づけの2つの動機づけ変数のすべての群での平均が，6件法による尺度の中間点以上であり，3.71から4.67の範囲にあったという事実にも，生徒たちの肯定的態度が反映されていた。このような積極的な態度がみられたために，自己モニタリングへの介入によって，動機づけをさらに高める効果がみられなくなってしまったものと思われる。もちろん，2つの測度の信頼性が相対的に低かったために，動機づけへの処遇効果がみられなくなったということも考えられる。

　自己モニタリング条件の生徒が，他の条件の生徒に比べて，自己判断に関するメタ認知能力がより正確であろうという予測は，データによって支持されなかった。全体として，すべての生徒が正確な自己判断能力を示していた。正解した解答に対する自信のレベルは，10段階の尺度で8.00以上の値を示し，不正解したものに対する自信は，およそ6.50の値であり，有意な差がみられた。自己判断の正確さに関して群間の差は認められなかった。

　もう一方の予測として，本研究では，知識の構造というメタ認知変数に対する自己モニタリングの効果を考えたが，これは支持された。自己モニタリング条件の学生が，他の2条件の生徒に比べて，より適切なまとまりをもつ知識の構造を形成した。知識の構造を測定した12の質問のうち，自己モニタリング条件の学生は，平均で7.68の問いに正確に答え，授業者モニタリング条件と統制条件の平均はそれぞれ5.89と6.63であった。さらなる分析によって，自己モニタリングと授業者モニタリング条件の間にのみ有意差が示された。

表 5.1　自己モニタリングが行動，動機づけ，メタ認知変数に及ぼす効果の概要

変数	比較[a]
行動	
試験	S > I, S > C
自己調整学習方略の使用	
自己評価	S > I
教材の体制化	S = I = C
目標設定とプランニング	S = I = C
情報収集	S = I = C
記録をとることとモニタリング	S = I = C
環境構成	S > I, S > C
結果の自己調整	S = I = C
リハーサルと記憶	S > C
仲間からの支援の要請	I > S, I > C
教師からの支援の要請	S = I = C
テストに備えての教科書の見直し	S = I = C
テストに備えてのノートの見直し	S = I = C
テストに備えてのテストや課題の見直し	S > C
熟達をめざす	S = I = C
動機づけ	
学習の統制感	S = I = C
統計学に対する内発的動機づけ	S = I = C
メタ認知	
自己判断の正確さ	S = I = C
知識の構造	S > I

[a] S(自己モニタリング条件), I(授業者モニタリング条件), C(統制条件)

　要約すると，結果の量的分析によって，自己モニタリングが試験の成績と自己調整学習方略の使用を向上することが明らかになった。その分析は，講座で学んだ知識をまとめる上でも有効だということがわかった。表5.1に結果をまとめておく。

　質的分析の結果　統計学講座でプロトコルを使用することに関して，学期の最後に評価の用紙に学生の意見を求めることも行った。学習における自己内省の実行が自己モニタリングによってどのように生起していくのかについて理解を得る上で，書かれた意見が役に立った。

　自己モニタリング条件の学生の多くがプロトコルを評価していた。なぜなら授業中の学習成果を振り返ることができ，自分の弱い知識分野を知ることがで

きるからである。こういった類いの意見には次のような内容が含まれていた。「学習内容の理解を自己評価する良い手段だ。自分が明確にしたい分野を特定するのにも役立つ」「プロトコルによって，自分が理解しなかった内容と，それをより効果的に身につけるための勉強方法について明確にできる」。

　学生の自己内省は，講座の授業と学習の進度についての認識からも知ることができる。授業者の講義に学生が受身的に従っていくという統計学の授業で通常みられた様子とは異なり，自己モニタリング条件の学生は，書かれた内容をみると，授業内容とペースを積極的にモニターし，授業の進度に自らの学習を合わせるよう努力をし，授業で強調した内容に注意を向けるように心掛けていた。このタイプの意見としては，次のようなものが含まれていた。「プロトコルによって，授業中，継続的に授業内容に注意を払うことができる」「授業の中で学んだり教えられたりした情報を確かめるのに良い方法だと感じた」「教科書の勉強をしたとき，すでに学習した内容にかなりの自信がもてた。それに，プロトコルで取り組んだときに，新しい用語をいくつか一覧にした。もう一度戻って見る必要があって，それが役に立った」「各章の重要な部分の具体例をあげるのにプロトコルが有効だった」。

　自己モニタリングのプロトコルは，勉強時間を効率的に管理する上でも有効だった。学生は次のような意見を書いていた。「自分の勉強時間を管理するのに有効だった。そして，勉強しながら自分の理解の程度を評価できたので，いつ自分が落ち着いて学習に取り組めるのかはっきりさせることができた」「プロトコルによって，講座の準備にどのくらい時間をかけるべきか，明確に認識することができた」。自己モニタリングのプロトコルによって，貴重な勉強時間を慎重に配分し，投資と成果の効率性が最大のものとなるようにしていたと思われる。

　さらに，プロトコルによって，授業への不安が和らぎ，興味や動機づけを高めたと述べた学生もいた。例としては次のようなものがあげられよう。「自分は"計算恐怖症"だったが，それが（ある程度）思い込みだったとわかり，嬉しく思っている。今後，統計の授業を受講するつもりはないが，ともかく，この授業に関しては，否定的なものとして捉えるつもりはない」。1人の生徒が，この講座の勉強時間を余分にとるよう「駆り立てられた」と感じたことを述べていた。自己モニタリングの過程によって，自己内省の結果，講座に費やす時間と労力を増やした可能性が考えられる。

自己モニタリングが学習者を自己内省的にする（Corno, 1986; Mace & Kratochwill, 1988; Shapiro, 1984）という心理学者の仮定は，学生の書かれた意見と呼応していた。また，書かれた意見は，自己モニタリングが自己調整学習方略の使用を高めるという，量的な分析によって報告された結果とも一貫するものであった。したがって，自己モニタリングしている学習者というのは，学習者自身，学習者の行動，学習環境，学習の結果といった学習過程に関して絶えず内省を行い，学習過程が最適なものとなるよう，学習に関するこれらの要素を適切に調整している者として描き出すことができよう。

それでもやはり，プロトコルには，多くの細かなことが含まれていて，学習への意識を散漫にすることもあると考えている学生も中にはいた。今後，本研究の知見を統計学講座に適用することを考えれば，肯定的な意見も否定的な意見もすべて有益なものといえた。

本研究の教育への応用

自己モニタリングを高めることで学生の学習や学習方略を向上させたいと望む教師にとって，本章で論じてきた研究は，多くの示唆を与えるものとなっている。「統計学の授業の勉強時間は十分にとりましたか？」と題された用紙は，本研究の直接的な成果の1つであり，研究が完了してからも統計学講座を履修登録したすべての学生に対して，講座シラバスに挟んで渡している。用紙の中で，2つのプロトコルで使用した75の統計学上の基本概念を一覧にした。プロトコル使用の煩わしさに不満を抱く生徒に配慮をして，学習活動の時間や頻度を記録する横の並びの空欄は設けずに，この講座を履修した平均的な生徒が，概念を習得するのに必要な時間数をそれぞれの概念のすぐ隣に表示しておくようにした。この平均学習時間は，2つの研究（Lan, 1996; Lan et al., 1993）において，自己モニタリングのプロトコルを利用した47名の学生のデータをもとに計算をした。平均学習時間（分単位）には，授業への出席，宿題の取り組み，クラスメイトとの話し合いへの参加，必要に応じて個別の学習支援の要請といった時間が含まれていることを用紙上部の注意に示している。この見取り図は，これらの概念にかけるべき時間がどのくらいか学生にわかってもらうように意図していることを授業の中でも述べるようにしている。自己効力感を評価するために別に縦の並びも設けてあり，学生が概念を理解しているかチェックでき

章	概念	費やした時間（分）	自己効力感	章	概念	費やした時間（分）	自己効力感
1	実験と相関研究	25		1	独立と従属変数	39	
1	標本と母集団	25		1	統計量と母数	20	

図 5.2 「統計学の授業の勉強時間は十分にとりましたか？」という用紙の一部の例

るようになっている（図 5.2 を参照）。講座に登録した学生は，シラバスに含まれているこのような斬新なやり方に肯定的な感情を抱いていた。用紙は，勉強時間を計画する上で役に立つだけでなく，他のことをして過ごす時間を勉強時間にあてるようになった，と学生たちは言っていた。他の授業でも，同様の見取り図や情報を提供してほしいと望む学生も中にはいた。

　また，本研究では，授業者は，学生の学習を高める授業の構成要素として，自己調整学習方略の指導を含めて行うべきであるとの示唆を得た。伝統的な指導では，学生に知識や内容を伝達することが重視され，学習経験を重ねるにつれて学生は自己調整学習方略などの学習スキルや学習方略を自然と身につけていくものと期待している。筆者のデータで明らかになったことは，大学院生であっても，教職経験がかなり長いベテランでも，効果的な自己調整を行うには支援が必要だということである。知識内容を学習スキルや認知的方略とともに指導する授業を計画し設計することを考えるなら，学校を卒業するときに自己モニタリング，自己内省，自己動機づけ，自己教育の方略を身につけることで，生涯にわたる学習者となれるような手助けとなるよりよい機会をもつ必要がある。学習過程を開始したり維持したりする上で，動機づけ，教育，評価に関する外的な手段に頼る必要はないだろう。学習スキルや学習方略を教える必要性について認識し，学習方略を系統的に教える講座を作ったりする研究者や教育者が多くなってきてはいるが（Ellis et al., 1989; McKeachie et al., 1985; Pintrich et al., 1987; Stahl et al., 1991; Wood et al., 1992），学校の中では，学習スキルや学習方略の指導は，気まぐれに行われているにすぎず，カリキュラムの目的の一部にもなっていないのが現状である。さらに，学習スキルや学習方略の指導に関する実践は，現時点では，主に大学生に焦点を当てたものである。自己調整学習方略が学生にとって有益であり教えられるという研究知見に説得力があるのなら，すべての教育段階で自己調整学習方略の指導を組織的に行うべきであり，

学生の学習経験において可能な限り早期の段階で指導を開始すべきである。

様々な自己調整学習方略の中でも，自己モニタリングは，学習方略の指導において突破口を開く良いポイントになるものと思われる。先に論じたように，異なる理論的見地に立つ理論家たちがみな，自己調整過程において自己モニタリングが重要であることに同意している。本研究や他の研究でも，自己モニタリングが学生の行動，動機づけ，メタ認知に影響を与えることが示されているが，このことも，自己モニタリングが自己調整された学習過程の構成要素であり，学習者の側に自己内省の実行をもたらすものであることを支持するものである。自己内省できる学習者を育てることが教育の最終目標だとすれば，自己モニタリングの重要性はいくら強調してもしすぎるということはない。

学生の学習を支援するにあたり自己モニタリングを利用しようと考えている授業者にとって，ここで報告した研究から学ぶことができるいくつかの教訓がある。自己モニタリングをほとんど用いない学生にとって，自らの学習に自己モニタリング過程を導入することは，これまでの古い学習のやり方と対立を起こすことになる。したがって，自己モニタリングの利用は，そういった学生にとって，はじめは不快なものであり困惑するものでもあるのかもしれない。本研究で用いた自己モニタリングのプロトコルや，ヘインズら（Heins et al, 1986）が用いたような聴覚的な手掛かりなど，外的な支援が求められるので，学生が自己モニタリングできるようになるのは簡単なことではない。本研究を予備的に試行した際に観察されたように，プロトコルを手に入れた学生は，学期を通して定期的に利用することはなく，中にはまったく利用しない学生もいた。動機づけの視点から，自己モニタリングの有益な効果を経験したときにだけ，これを継続しがちである。場合によっては，授業者は，自己モニタリングの最初の経験が生じるように働きかけを行う必要がある。筆者の研究では，プロトコルに取り組むことで勉強時間が減ってしまうのではないかと，はじめは心配をしている学生もいたが，その後，プロトコルの利用を楽しむようになった。プロトコルが統計学の勉強と理解に有効であることに気づくようになるからである。

自己モニタリング方略を実行する機会を提供することは，現在の，そして，将来の学習課題の中で学生が方略を使用するようになるかどうかを決定づけるものでもある。学習者の認知能力を要する別の認知活動と明確に競合することがない場合にのみ，自己調整学習方略は利用されるし転移もなされるだろう。

このことは，適度な難しさ，あるいは，実際に難しい課題のときに特に当てはまる（Schunk, 1996; Winne, 1995）。学習は絶えず進んでいくので，学習課題の困難度を減らすために，できることには限りがあるが，学習活動と自己調整方略との間の認知能力の競合を少なくする唯一の方法としては，繰り返しや練習を通じて自己調整方略が自動的に使えるようになるよう支援をすることである。

最後に，研究者と教育者は，学生が学習の中ですでに形成し用いている自己調整学習方略に対して細心の注意を向ける必要がある。学生が身につけた自己調整学習方略の中には極めて創造的で効果的なものもあり，方略の指導を通じて他の学生にも共有できるようにするべきである。自己調整学習研究者の多くが，これまで，こういった価値のある情報源に対し目を向けてこなかった。例えば，文献をみると明白なのは，ほとんどの自己モニタリング研究では，自己モニタリングに関する変数を操作的に定義した上で，付随する変数を測定したり操作したりするが，これを行うのはあくまで研究者である。ウィン（Winne, 1995）が指摘しているように，研究者によって考案される自己調整学習方略の問題点の1つは，そういった方略が，通常，学生にとっては新奇なものだということである。新奇な方略というのは，学生が自らの学習と方略との関連性について理解することを困難なものにし，学習や方略の転移を生じにくくしてしまう場合がある。今後の研究に求められることは，実際の学習場面で学生たちがどんな自己調整学習方略を利用しているのかを調べることであり，こういった知見は，自己調整学習に関する研究と指導において有用なものとなるだろう。

第 6 章

コンピュータ技術の
自己調整学習スキル取得への貢献

フィリップ・H・ウィン
(Philip H. Winne/Simon Fraser University)
デニース・B・ストックリー
(Denise B. Stockley/Simon Fraser University)

　政府関係機関，教育委員会，教師，保護者を含め，教育に関心のある者や団体の大多数が，毎日の学校教育におけるコンピュータの使用が生徒の学習にいかに大切であるかを謳っている。資金不足あるいは設備投資の遅れなどにより，すべての生徒が学校で必要に応じ随時コンピュータをはじめとするコンピュータ機器を使える状況にあるとは言いがたい。しかし，比較的施設の乏しい学校においても，モデム，プリンタ，スキャナ，ワープロソフト，電子メール，インターネット，グラフィック・ソフト，スプレッドシート・ソフト，データ処理ソフト，CD-ROM，そして教育的ゲーム・ソフト等を所有しているのが普通である。実際，学校において「紙と鉛筆」で行われていることのほとんどが，コンピュータ技術に置き換え可能である。したがって，コンピュータ技術は生徒の学習を助長する手段として有効であるとの印象を受ける人も多いであろう。
　この「コンピュータ技術ブーム」を受け，生徒たちはコンピュータ技術習得に真剣に取り組んでいる。コンピュータ機器以外の教材同様，生徒たちはコンピュータ技術習得にあたり適切な指導を受ける必要がある。例えば，コンピュータ世代においては活字体から筆記体を学ぶといった際にも，コンピュータのキーボードやマウスを使いこなすといった技術の習得が必要である。こういった技術には大切で複雑なものも多く，ほとんどの学校ではコンピュータを使い

こなすための基礎技術習得を学習目標の1つとして掲げている。ソフト，ハードともに驚異的な技術進化を成し遂げている現実を考慮すると，生徒，教師双方の知識，技術を常にアップデートすることの大切さは明らかであろう。

コンピュータ技術の学習促進に関する可能性

　コンピュータ技術の教育への応用というテーマは，かなりの物議をかもしてきた（初期の見解に関しては，Papert, 1980, Schunk, 1984等を参照）。しかし，実験，調査による研究データが質量ともに欠落していることが，このテーマの進歩を妨げてきた。ハーマン（Herman, 1994）は，コンピュータの作文教育に関する過去研究のレビュー論文を発表し，「**コンピュータの影響は，コンピュータを導入した学校教育やカリキュラムから引き離すことのできない存在である**」（p.151）との結論を出している。私たち（Winne, 1993）の研究でも，このハーマンの結論およびハティーバとレズゴールド（Hativa & Lesgold, 1996）の見解に一致する結果が出ている。ハティーバとレズゴールドは，「コンピュータ技術を駆使した教授法とその学習における影響は，ほとんど知られていない。ほぼすべての技術（特にコンピュータ）の教育現場における活用が，コンピュータ世代以前の学習理論に基づいている上，教授法を構成する者自身の教育信念に深く影響されている」と述べている（p.167）。

　自己調整学習は，目標をもったどのような学習にも内在する（Winne, 1995, 1996a）。自己調整学習の理論の中には，生徒の学習，学習動機，そして学習スキルの促進をめざし提唱されたものが多い。これまでの研究（Schunk & Zimmerman, 1994, Zimmerman & Schunk, 1989）では，生徒が効率的な自己調整学習スキルを習得し活用するために要求される様々な要素が示されてきた。しかも，そのような要素の数や複雑さは，個々の生徒が自ら自己調整学習に向けての対策を練ることにより増加することは明らかである（Winne, 1997）。

　生徒の自己調整学習を促進しようとするにあたり，自己調整学習の取得や発達に関しての私たちの知識，ましてやその促進技術は限られている（Weinstein, 1996）。しかし，この闇雲ともいえる自己調整学習促進を目標とした教授法が，以前から研究によって効果がある他の教授法と同等の効果をもたらしているのは興味深いところである（例えば，Pressley, 1995）。残念ながら，このような教え方の自己調整学習における効果は直ちに得られるものではない。

自己調整学習スキル習得が他のスキルの習得過程（Ericsson et al., 1993）と同様だと仮定すると，小学校入学から高校卒業までの12年間（アメリカの場合，合計12,000時間）の学校教育の，実に85％を自己調整学習のスキル取得に費やすことになると計算される。したがって，私たちが以下提示するコンピュータ技術の教育改革的活用への可能性は，控えめに解釈する必要がある。また，いくら優れた教材でも，社会そして教育現場において教育者や生徒が目の当たりにする数々の要素による影響を矯正することはできないことを，この場で強調したい。

将来への展望

こういった問題点があるにせよ，様々な教授法等の進歩とともに，私たちはコンピュータ技術が近い将来に生徒たちの自己調整的学習を促進する大切な存在となると確信している。サロモンとパーキンズ（Salomon & Perkins, 1996）が示した，新しい技術に追随し教授法や教育理論が抜本的に改定されるという「コンピュータ便宜主義」に，私たちは賛同しない。その代わり，教育理論や研究データに基づいた，学習促進のためのコンピュータ技術の教育現場での活用を提唱したい（Winne, 1992）。以下，どのようにコンピュータ技術が生徒の効率的自己調整学習の促進に一役買えるか，過去の研究をいくつか紹介したいと思う。

自己調整学習

自己調整学習とは，適性（Snow, 1996）と事象（Winne, 1997, Winne &Hadwin, 1997）という特性をもつ並行的概念である。まず，生徒がこれからの学習に関し，思考，動機等を予測的に考える点で，自己調整学習は「適性的」である。一般的に，適性としての自己調整学習は，生徒の過去学習の経験に関する質問紙や面談によって測定される。他の適性の概念と同様，適正的自己調整学習には個人差があるのはもちろん，個々の生徒に関しても課題によって，そして成長過程などにより変化する（Pintrich et al., in press）。

実際の教室内での学習過程においての自己調整学習を，生徒の発言（Perry, 1997）やノート等（Howard-Rose & Winne, 1993）を通し検証したリサーチがい

くつかある。このようなリサーチの中には，自己調整学習を If-Then といった二段論理と描写するものがあるが，もっと包括的かつ時間の流れに沿った思考活動として生徒が学習の経緯において応用するものであると定義するものは少ない（本書，2章，8章，10章を参照）。効率的なデータ処理技術や複雑な思考事象を検討するための測量法が最近まで充実していなかったことが，この欠落の原因とされる（Guzdial et al., 1996, Winne et al., 1994）。

ウィンとハドウィン（Winne & Hadwin, 1997）の「3＋1段階モデル」によると，自己調整学習は3段階（課題の認識，目標設立，目標達成に向けた方策実行）に加え，任意の4段階目（方策の修正）から成り立つ。各々の段階で情報は処理および構成されるため，メタ認知的なモニタリングと制御が可能である（Winne, 1996a）。図6.1は，情報の流れの位置づけと形式を表すものであり，生徒の思考回路のみでなく，環境的要素との連係を網羅している。このモデルは1段から4段までの連続的な流れを表すとの印象をもった読者も多いかもし

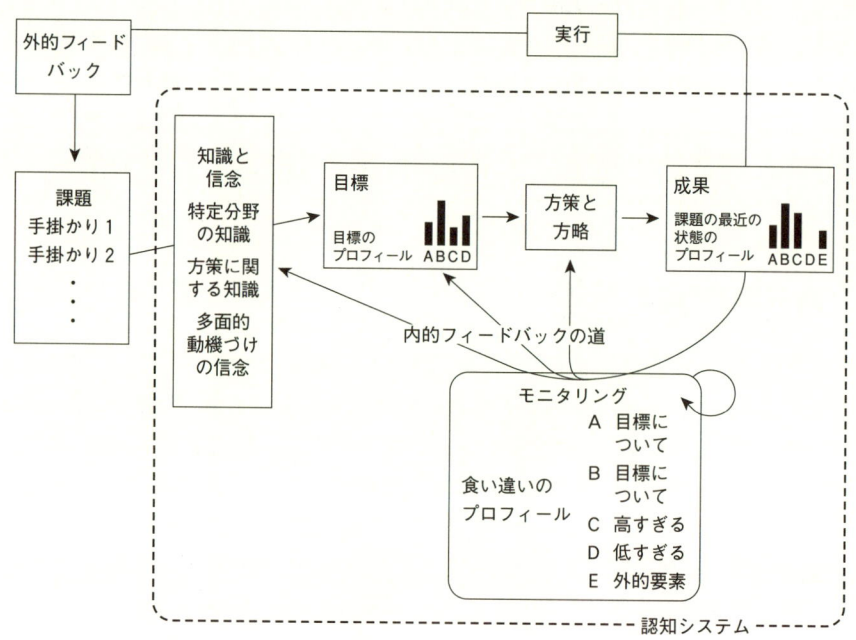

図6.1　自己調整学習においての目標，現在の目標達成度，そして二者間の相違分析を描写したモデル（Winne, 1996a）

れないが，それは正しくないであろう。自己調整学習が一度起こると，そのプロセスは反復的であり，連鎖的傾向は薄い。反復的であるということは，モニタリングの下，目標達成に向けての進歩が見られないと，特定の段階で得られた情報が同一段階に幾度も取り入れられるということである。また，連鎖的傾向が薄いということは，情報が段階を飛び越したり，反復的に流れるといったことを示している。

●●●● 第1段階：課題の認識

　生徒はすべての自己調整学習において，まず最初に学習作業を認識するが，この認識は作業の過程において調節されることもある。この認識は，複雑であるとともに様々な顔を持ち合わせており，情報そのものの性質以外にも，環境的要素や各々の生徒の過去の記憶等に影響されるものである（Butler & Winne, 1995, Winne, 1997）。この認識の1つには，作業の分野に関する理解と憶測がある（例えば，理科の研究，討論文の作成など）。第2に，生徒のその分野への興味や自己の実力に関する記憶も認識の一面であり，第3には作業を完了するための方策に関する記憶がある。
　また，生徒は1つの作業に関し，少なくとも2つのタイプの認識をすると仮定される。1つは**受動**的認識であり，これは方策なしだとどのように作業が進展していくかというものである。この認識は，「特定の方策を使えば，どのように作業が進むか」という2つ目の方策的認識によって補足される。情報探しのためにインターネット検索をしている生徒を例として考えてみよう。この生徒は，インターネットで探した情報をノートに書き留めることは，情報を使用する際の利用価値に加え，検索履歴としての使い道もあると理解するであろう。したがって，書き留められた検索履歴はインターネット検索法に関する自己調整学習に貢献する。しかし，現実的には生徒たちはこの「ノート取り」の義務はないので，「ノートを取る」という選択肢に基づいた方策的認識が，「ノート取りなしでどのように作業が進むか」という受動的認識と比べられることとなる。この場合，ノート取りという唯一の方策に関し，生徒は選択者として能動的役割を果たしていることとなる。もし，生徒がノート取り以外に，インターネット・アドレスの保存，コンセプト・マップを描き留めるなどの方策をもっていれば，この能動的役割の幅が明らかに広がってくるであろう。

●●● 第2段階：目標設定

受動的あるいは能動的な作業進行を選ぶ，そしていくつかある選択肢の中から1つの作業を選ぶということは，コンピュータのソフトがないなどの外的要因に阻止されない限り，生徒が自由にできることである。このような選択肢をもつということは，生徒に自分で選んだ方策を実行するという権能を与える。数ある選択肢から選ぶという段階が，第2段階である。この方策選択の結果，目標が提示されることとなる（Winne, 1997）。もし，記憶に基づいて自動的に（McKoon & Ratcliff, 1992），あるいは意図的に特定の「方策」を立てることができれば，目標達成に適した方策が立つわけである。図6.1に見られるように，目標とは多面性をもったプロフィール的情報であるとする。このプロフィールに含まれるそれぞれの基準（図6.1のA,B,C,D）を参考とし，生徒は自己の作業過程の結果をモニタリングし，調整することができる。目標達成に向け，実際に方策に基づいた活動を起こす時点で，第3段階へと進むこととなる。

●●● 第3段階：目標達成に向けた方策の実行

方策は，以下の2つの部分に分けられる。1つ目は，条件的知識（「If」）であり，方策の適当さを表す。2つ目は，思考作業（「Then」）で，情報変換や情報構成を示す。この条件的知識は，単に「この方策は目標達成に導くか」といった推定だけではなく，少なくとも2つの異なる定理が組み込まれている。1つは認識論的な考え方（Schommer, 1994）であり，例えば生徒自身の知識は確実なものなのか憶測にすぎないのか，作業完了にあたりどれだけの努力が必要とされているか，などがあげられる。2つには，動機的な思考（自分の実力に関する考え，結果予測，作業完了のみかえり，方策的概念，帰属等）によって刺激される感情である（Pintrich et al., 1993, Winne, 1995, 1997, Winne & Marx, 1989）。

第1段階および第2段階で培われた方策が実行されると，自己調整学習は第3段階へと進むわけである。方策により，短期記憶内で情報を写し取ったり構想したりすることが可能となる。目標の多面性同様，方策によって作り出された情報も多面性のある，プロフィール的なものとする（図6.1）。生徒は，方策の効果を目標と照らし合わせ自己フィードバックを練り出す。この効果がもし

言動など外部に伝達されれば，コンピュータ，級友，教師等による外的なフィードバックも可能である。

●●● 第 4 段階：自己調整学習の方策の修正

これまで紹介してきた3つの段階の最中，あるいは生徒が作業を中止した場合，任意的に方策に関する知識，考えや実行法等を修正する第4段階が現れることがある（Winne & Hadwin, 1997）。この修正には新たな方策作りおよび実行方法など，意図的な抽象作業が必要とされる（Salomon & Perkins, 1989）。このプロセスには3つの変化が見受けられる（Rumelhart & Norman, 1978に基づく）。まず，条件的知識に関する定理が方策に付け加えられ（あるいは差し引かれ）たり，情報構想や情報処理，そして情報の暗唱等に必要な方策実行にあたっての工程が追加されたり省略されたりすることがあげられる。「増大」のプロセスは，生徒が特定の方策が適当であるかという知識を精錬し，また生徒の作業を増すものである。「縮小」のプロセスは，方策を他の条件へ応用したり，生徒の作業を削減するものである。2つ目の変化として，生徒が比重および審査基準を改め，方策作りの定理を変えていくことがある（Butler & Winne, 1995）。3つ目の変化として，条件的知識と方策実行のつながりを組み直し，新たな方策を立てることもある。

●●● モニタリング：自己調整学習のかなめ

自己調整学習の各段階において，メタ認知的モニタリングが重要である（Butler & Winne, 1995, Winne, 1996a, 1996b）。他の思考操作同様，モニタリングは情報を生み出す。この場合，生徒の審査基準と自己調整学習の段階における生徒自身がもたらした成果を比較した，一連の「一致と不一致」に関する情報である。例えば第1段階での認識の場合，周囲から取り入れる情報の中から課題の概要に関する情報のモニタリングが必要である。一方，第3段階では，第2段階で立てられた目標と実際に方策を使うことによって得られた実績を比べるというモニタリングが大切だ。

モニタリングによって得られるこの「一致と不一致」という情報は，それぞれの段階に送られ，各段階における認識，方策作り，そして実行に関する手は

ず等を改正する役目を果たす。記憶力などの思考的力量（Cognitive Resources）が不十分だったり，時間や教科書などの外的要素の不足がない限り，生徒は作業の途中で，モニタリングに基づいた調整を行うことができる。例えば，第1段階（認識）において，生徒は自己モニタリングに基づき，作業に関する詳細情報を収集し，方策想定の参考にすることができるであろう。また，第3段階では方策の切り替えという例がある（Winne & Hadwin, 1997）。

●●● 自己調整学習を形成するためのテクノロジーによる支援の4つの焦点

　図6.1に見られるウィンとハドウィン（Winne & Hadwin, 1997）による，自己調整学習の「3+1」段階モデルから，2つの提示を読むことができる。まず，教育的コンピュータ技術は生徒に新しい形の自己調整学習の可能性を探ることを勧める。さらに，適応性のあるコンピュータ・システム（adaptive computing systems）は自己調整学習に関し生徒の知識の切り替えや改正等の推進をするというテーマを焦点とした（Pressley, 1995 など）。このテーマには，以下の4つがあげられる。

1. 生徒による作業の認識に関与する要因は，自己調整学習にも影響を及ぼすと思われる。これは，作業の認識が生徒が問題に取り組むための「**作業スペース**」を作り出すからである。
2. 生徒の目標選定に貢献する要因は，学習の調整にも影響がある。これは，目標のプロフィールが，メタ認知モニタリングの際の焦点となるからである。したがってコンピュータ等によって得られる外的フィードバックは，新たな基準や目標を掲げることにより自己調整学習に影響を及ぼすものと思われる（Butler & Winne, 1995, Winne, 1989）。
3. 方策実行に貢献する変数は，様々な方策によって得られる結果が異なることから，自己調整学習に影響をもたらす。特に，生徒が自己モニタリングするかどうか，あるいはいかに自己モニタリングをするかに関与する要因は，自己モニタリングと自己フィードバックという自己調整学習の中枢ともいえる要素をもっているので，必然的に自己調整学習にも関与する。
4. 増大，調整，そして自己フィードバック等を通した知識や方策の調整は

自己調整学習に大いに関与しており，結果に直結するものもある。もし，このような改正が長期的記憶に保管されれば，適性としての自己調整学習が再形成され，他の作業への応用が可能となる。

　自己調整学習のこれらの4段階のそれぞれにおいて，いかにコンピュータ技術が応用されうるかを以下に紹介していく。各段階で自己調整学習を促進するような学習システムの構成のために欠かせない理論的土台を築いていく。既述したように，私たちのアプローチは理にかなった教授法の構成であり，コンピュータ便宜主義と正反対の見解に基づいている。この理論的土台を使い，生徒の勉強の様子をスケッチしていきたい。ここでいう勉強とは，生徒がその一部あるいはすべてを学ぶことを目標として情報を調査することをさす（Winne & Hadwin, 1997）。この描写に際し，私たちは生徒が高性能ノート型コンピュータを使用し，一般的コンピュータ関連機器やソフト（CD-ROM，DVD，メモリカード，グラフィック・ソフト，インターネット・ブラウザ等）を持ち合わせていると仮定する。また，「STUDY3.2版」のような，最新あるいは近々発売予定のソフトもインストールされていることも前提とする（Field & Winne, 1997）。それぞれの描写は，自己調整学習がいかにして「スキャフォルド」（つまり，支援し敏感に支援をやめる）されていくかの説明を伴うことにご注意いただきたい。

第1段階の支援：努力と課題の認識

努力について

　生徒が学習作業に取り組む際に，自己調整学習は目標達成に向かって，方策を作動させるなどの監理を行う。前述の通り，方策には作動や継続（あるいは双方）が自動的であり，意図的な部分がないものもある。例えば，読解力の優れた生徒は，文章の内容や構造がよほど難解でない限り，意図的に「読解のための方策」を立てることを必要としない（McKoon & Ratcliff, 1992）。しかし，たいていの生徒は認知方策の実行に際し，ある程度の意図的努力を要する。

　この場合の「努力」とは何であろうか？　アイゼンバーガー（Eisenberger, 1992）は，努力を「反応によって作り出される根本的な体験」と定義する（p.

261)。ウィン（Winne, 1997）は以下の3要素が努力という経験に関連していると仮定する。①各方策中の分離可能なステップの数。②これらのステップを見極め，実行するのにかかる時間。③実行にあたり，この方策が目標達成への基準を満たすという可能性。このモデルによると，自動方策の場合，要求されるステップの数は1，認識と実行にかかる時間は最小限，そして基準を満たす可能性は1（完全）とされる。したがって，自動方策はまさに自動的に実行され，努力という要素の存在はあってもわずかであろう。意図的な方策の場合，ステップの数や認識と実行にかかる時間は1以上，そして基準を満たす可能性は1以下である。このモデルでは努力という要素には融合的一面もあるため，経験が努力の総体的レベルで性格づけられる。それぞれのステップに関する努力以外にも作業完了に向けた総体的努力という概念も大切である。

　銀行の預金通帳の記帳を例にとろう。銀行で記帳された預金通帳を，公共料金等の引き落とし，預金の出し入れ，そして振込み等の記録（あるいは記憶）などと照らし合わせて検算するという行為は，たいていの場合単純な計算（計算機を使えば自動的）によって成り立っており，かかる時間も最低限，そして計算も複雑なものではないため成功確率は限りなく100％に近いであろう。したがって，この作業に要求される努力は最低限である。それに比べ，納税に際する書類製作の例を考慮してほしい。基本的作業は上の例と似ているが，納税には通帳の確認以上の方策，ステップを必要とし，完了に時間を要するのに加え，結果に至っては必ずしも基準を満たす結果がでるとは言いがたい。このように，納税書類製作の際の努力は記帳以上のものであると断定して過言ではないであろう。

　方策実行の際に必要な努力は，記憶に保管される。この努力に関する情報が，自己調整学習の第1段階（認識）で重要な条件的知識の一部となる。方策が実行されるにあたり，この情報で大切なのは努力の内容，つまり**いかに努力をするか**，といった次元のことである（Winne, 1995, p. 176）。

●●● 自己調整学習と「習得された頑張り」

　自己調整学習のスキル取得は，他のスキル取得同様，忍耐と練習を要する決して楽しいとは言いがたいプロセスである。それでもエリクソンら（Ericsson et al., 1993）によると，生徒たちは練習することが結果につながることを動機

の燃料とし，練習を重ねていく。エームス（Ames, 1992）が述べたように，動機の十分な作業従事，そして習熟焦点目標（mastery goal orientation）の中枢的存在として，この「練習」をあげている。自己調整学習習熟に向けた練習熱心さを維持するためには，出来の良い生徒は以下を必要とする。①努力を必要とする方策適用による好ましい結果。②努力の成果である結果に関するフィードバック。

アイゼンバーガー（Eizenberger, 1992）の考え同様，私たちは，生徒は頑張ることを学ぶことができ，そして困難な作業は努力を要すると信じて疑わない。1つの作業に取り組む際に見られる頑張りは，他の作業に応用可能であろうか。これは，1つの方策が他の作業完了に向けて応用されるかというよりも深い次元の質問であり，生徒が様々な分野において努力を要する作業に取り組む際に，努力を要する方策を意図的に作動させるかどうかという疑問を表す。

これに関する相当量の文献が，アイゼンバーガー（Eizenberger, 1992）によって批評された。その結果，アイゼンバーガーは「頑張り」の分野間の転移は可能との結論を出している。これは，努力を要する方策の作動には，練習を通しその方策をマスターするという次元のメリットに加えて，第2のメリットがあるからである（p.261）。これは，努力を要する方策を作動，意図的に練習することによって前述した条件的知識が豊富になるという，極めて間接的なものである。アイゼンバーガーら（Eisenberger et al., 1982）の実験が，この見解を支える結果を出している。彼らの第1実験において，まず1グループの大学生が足し算，綴り変えパズル，そして絵比べの3つのタイプの問題を解いた。これ以外に3つのグループが，それぞれ上記1タイプずつの問題を解いた。各グループの半分は，簡単で努力を要しない問題（例えば，解くのに3〜5秒かかる既知の綴り換え語）を与えられ，それ以外は難題（例えば，解くのに25〜30秒を標準とする綴り換え語）を与えられた。実験セッションの後半で，すべての学生が，関連のないトピックに関する小論文を書いた。

小論文完成に費やされた努力は，小論文の長さと質両方で測定され，これに基づいて作文という分野での意図的方策の応用レベルが算出された。実験参加者のうち，3タイプの分野において難題を解いた学生たちが，最も長く，質的にも優れた小論文を書いた。アイゼンバーガー（Eisenberger, 1992）によると，これは最初に様々なタイプの難題を解くことにより「頑張る」あるいは「努力をする」という土台ができ，その結果実験参加者たちがその後の小論文におい

ても努力を惜しまなかったためである。それに対し，3つのタイプの易しい問題を解いた実験参加者たちが，最も短くお粗末な小論文を書いた。この場合，3つの分野にわたって自動的に作業が行われたため，小論文を書く際にもその不熱心な態度が転移されたと考えられる。1つだけの作業を課された実験参加者たちの小論文は，長さ質ともにこの両極端な二組の中間にあたるものであった。これは，1つだけの作業だけの練習では小論文に応用するための条件的知識が十分に取得されなかったからである。

　このように，適応性のある学習態勢が学生を「必要なときには頑張る」ように仕向けると，以下2つの結果がもたらされると思われる。まず，特定の方策が作動されることによりその方策の練習となり，かつその方策がもたらした結果に関するフィードバックを受けることにより，この方策は意図的な自己制御を必要としない「自動的方策」へと一歩近づくであろう。また，アイゼンバーガー（Eisenberger, 1992）が言うところの「**習得された頑張り**」（Learned Industriousness）に見られるよう，的確に作業完了に要求される努力レベルを認識し，適度の努力をするという条件的知識がいっそう磨かれるであろう。

　そのほかにも，このような適応性のある方策の応用の学習態勢は，自己調整学習習得に向け，①**実行欠如**（Production deficiency）と，②**非効果的利用**（Utilization deficiency）という2つの問題点の克服に貢献する（Miller & Seier, 1994）。実行欠如とは，その名が示すとおり実際に利用価値のある方策を知識としてもちながら，認知されないなどの理由で実行に移さないケースをさす。また，非効果的利用とは，効果的な方策に関する知識をもち，かつそれを認知，実行するにもかかわらず練習不足などにより効果的に利用することができない場合を示す。数々の学習理論がこの方法を導入している。読解に関するサロモン（Salomon et al., 1989）の論文や，作文に関するゼラーメイヤー（Zellermayer et al., 1991）の研究等である。

　事例　以下，ポールという生徒を例として描写していこう。また，これと後の例で使われるコンピュータ・ソフトはSTUDYという適応的教育ソフトである（Field & Winne, 1997）。

　ポールは中学3年生で，新学年が始まって以来10週間前からSTUDYというソフトを使っており，現在ではノート取りを含め，その機能を軽く使いこなしている。また，ポールは**インターネット中毒**と言ってもいいほどで，宿題や課題などに取り組む際，頻繁にインターネット検索を行う。STUDYというソ

フトには，画面に4つの別々なセクションがあり，各々にテキストの情報入力，保存が可能であり，ノート取りに役立つ。この4つのセクションは，それぞれ「重要用語」「情報源」「インターネットアドレス（URL）」，そして「分析」の表題がついている。また，入力されたテキストは，範囲選択によりコピーなどの編集機能を使うことができ，様々な応用が可能である。これまでに，ポールは2つの方策を練り上げた。1つはウェブページ上での情報検索で，もう1つはインターネットで見つけた情報を見つけやすく構成することである。これは**検索**と**索引**である。

　ポールの住んでいる市には，老朽化が進み3年から5年で使用不可になると予測される橋があるが，ポールは現在，将来的に市がこの橋にどのように対処すべきかに関しての課題にティアという女子生徒と2人共同で取り組んでいる。ポールはまず，インターネット検索を通して，橋の再建費用，過去の費用捻出例，環境への影響，そして橋以外の選択肢（トンネル，フェリー等）などを調べようとした。2人は作戦会議を開き，先生の手助けを受けつつどのような検索キーワードが適切かを書き出した。そして，STUDYの「重要用語」欄に入力した。

　インターネット検索の準備は万全である。あらかじめ書き出されたキーワードを使い，課題に関連した情報を検索した。例えば重要用語欄に「公債」というキーワードがあるとする。ポールはこのキーワードをコピーし，ウェブ閲覧ソフトの検索欄にペーストすることができ，その結果公債に関する検索がなされる。

　ポールは検索結果を1つずつ吟味し，利用価値があると思われる情報を「情報源」欄にコピーする。STUDYは，自動的に情報源欄に検索キーワードを見出しとして赤いフォント色で挿入するので（この場合，公債），ウェブページから写された情報はすべてこのキーワード使用の結果であると，一目瞭然である。また，「インターネットアドレス（URL）」の欄には，自動的に情報源のウェブアドレスが記録されるので，必要に応じてサイトを再度訪問することが容易である。1つのキーワードに関する検索終了後，ポールとティアは「予算超過」など，次のキーワード検索に移る。インターネット検索は，百科事典閲覧同様，ポールが小学校3年生のとき以来経験しており，ほぼ自動的な作業である。

　一方，索引という作業はポールにとって目新しいものであり，意図的な努力

を要する。言い方を変えれば「練習不足」の分野であるということになる。情報源欄を記入し終わると，情報分析を試みる段階へと進む。まず，ポールは検索キーワードに見落としがないかチェックする。重要用語欄に含まれていないが，検索結果のサイトで頻繁に使われている用語が見つかったとする。例えば，公債に関するサイトの多くは「通行料」という言葉を使っている。STUDYを使えば，ポールはこの「通行料」という用語を「公債」とリンクした形で，キーワード追加することができる。また，このソフトの重要用語欄で「通行料」を選択し，当てはまる情報源を「通行料」というキーワードの下に索引可能とできる。要するに，公債というキーワードで得られた情報源が，これによって「通行料」という第2のキーワードにもリンクされることとなる。また，同じ情報源の分析を進めるうち，ポールは「住民投票」という大切と思われる概念に出会い，これも重要用語に追加し，同一の情報源が3つの索引を持ち合わせる結果となる。

　この索引作業を続けることにより，ポールは情報源が複数のキーワードによって検索可能なデータベースを確立するのである。同時に，情報源の内容が索引キーワード追加に値するものかを判定する必要もあることからもわかるように，このプロセスは努力を要するものである。自己判断によって最適な索引キーワードの選択を強いられるため，正解と不正解の白黒がはっきりしている作業と異なり，結果は必ずしも予期できない。したがって，情報検索以上に「頑張る」ということが必要になる。新しいキーワードを重要用語欄に追加する場合，最初に検索キーワードのリストを作ったとき同様のプロセスが要求されるのである。

　ここまでに紹介された意図的努力に関するモデルが提示するように，STUDYというソフトはポールの方策構想，実行に磨きをかける効果があるだろう。まず，「習得された頑張り」のモデルによると，ポールは索引の段階で意図的に努力レベルを引き上げると思われる。これは，ポールが索引キーワード製作という作業に慣れていないせいで，結果も予期しきれないためである。キーワード追加に関しても同様である。これらの作業は既出のアイゼンバーガーら（Eisenberger et al., 1982）の実験同様，努力に関する方策を特徴とするのは一目瞭然である。ポールも，1つの作業段階で必要だった努力レベルを類似の段階にも費やす，という応用ができるであろう。

　このSTUDYというソフトはこのような努力の「応用」を可能にするだけで

はなく，ノート取りの際に「重要用語候補」を書き留め，適宜追加することの大切さを教える手段ともなる。例えば，一定の件数の情報源を閲覧しても重要用語が追加されない場合，ソフトは「何か知識を応用することで，勉強がはかどらないかな？」などのメッセージ通知をすることができる。このメッセージはポールの注意を惹くであろうが，曖昧なので詳細はポール自身が考えなければならない。もし効果がなければ，「重要用語を追加してみたら？」などという直接的なメッセージを掲示することもよいであろう（King, 1992）。

　STUDYは，このように2つの目標を達成する。1つは，このソフトによってポールはメタ認知をもって学習作業をモニターすることができる（特に，努力レベルに関するモニター）。努力というのは内在的な認識なので，努力のモニター自体は意図的とは言いがたいかもしれない。ここでいう努力のモニターというのは，作業に取り組むにあたっての方策の応用の際，意図的な努力を要すると思われる方策の構想と実行に適宜に努力を費やすという意味でのモニターである。これは，自己調整学習の大きな特徴である。もう1つは，情報源の追加に伴って索引用語の追加を行うということは，情報データベースの索引製作をしているということである。このプロセスが練習を通して効率的かつ自動的になれば，ポールは認知資源を他の作業に使うことができるようになるであろう。

第2段階の支援：目標の調整

　この章のはじめにも述べたように，メタ認知的モニタリングは自己調整学習の中枢ともいうべき存在にある。自己調整学習では，生徒は目標と作業を照らし合わせ，様々な情報を基に作業過程を通し「近況報告」を出す。この近況報告が，「目標から離れている」あるいは「目標から遠ざかっている」と出た場合，自己調整的生徒は様々な方策を作動させたり回避したりする。このモデルによると，方策作動の自己調整を形成するには2通りのアプローチがありうる。まず，条件的知識を変えることにより，いつ方策作動させるかの判断を調整する手段がある。また，目標を調整することにより作業経過のモニターのプロセスを変えていくという手もある。

●●● 目標設定と方策構想

ウィン（Winne, 1995, 1997）が提示した通り，生徒は「目標」へ向かって学習に取り組む。1つの方策が複数の目標達成に貢献することがあるとはいえ，基本的に生徒は目標により異なった方策を使うことが必要となる。シャンク（Schunk, 1996, p.360）は，以下のように目標の性質が学習結果に影響するという。「目標達成基準に関する詳細情報に富んだ明確な目標，目前の目標，そしてほどよい難易度の目標は，結果をよくするが，漠然とした目標，長期的な目標，そして簡単過ぎたり困難過ぎたりする目標は，比較的非効果的である」。この見解は，前述のものと極めて似ていることは言うまでもない。

しかし，モーガン（Morgan, 1985）は生徒が立てる目標がこれらの3つの性質を兼ね備えたものには限らないという。モーガンは，2学期にわたる教育心理学の講座を利用して以下の実験を行った。4分の1の学生はコントロールグループ（第1グループ）として，介入を受けなかった。3つの他のグループは講座のはじめに，学習の目標を立て，到達する目標かどうかを判断する基準を特定し，学習セッションの終わりに，設定した目標にどのように到達したかを記録するように指導を受けた。第2グループは学習セッションごとに，単一の全面的目標を設定した（例えば，「今日は，これらの理論をマスターする」）。第3グループは，学習の教材の単位にいくつかの比較的小さな下位目標を立てた（例えば，「本を見ずに，本に載っている行動面の結果の二次元に基づいて，プラス強化とマイナス強化を比較する」）。第4グループは，時間的な目標を立てた（例えば，「45分間勉強する」）。モーガンは，任意抽出により各グループから半数の学生を選び，勉強ノートを2週間ごとに提出させ内容をチェックし，学生たちが説明通りにこれらの指導に従ったことを確認した。

その結果，第3グループが，成績と講座に対する興味において他より優っていることが判明した。明確で近接した下位目標を設定した生徒では，目標設定手続きをしているかどうかでは成績には違いがなかった。ノート提出の有無は成績に影響を与えなかったが，ノートを提出した学生が興味の面ではノート非提出の学生を上回った。他者によるモニタリング（ノートの内容確認）が成績に影響を与えなかったというのは興味深いところである。時間に関する目標を立てた第4グループは，他のグループに比べ自己申告による実際の勉強時間が長かったにもかかわらず，成績や興味のメリットは見られなかった。したがって，

第3グループのように明確，目前，かつ適度に難易な目標に比べ，時間に関する目標は非効果的であった。

　まったく異なる実験環境で，シャンク（Schunk, 1996）は6回の授業を通し，教師が提示する目標により，いかに4年生が分数の足し算と引き算を学ぶかを以下の実験を通して研究した。生徒たちは2つのグループに分けられ，半数は習得に関する目標（どうやって問題を解くかを学ぶこと）を焦点として示され，残りの半数は結果に関する目標（問題を解くこと自体）を焦点とした指導を受けた。第1実験では，毎授業終了後に各グループ中半数の生徒が過去の経験に基づき学習の自己診断を下した。第2実験では，この自己診断は第6授業の最後でのみ行われた。

　このシャンク（Schunk, 1996）による2つの実験は，異なる結果をもたらした。自己診断が毎授業終了後に行われた場合（第1実験），自己効力感，課題指向，および成績等に関し，習得目標と結果目標の2つのグループに差は出なかった。その反面，最終授業でのみ自己診断が行われた場合（第2実験），習得に関する目標を掲げられた生徒は，結果に関する目標を焦点とした生徒よりも自己効力感，課題志向，そして成績のすべてにおいて優れた結果を出した。

　つまり，シャンク（Schunk, 1996）の研究は，生徒たちが習得や結果などそれぞれ異なった焦点を置いた目標を立てたとしても，頻繁なモニタリングによりその「効果」や「副作用」は調整されうることを示すのである。自己調整学習の「3＋1段階」モデルは，習得を目標とし，かつ頻繁にモニタリングを行う生徒が，効果的な方策を順応的に活用できることを示唆している。

　モーガン（Morgan, 1985）やシャンク（Schunk, 1996）などの研究結果を総体的に解釈するにあたり，研究テーマ，研究された期間，そして対象者の年齢等の大きな相違点に注意する必要性は否定できない。しかし，生徒の中には目標設定のスキルに欠けるもの，そしてスキルがあってもそれを活用しないものがいるという結果が共通している。適当な処置なしだと，このような生徒たちは目標達成に際し，効果的な方策実行に関する自己モニタリングを行わないか，行っても非効率的に行われているようである。

　また，これらの研究は学習動機を理解するにあたり，「3＋1段階」の第2段階で設定される目標の大切さを強調するものである。効果的な学習には，学習を促進する目標設定が必要である。モーガン（Morgan, 1985）がいうように，具体的で当面の目標は学習に際しメタ認知的モニタリングを促進する。さらに，

シャンク（Schunk, 1996）は，効果的な目標を達成するために頻繁なモニタリングをするように生徒を指導することは，自己調整学習を誘発すると述べている。また，これは生徒が習得に焦点を置いた目標を掲げた場合にも，結果に関する目標をもった場合にも共通していえることであるという点は重要なポイントである。

事例 国語の時間に，アンディ（女子）は前述のSTUDYというソフトを使い，教科書の文章読解に取りかかるところである。アンディはノートパソコンを開き，STUDYソフトを開いた。このソフトは，文章を表示する前に，①「条件」，②「操作」，③「結果」，④「評価」そして，⑤「フィードバック」という5つの欄を表示する。「条件」の欄には，「授業ノート」「題名と見出し」「ネート」（アンディの国語の授業中のパートナー）という3つの選択肢がある。「操作」の欄には，「走り読み」「第一印象」「予測」「読み通し」という4つがある。また「結果」の欄には「新語」「主題」「袖書き」，そして「要約」という見出しがある。「評価」の欄には，「自分」と「資料」の2つがある。最後に，「フィードバック」欄には「自分の判断」「先生のリスト」，そして「ネートの理解」の3つの選択肢がある。各欄には「新規」というボタンがあり，新規情報の入力が可能である。

これらの選択肢に関し「新規」ボタンを押し情報入力をすることを通し，アンディは目標を設定するのである。アンディは「授業ノート」「題名と見出し」「走り読み」「第一印象」「主題」「自分」，そして「自分の判断」という選択肢を選んだとする。次に，アンディはこの作業に関し「難しい」「中くらい」，そして「易しい」の3つから難易度を選び，クリックする必要がある。アンディは，「易しい」を選ぶ。

この一連の作業を通し，アンディは，具体的で当面の目標を立て，「易しい」という作業達成基準も設定したことになる。別の言い方をすれば，「私は授業のノートにざっと目を通して，文章の題名と見出しを見るわ。それから，文章の主題が何かについての第一印象を書き留めるわ。そして，最後にこの印象があっているかどうかを自分で評価するの」というのがアンディの目標の趣旨である。実際に作業に取り組むときに，アンディはこれ以外にもいくつかの目標を立てるが，このソフトはそれらをすべて記録する。

アンディは，実際にパソコンを起動させ，今日の授業ノートを開く。そして，与えられた文章に関する部分をざっと読む。その後，アンディは文章自体を最

初から読み始める。STUDY ソフトは，アンディが授業ノートを開けた後にパソコンの画面スクロールや検索操作，あるいは情報入力等をしなかったため，授業ノートの一部に軽く目を通しただけで何の作業も行わなかったことを感知する。したがって，アンディが設定された目標を達成しなかったこととし，「やぁ，アンディ。第1の目標のこと，忘れちゃったのかい？」というメッセージが掲示される。このメッセージに次いで，アンディがはじめの目標設定をした画面を再表示し，アンディの選択した項目を赤字で示し記憶再生を促進する。その10秒後には第2のメッセージが「ところで，目標は"易しい"で本当にいいの？　中ぐらいの難易度の目標が効果的だって話，覚えてる？」と表示される。このメッセージとともに，3つのボタンが表示される。1つは，「おっと！」ボタンで，これを押すと STUDY ソフトはアンディがやり直しをすることを前提に目標達成過程記録を再開する。2つ目は「ヘルプ」ボタンで，目標設定と難易度に関しての情報が提示される。3つ目は「パス」ボタンで，STUDY ソフトは目標達成過程のモニタリングを止める。どれを選択しても，アンディは作業を終了することができるので，このソフトは「軌道修正」を強要しない。

　アンディは作業終了後，STUDY ソフトにその旨を知らせる。STUDY は「アンディ，目標達成度はどのくらいだと思う？」という最終メッセージを表示する。返答の義務はないが，アンディはこれに対しての返答をフォーム入力することができる。

　このケースに見られるように，STUDY というソフトは，アンディの目標設定や目標達成の過程においての進行状態をチェックする手助けをするわけである。アンディが目標を忘れたり目標と矛盾する軌道をたどった場合，STUDY はアンディに正しい進行方向を強要はしないが，その旨を助言をする。したがって，この過程を繰り返すことにより，アンディは彼女にとって効果的な目標を設定する練習ができるわけである。要するに，STUDY が目標設定と結果を結びつけることにより，アンディは目標設定に加え，設定された目標に向かっての方策を調節することをも学ぶこととなる。これらの2つの利点は，モーガン（Morgan, 1985）やシャンク（Schunk, 1996）が提示した，効率的な目標設定に関する研究と密着している。

第3段階の支援：スキーマを構成する方策のサポート

●●● 目標のない問題

オースティンとバンクーバー（Austin & Vancouver, 1996）をはじめとする多くの研究者が生徒を「主体者」と考えている。主体者としての生徒は，学習という活動を遂行するために目標を立て，目標達成のための方策を選ぶ。また，これらのプロセスは多くの場合自動化され，意図的な努力を要しないという研究結果が多く出ている（McKoon & Ratcliff, 1992 等）。したがって，目標設定は場合によっては自動的に行われ，意図的思考過程を必要としないことがわかる。事実，アンダーソン（Anderson, 1991）によると，自己調整学習の特質には「自動的な目標設定」や「目標達成へ向けた自動的な方策実行」を中断するということがある。

意図的か否かを問わず，一般的にカリキュラムは**「目標達成手段解析」**という方策を重視した問題解決法を教授する傾向にある。ここで，目標達成手段解析とは，スタート地点と終了点を比較することを通し，この2点をいかに近づけるかの手段をさす。2点を近づけるためには，①スタートから終了に向かって動くことと，②終了に向けてのプロセスを段階的に設定する，すなわちいくつかの「副目標」を設定するという2つの可能性がある。そして，一度2点の距離が少しでも縮まると，その手段は繰り返され，2点間の距離をさらに縮小する努力がなされるわけである。もちろん，それぞれの副目標が独特の解決法を要求することもあるが，いずれにせよ副目標の達成が最終目標の達成につながるのである。

目標達成手段解析は往々にして効果的であるが，スウェラー（Sweller, 1989）は2つの問題点を指摘している。まず，容量が限られるとされる短期記憶に大変な負担がかかることがあげられる。これは，解析や手段実行，目標設定に際しての記録や現状判断，そして解釈が要求されるためである。したがって，この章で提唱しているソフトや，ノート取りなどが解決法として考えられる。生徒は，単にこれらのプロセスを書き留めることにより，能率的に作業を進めることができる。しかし，私たちの考察では，生徒たちはこの一見わかりきった解決法を自主的に利用することはまれのようである。2つ目の問題点は，生徒が目先の副目標達成に気をとられ，最終目標達成に効果的な総体的対策を

見逃す可能性にある。実際,「達人」と呼ばれる人たちは,「目先の一歩」よりも全体像を基に問題解決することが知られている。したがって,この「目標達成手段解析法」は,全体像を重視した問題解決のスキル発達を妨げる可能性をもっている。「木を見て森を見ず」という諺が,この問題を的確に描写するのではなかろうか。

これらの問題点への対処法として,以下の手法があげられる。単発的に副目標を消化していく代わりに,まず一連の副目標を書き出し,とっつきやすいものから順にこなしていく方法である。この作業鎖により,生徒は常に全体像との関連を考慮し,そこで目先の副目標に気をとられることを防ぐ。まさに,各々の副目標にとらわれない手段である。しかも,「とっつきやすい」副目標とは,一般的にスタート地点で最も適切な物であることが多いので,生徒は自然な形で,最終目標達成に向けて発進することとなる。そして,このステップを繰り返すにつれ,徐々に問題解決のスキルが育まれるのである。また,この一連の作業は理にかなっているため,短期記憶に負担もかからない。記憶の容量に余裕があるということは,また全体像を考慮する余裕があるという相乗効果をもたらす。

スウェラー (Sweller, 1989) は,単発的副目標を避けることにより,生徒は問題解決スキルを習得するという。上記の一連の作業に取り組むことにより,生徒たちに自己調整学習スキルを模倣させるわけである。目標達成に向けた方策の一覧を生徒に与えれば,目標達成手段の知識に乏しい生徒の問題解決スキルを助長することも可能である。さらに,どの方策がどのような条件の下,いかに効果的であったかを生徒が記録できる手段を確保すれば,いずれ問題解決に関する根本的な理解が生まれ,的確な方策設定に貢献すると思われる。また,この 連の作業をこなすという練習効果により,これらの作業が自動化されるという副効果もある。

事例 ティージェイ(男子)は,「楽器チューバの歴史」という研究レポートの課題に取りかかろうとしている。STUDY ソフトは,作文から理科,コンピュータまで様々な科目に応用できる SOLVER という問題解決法を内蔵している。ティージェイの先生による SOLVER の使い方の説明に基づいて,ティージェイのクラスでは,全員が数か月にわたり SOLVER を使いこなしてきた。ティージェイは,SOLVER には,①宿題をすすめるのに効果的な方法の記録と,②宿題をやるための手段という,2つの使い道があると感じている。

STUDYというソフトのSOLVER機能には，作業，方法（本章では方策），そして批評の3つのウィンドウが表示される。ティージェイは作業ウィンドウに，これまでに取り組んできた様々な作業を記録している。最初は，この作業欄には科目のみが記載されていたが，徐々に各科目に関する研究レポート，実験，グラフなど，ありとあらゆる作業についての課題を追加していった。先生は，オンラインで生徒たちがSTUDYのフォルダーにダウンロードできるように作業用語集を用意し，生徒たちの作業リスト製作の手助けをした。STUDYソフトは，生徒がその日の作業を終えるたびに，作業用語リストを参照し作業欄をアップデートすることを助言するようにプログラムされている。

方法ウィンドウには，ティージェイは作業に取り組むにあたって使った方策を簡単にメモすることができる。作業ウィンドウでハイライトされている作業に関しての方策のみが表示されるようにプログラムされているので，例えば「研究レポート」を作業欄でハイライトすると，ティージェイがこれまでに研究レポート完成に際し使った方策のリストが表示される。今のところ，ティージェイの方策リストには，基本情報，細分化，百科事典，開始，要点，反対語，引用，そして類義語がある。このリストはティージェイが自分で考えたものと同級生や先生のアイディア等も含んでいる。方法ウィンドウにリストされている方策をクリックすると，新しいウィンドウが開き各々の方策の説明が表示される。例えば「細分化」をクリックすると，新しいウィンドウが開き「今書いたことをもう一回見て，他のことにつながっていないか考えてみよう！ もし何か思いついたら，研究レポートにそれも書かなくていいか考えてみよう」と表示する。

一方，「百科事典」の欄をクリックすると，「アイディアが浮かんだら，百科事典で引いてみよう。百科事典は君のアイディアに関連した情報が満載だよ！」というメッセージが表示される。これらのウィンドウにはそれぞれ「…も見てみよう」という欄が添付されており，生徒自身が関連していると思う事項にリンクすることができる。したがって，ティージェイは「百科事典」が「細分化」に関連していると考え，この2つに「…も見てみよう」欄を通してリンクした。

そして，ティージェイは「開始」欄に取り組む。この欄をクリックすると「課題に関して思いついたことを全部書き出してみよう」というメッセージがポップアップする。「…も見てみよう」欄で類似語と百科事典の重要さを学ん

だティージェイは，これらを駆使しつつ情報収集にあたり，STUDY内蔵のワープロ機能を使い，レポート作成を開始する。ワープロ機能からSOLVER機能に切り替えの際，STUDYは「ティージェイ君，調子はどうだい？ これまで，きちんと他の人が読んでもわかるようにやってるかい？」と質問を投げかけるようにプログラムされている。ティージェイは，作業再開するために「後でまた聞いて」と「はい」の2つの選択肢から選ばなくてはならない。

　SOLVERの3つ目のウィンドウは各方策がいかに効果的であったかをティージェイが評価する欄である。この評価は「どれだけの努力を要するか」と「どれだけ効果的か」という2つの尺度に加え，自由回答の欄もあり「百科事典にはいろいろなおもしろいことが載っているから，ボーっと読んでちゃ時間の無駄。心配ならSTUDYのタイマーでタイムリミット通知をすること」など，自由にインプットすることもできる。SOLVERは，このように作業構成の手助けをするとともに，生徒が自由に作業工程の目標設定することを奨励する。これは，上記の通り，効果的な学習プロセスである。この訓練を通して，効果的な問題解決法を積極的に練り上げることが可能になるであろう。

第4段階の支援：学習方法の調整

　ウィン（Winne, 1995）が提示したように目標達成は自己調整を要求すると仮定すると，生徒たちは方策の調整も必然的に行っているのであろう。実際，生徒たちとの会話においても方策調整が頻繁に行われていることが明らかでる。さらに，この調整が自分で見出したものに加え，先生や級友のアドバイスに基づくものであることが明確である（Winne & Marx, 1982）。しかし，理解不足などの様々な理由により，方策調整が効果的に実行されるか否かに大きな個人差があることは言うまでもない（Winne, 1997）。

　例えば，プレスリーとアフラーバック（Pressley & Afflerbach, 1995）の研究によると，読解の際に最も頻繁に使われ推奨される方策は，文章を読むにあたり自らの理解度を周期的に問う方法である。しかし，この方策は一般的に効果的だとはいえ，キング（King, 1991）が示すように小学生レベルではこの「自問自答」の際の質問自体が的外れであることがあり，必ずしも効果的な学習を期待することはできない。小学生以上でも，十分なトレーニングを積み，ヒントを与えられないと的確な自問自答のプロセスを実行できない場合があるであ

ろう。実際キングによる実験（King, 1992）によると，大学生レベルでも，効果的な自問自答の仕方を習った学生たちは，習わない学生たちに比べて効果的な自問自答を実行しただけでなく，テストにおける成績も格段に高いことが実証された。

　この自問自答を行うには，記憶のスキャンをすることが求められる。このスキャンを意図的に行うことにより，回想された知識自体およびスキャンのプロセスが練習され，補強され，以後の回想が容易になるわけである。したがって，回答に関するフィードバックは学習に効果的であるが（例えば，Kluger & DeNisi, 1996），必要条件ではない（Foos & Fisher, 1988; Glover, 1989）。この自問自答自体が学習を促進することを「**テスト効果**」という。また，この自問自答を一度にではなく間隔をあけて行うことが学習を促進することも知られており，これを「**間隔効果**」と呼ぶ（Dempster, 1989）。

　グローバー（Glover, 1989）は，テスト効果と間隔効果の重複した影響を調べる一連の実験を行った。研究の最初の組み合わせは，大学生と中学1年を対象にしたものだった。学生と生徒は，年齢に該当するテキストを読み，題材について記憶テストをすると言われた。両年齢の1群は，2日後に記憶テストを再度受けるように言われた。さらにその2日後，この1節を学習した後全部で4日たって，このグループと別のグループは記憶テストを受けた。2日後の練習テストを受けた生徒は，フィードバックを全然受けなかったのだが，テキストを学習した後4日たって，ただ一度だけ記憶テストを受けた仲間よりも，第2回目の記憶テストを実際により多く（およそ2倍ほど）を記憶していた。

　このテストは「文章について，何を覚えていますか？」といった漠然とした質問だったにもかかわらず，テスト効果を生み出したのだった。

　次の実験では，対照群の学生の1群は，テキストを学習して，4日後に記憶テストを受けた。第2群は，集中テストを受けた。彼らはテキストを学習して，すぐに記憶テストを受けた。それから4日後に記憶テストを繰り返した。第3群は，間隔を置いたテストを受けた。彼らは，テキストを学習し，2日後に記憶テストを受け，それからその後の2日たって，勉強して4日後，別の記憶テストを受けた。対照群と集中テスト群の生徒による再生量は，実際には同じであったが，間隔テスト群の生徒による再生の3分の1でしかなかった。

　グローバーのさらに別の実験では，記憶の詳しい探索が効果を促進することが見出された。大学生は4グループに分けられた。対照群は，テキストを学習

し，4日後に記憶テストを受けた。他の3グループは，テキストを学習し，2日後に介入テストを受けた。その2日後，全体で4日後に記憶テストを受けた。介入テストは，記憶の詳しい探索を必要とする系列の3グループのそれぞれで異なっていた。1つのグループは，12の文章のそれぞれがテキストからの引用か否かを聞かれた。第2のグループは，手掛かりのある（空欄を埋める）記憶テストを受けた。第3のグループは記憶テストを受けた。全体としては，グローバーの研究は次のことを説得的に示している。すなわち，情報の検索を練習する機会が，はじめの学習のセッションに対応して延ばされるか間隔があけられるなら，学習は進展することをである。さらに，追求する課題がやりがいのあるものであれば，それだけ効果は大きい。

　これらの研究の結果を考慮すると，どのような方策調整が自己調整学習に効果的なのであろうか？　まず，自問自答を自発的に使わない生徒には，自問自答を教えることが必要である。この方策を習得することにより，テスト効果，間隔効果を通して学習が格段に促進されることが上記の研究からも明らかである。そして，自問自答の際には深いスキャンを必要とする質問を作り出すことが，学習の促進につながることも明確である。各々の生徒の知識レベルにより，効果的な自問自答のプロセスを誘発するには，目標達成の方策の調整のみならず，方策を抜本的に再構成する必要がある場合も出てくるであろう。

　事例　大学の1回生であるパムは，工学デザインの講座を受講している。この講座用に教授が用意したSTUDYソフトは，教授自身が書いた教科書をはじめ，パムの学習をより効果的にするためのツールが満載である。パムは現在教科書の第1章を読んでいる最中である。パムはアンダーラインを引いたり，STUDYのノート・ツールを使ってノートを取ったりと，読解に熱心である。パムが取るノートは，パムが望まない限り自動的に教科書の適当なセクションとリンクされるので，便利である。パムはすでにSTUDYのノート・ツールに関するチュートリアルを終了しており，ノート取りの際にそれぞれの情報を分類することの大切さを学んだ。STUDYのノート機能には，分類のためのチェックボックスがいくつか表示されている。例えば「解明」ボックスは，パムが教科書に書いてある事項に関して説明を加えるときに適切であり，「ノートリンク」ボックスは，他のノート事項にリンクするときに便利である。また，「教科書リンク」ボックスは，教科書の関連事項へリンクするときに，そして「質問」ボックスは，不明な点やテストに出そうな質問等を書き留めておくと

きに使われる。

　パムは，3日間教科書を読んでいるが，一度も「質問」チェックボックスを使っていない。

　そのため，4日目にSTUDYは人工音声で，

　「パム，読んだことに関して全然質問を書き留めていないみたいだね。仮に疑問点がなくても，質問を書くことはとっても重要なのは覚えてる？　もしどうやって質問を書いたらいいかを見たかったら，下の『Show Me』ボタンをクリックしよう。もし必要ないなら，『オーケー』ボタンをクリックすれば，前回読んでいたところへ戻るよ」と言った。

　これを聞いたパムはSTUDYの提案が正しいことに気づき，質問の仕方を見るために「Show Me」ボタンをクリックする。新しいウィンドウが開き，教授があらかじめ用意しておいたレッスンが以下のように表示される。

　「すべての情報が質問に適しているとは限らないけど，主要概念，理論，そして比較などは質問の宝庫だよ。質問を書くときに使える見本を下記に表示しておくから，このウィンドウを開いておいて参照すれば便利かも。見本をダブルクリックすると，ノートウィンドウにコピーアンドペーストされるよ。最後に，質問を書き留めるように周期的にプロンプトしてほしければ，下の『プロンプト』ボタンをクリックしてくれよ。必要なければ『オーケー』ボタンをクリックして」。

　質問の見本は，深いスキャンを促すようにデザインされていることは言うまでもない。パムは読むことに集中するタイプなので，「プロンプト」ボタンをクリックし，質問を書き留めることの催促を受けることにする。これにより，STUDYは3セッションにわたり，パムが質問を提示することなしに3つ以上のノート項目を書くと質問するようなプロンプトを出すようにセットされる。

　その次の3セッション（すなわち4セッション目以降），STUDYはパムが質問せずに4つ以上のノート項目を書くと，このプロンプトを提示する。そして，7セッション目に，以下のウィンドウが提示される。

　「パム，きちんと質問を書き留めているようで安心したよ。質問を書くときに見本を使っていないようだけど，見本に似たような質問を書き留めているかな？　研究によると，こういう質問を聞くことが学習効果を高めるらしいんだ」。

　STUDYはさらに続ける。

「この学習方法について、もう一言。質問というのは答えるためにあると思いがちだよね。でも、この場合質問に必ずしも即座に答える必要はないんだ。それどころか、質問を今書いておいてから時間を置いて、次回答えるほうが学習効果は高いんだよ」。

これを読んだパムは、この学習方法を試すことにした。STUDY を起動させると、自動的に前回書き留められた質問が提示され、パムはこれに答える。そのうち、パムはこの自動質問提示機能を停止しても、自発的に自問自答を行うようになる。しかも、学期末には最近の質問だけでなく、かなり以前に書き留められた質問にまで目を通すようになり、これは学習をいっそう促進することとなる。したがって、STUDY を使うことによりパムの学習に関する方策は大部分再構成されたと言っても過言ではないであろう。

結論

生徒たちが目標達成を志すにあたり、学習促進のための方策の思索と実行は内在的なものであると私たちは仮定する（Winne, 1995）。自己調整学習は絶対的なものではなく、様々な形を持ち合わせ、かつその効果にも大きな違いがある。そこで、生徒たちを効果的な自己調整学習へと導くのが教育者たちの役割である。むろん、自己調整学習という分野が完全に理解されているわけではなく、私たちが提示する「効果的な」学習方法というのは決定的なものではない。しかし、本書の他の章からも明確な通り、自己調整学習の研究の多くが自己調整学習を促進する教授法に注目し始めている。ここまで述べてきた通り、コンピュータもこの「教授法」の一部として大きな貢献をする可能性を秘めている。また、コンピュータに基づいた自己調整学習のトレーニングは、生徒各自が自ら行うことができるという強みをもっている。

また、コンピュータを使った自己調整学習トレーニングは、自己調整学習取得に関する研究材料としても有効なものである。様々な誤差やバイアスを伴う一般的な研究法と異なり、生徒の学習過程自体を記録するコンピュータは、習得レベルや方策の思索や実行に関する貴重な情報源である（Howard-Rose & Winne, 1993）。したがって、私たちはコンピュータを使った自己調整学習の研究が教授法の改善にも必然的につながっていくものと疑わない。

この章では、いくつかの事例を通しコンピュータがいかに自己調整学習のス

キル取得へ向かい，生徒たちの努力を支えることができるかを紹介してきた。ここで注意点を2つあげよう。まず，コンピュータの「効能」に関しては，事例ではなく高度なデータに基づいた研究が必要であり，ここで紹介した見解に関するさらなる調査を怠ってはならない。そして，STUDYのようなコンピュータには，先生や同級生ができること以上のことはできない。それどころか，「コンピュータ先生」の能力は，人間の先生よりも限界があることを忘れてはならない。しかし，コンピュータには生徒の1人の学習を支えるという強みがあり，先生や同級生がいなくても学習に関する情報が入手できるという点は評価に値する。

　したがって，コンピュータによる自己調整学習スキル習得に関するデータを蓄積し，実地での応用研究を重ねることが，その効果を理解する鍵となる。この章のはじめでいかにコンピュータの利用が研究に基づいたものであるかを強調したのはこのためである。逆に言うと，研究に基づいた理論的理解なしに，むやみにコンピュータを教育目的で利用することは極力避けるべきである。とはいえ，幼少のうちからコンピュータ技術に触れることには大きな利点があり，教育者，出版社，そして政府はコンピュータのシステムを子どもたちに提供することが大切である。その一方，私たち研究者はいかにしてコンピュータが子どもの学習を促進するかの研究を進めていかなければならない。

謝辞
　この研究への助成が，カナダの社会科学・人文科学研究審議会からのフィリップ・H・ウィンに対する交付金として与えられた（No.410-95-1046）。私たちは，本章の草稿に貴重なコメントをしてくれたアリソン・ハドウィンに謝意を表する。

第7章
小学生を対象にしたモデリングによる数学スキルについての自己調整の指導

ディル・H・シャンク
(Dale H. Schunk / Purdue University)

　特に他の国々との関係でみたときに，アメリカの学校の子どもの数学の学力が低いということがよく問題にされてきた（Steen, 1987; Stevenson et al., 1993; Stigler et al., 1987; Uttal et al., 1988）。アメリカの子どもとヨーロッパや東アジアの子どもとの間の数学の学力差が1年生の時点でみられ始め，その差は正規の学校段階を通じて徐々に広がってゆく（Geary, 1996）。これらの差異が生じる起源は，生物学的なものとは考えられず，むしろ，学校教育の開始とともに現れるもので，学校教育の影響をかなり受ける分野でとりわけ指摘されることが多い（例えば，中等教育での数学，Geary, 1995）。

　研究者は，文化的要因，状況的要因，個人的要因によってアメリカの子どもの数学の学力の低さが規定されていると仮定してきた。文化によって学校の数学がどのくらい重要視されているかに違いがあり，これが数学の学力の程度の違いとなって現れているものと考えられる（Geary, 1996）。研究によって明らかにされているのは，東アジアの教師が数学の一斉授業にかなりの時間を割いているということと，それに対して，アメリカの教師は指導にほとんど時間を費やしていないということである（Stigler et al., 1987）。アメリカの生徒は，数学の時間に課題以外のことをして過ごしていた（Stigler et al., 1987）。中国と日本の高校生は，アメリカの高校生と比べると，学校で過ごす時間が長かった

(Fuligni & Stevenson, 1995)。白人系アメリカ人の生徒よりも，アジア系アメリカ人と東アジア人の生徒に次のような傾向がみられる。①成功は努力をすればできると信じていること。②数学に対して積極的な態度をもっていること。③勉強に励むこと。④バイトや仲間との交際を優先し，学校の授業や宿題をおろそかにすることがほとんどないこと。⑤親が子どもに対して高い数学の基準をもっていること（Chen & Stevenson, 1995）。

アメリカの子どもの数学の学力が低いことの主な原因として，動機づけの過程が関わっている。多くの生徒にとって，数学の学習は難しく，学ぶ自信も，できるという自信も低い（Kloosterman, 1988; Stipek & Gralinski, 1991）。中国，日本，アメリカの文化にわたって，母親が数学に関する子どもの能力と母親自らの能力を評定した結果は，子どもの数学の学力レベルと直接的に結びついていた（Uttal et al., 1988）。別の研究でも，アジア系アメリカ人の生徒とアジア人以外の生徒との間で，数学の能力に関する信念，成功の原因帰属，子どもの数学の能力に関する親の信念について，有意な差がみられることが明らかになっている（Whang & Hancock, 1994）。

近年，研究者によって考えられてきているのは，自己調整スキルに問題があることも，数学の動機づけの低さや学習上の困難に影響を与えているのではないかということである（Meece & Courtney, 1992; Newman, 1994; Schunk, 1994）。**自己調整**（もしくは**自己調整学習**）とは，思考や感情，行動を自ら引き起こし，知識やスキルの学習がうまく進むよう，これらを組織的，計画的に機能させていくことをさしている（Zimmerman, 1989, 1990; Zimmerman & Kitsantas, 1996）。自己調整過程には，以下のことが含まれている（Schunk, 1994）。授業に注意を向け集中すること。記憶のための情報の体制化，符号化，リハーサル。学習がはかどるような環境作りをすること。効果的にリソース（学習資源）を利用すること。自分自身の能力，学習の価値，学習に影響する要因，行動の予期される結果について肯定的な信念をもつこと。自らの努力に誇りと満足を経験すること（Schunk, 1994）。

自己調整は，教育者にとって重要性を増してきているものと思われる。生徒は，情報を受身的に受容するというよりは，学習において心理面で能動的であることや，目標達成のほとんどを制御していることが研究によって明らかにされている（Pintrich & Schrauben, 1992）。教育者たちは，科目領域のスキルに加えて自己調整力を育てることの重要性を認めるようになってきている。

第7章 小学生を対象にしたモデリングによる数学スキルについての自己調整の指導

　本書の第1章では，小学生に対するモデリングが，数学のスキル獲得の際の自己調整にどのような影響を及ぼすかについて論じている。数学の指導で見本を見せることが，子どもの学習を促進し，学業に関する肯定的な信念を形成することが明らかとなっている（Schunk, 1989）。見本があるということは状況的要因と考えてよいだろう。これは，アメリカの教室と他の国々のものとを区別するものであり，そのために，数学の学力の文化間の違いが生じてきている。スティグラーら（Stigler et al., 1987）は，数学の授業時間のうち，クラス全体で一緒になって取り組み，観察をしたり聴いたりといった時間数に文化の間で有意な差がみられることを明らかにしている（日本 74 %，台湾 82 %，アメリカ 41 %）。アメリカの生徒は，クラス全体での活動よりも自分1人で取り組む時間（52 %）のほうが長かった。自習課題に取り組む場合よりも，大きなグループでの状況のほうが，数学の演算について説明したり実演したりするモデル（教師，親，他の大人，仲間）がもつ影響力は大きいものといえる。

　過去何年間かにわたって，筆者は小学生に対する数学の指導における自己調整スキルの獲得について研究を行ってきた。これらの介入のプロジェクトのねらいは，モデルの利用を通じて子どものスキルを向上することにあった。これらの研究における概念上の中心は，**社会的認知理論**（Bandura, 1986）にある。次節では，モデリングを含めた自己調整に関する社会的認知理論について論じることとする。自己調整やモデリングにおいて基本となる変数は，**自己効力感**である。自己効力感とは，一定の水準で行動がとれる，学習ができるという自らの能力に関する信念のことである（Bandura, 1986, 1997）。いくつかの介入研究について紹介をし，自己調整，動機づけ，学力に及ぼす効果についてふれるつもりである。そして，本章の最後に**自己内省の練習**についての議論を行い，まとめとしたい。自己内省の練習というのは，自己言語化，達成に関する信念の自己調整といった過程を通して，自己調整力をさらに高める練習のことをいう。

自己調整に関する社会的認知理論

3項に基づく相互作用論

　バンデューラ（Bandura, 1986, 1993）は，人間の機能を**行動変数**，**環境変数**，

個人変数の3者間の一連の**相互作用**として考えている。例えば，自己効力感（個人変数）が達成行動（課題の選択，努力，持続性）に影響を及ぼすこと，すなわち，自己効力感の高い生徒のほうが数学の課題に取り組むことを選択したり，努力をしたり，困難に打ち克って成功を収めるまで粘り続ける傾向が強いことが研究によって示されている（Schunk, 1996; Zimmerman, 1995）。一方，行動は個人変数に影響を与える。生徒が数学の課題に取り組むうちに（行動），力がついてきていることに心の中で気がつく（個人変数）。これは，自分に学習能力があることに気づかせるものであり，自己効力感が高まっていくことになる（Schunk, 1989）。

環境が行動に影響を与える例としては次のような場合がある。めずらしい数学の公式を教師が初めて説明するとき（環境変数），生徒はそれに注意を向けようとする（行動）。一方，行動は環境に影響を与える。生徒が教師の説明に当惑するようであれば（行動），教師は，もう一度，内容を教え直すかもしれない（環境変数）。

個人変数と環境変数も相互に影響を及ぼしあっている。自己効力感の高い生徒が気の散るような環境の中で問題を解こうとする場合，集中することが非常に難しいので（個人変数），その環境を気が散らないようなものに変えようとするだろう。環境が個人変数に影響を及ぼす場合としては，教師が生徒に言葉によるフィードバック（例えば，「正解です。数学がかなりできるようになってきましたね」）をすることで（環境変数），生徒の自己効力感が高まっていく（個人変数）というようなことがある。

●●● 自己調整の下位過程

社会的認知理論では，自己調整は自己観察，自己判断，自己反応の3つの下位過程から構成されるものとして仮定されている（Bandura, 1986; Kanfer & Gaelick, 1986）。**自己観察**（もしくは**自己モニタリング**）とは，自らの行動の特定の側面に意図的に注意を向けることをいう。バンデューラ（Bandura, 1986）や他の研究者たち（Mace et al., 1989）は，量，質，割合，独創性といった次元で行動を評価することを勧めている。自己観察によって目標に向かって進んでいるという感覚が得られれば，さらに向上しようとする動機づけとなる（Schunk & Zimmerman, 1997）。行動が現れると時間，場所，生起頻度といった

観点で記録を行うような**自己記録**が自己観察の助けとなる（Mace et al., 1989）。子どもが算数に取り組む際に，解答した問題数を定期的に記録するようにすれば，向上の程度がわかるであろう。

自己判断とは，現在の遂行レベルと基準とを比較することである。自己判断のあり方は，採用している基準のタイプ，重要性によって異なってくる。絶対的基準は固定されたものである（例えば，授業時間内に数学の課題を仕上げようとすること）。相対的基準は他者の遂行に基づくものである（例えば，数学の課題をクラスの中で1番に終えようとすること）。基準はモデルを観察することで獲得できる（Bandura, 1986）。絶対的基準がない場合に，社会的比較が重要となる（Schunk & Zimmerman, 1997）。

自己判断は基準の重要性にも影響を受ける。人は自らが価値を置いている課題について向上の程度を判断しようとするが，価値を置かない課題のスキルについては高めるような努力はしないだろう。数学ができるようになることにほとんど興味を示さない生徒は，課程に合格する上で必要なレベルでの向上にのみ関心をもつだろう。

自己反応とは，自らの遂行についての判断を受けて評価的に反応することをいう（例えば，良い／悪い，許容できる／できない）。目標達成によって期待していた満足感を得るとともに，目標に向けて承認できる向上がみられたという確信が得られれば，自己効力感は高められ動機づけを維持することとなる（Schunk, 1996）。向上できる（懸命に取り組み，より望ましい方略を用いることによって）という自信があれば，否定的な評価をしても動機づけを低下させることにはならない。成功できるという自信がなく，他に助けとなる要素がなければ，動機づけは低下してしまうことになる。自己反応は実体のある報酬によって影響を受ける。問題を完了したら自由時間を与えるようにすれば，できるようになってきたと確信するようになるだろう。

自己効力感

自己効力感は，活動の選択，努力，持続性，成果に影響を及ぼすものと考えられている（Bandura, 1986, 1997; Schunk, 1996; Zimmerman, 1995）。自分の学習能力に疑いをもっている生徒に比べて，スキルを習得したり課題に取り組んだりすることに高い自己効力感をもっている生徒のほうが，すぐに取り組み始め，

懸命に努力をし，困難に直面しても粘り続け，高い水準で成し遂げる。

遂行，代理的（観察による）経験，説得の形式，生理的反応から学習者は自己効力感の情報を得るのである。自分自身の遂行の程度は，自己効力感を評価する上での確かな指標となる。成功は自己効力感を高め，失敗は低下させる（Zimmerman & Ringle, 1981）。自らの遂行と他者の遂行とを比較することで，生徒は効力情報を社会的に獲得している。類似の他者は，比較のための確かな根拠を提供してくれる（Schunk, 1987）。同じような仲間が課題に成功（失敗）していることを観察すれば，観察者の効力感は高まる（低下する）だろう。学習者は，教師や仲間，その他の人たちから自分が課題に取り組めるという説得的な情報（例えば，「あなたならこれができます」）を受け取るようなことをよくしている。そういう情報は自己効力感を向上させるが，その後の遂行の失敗によって無に帰することもある（Bandura, 1997）。生徒はまた，生理的反応（例えば，発汗，心拍数）から効力情報を獲得する。不安を示す徴候は，スキルの欠如を表すものであり，不安の低さは有能さを表すものとして解釈されるであろう。

自己効力感だけが達成に影響を及ぼすのではない。**知識とスキル**に欠ける場合には，自己効力感が高くても優れた遂行にはつながらないだろう。**結果期待**（活動の結果についての予期）も影響力をもっている。というのは，生徒は，肯定的な結果が得られるものと信じている活動に取り組むからである（Shell et al., 1989）。**価値の認識**（学習にどんな有用性や重要性があるか）も行動に影響をもたらす。これは，価値を置かない活動に学習者はほとんど興味を示さないためである。

●●● 自己効力感と自己調整

効果的な自己調整は，熟達を遂げるスキルを用いることに対する自己効力感があるかどうかにかかっている（Bandura, 1986, 1997; Bouffard-Bouchard et al., 1991; Schunk, 1996; Zimmerman, 1989）。課題に取り組む際に，目標と遂行との比較がなされる。進歩の自己評価によって自己効力感が高められ動機づけが維持される。自己効力感を感じれば，課題への集中，適切な手続きの使用，効果的な時間管理，必要に応じて助けを求め，遂行をモニターし，方略を調整する，といった効果的な方略を使うようになる（McCombs, 1989; Pintrich & De Groot,

1990; Zimmerman, 1994)。

　自己調整において自己効力感が大きな役割を果たしていることをジマーマンはモデルを提示し強調している（本書，第1章）。モデルが仮定しているのは，スキルのある自己調整者は，特定の目標をもって学習状況に入るということであり，目標を遂げられるという強い自己効力感をもっているということである。課題に取り組む際に，自らの遂行をモニターし，向上の程度を明確にするために目標とその到達度について比較を行う。自己評価によって進歩が認められれば，効果的な方略を使い続け，さらなる向上に向けての動機づけとなり，達成に関して積極的な信念をもつようになる。ジマーマンによれば**計画**の段階で，学習に対する自己効力感が高ければ，**遂行**や**自己内省**の段階でも達成に向けての自己効力感がはっきりと認識されるようになる。この循環的なモデルの中で，自己内省は，次に，さらなる学習に向けての自己効力感を準備するのである。

　低い自己効力感は望ましくはないが，効果的な自己調整を行うために極めて高い自己効力感を必要とするわけではない。サロモン（Salomon, 1984）が明らかにしているのは，過剰な自信よりも低めの自己効力感のほうが心理的に努力をするし望ましい学習にもつながっているということである。数学で，生徒は，**バグのあるアルゴリズム**，すなわち，誤った解決を導く不正確な規則（例えば，より大きい数字が上にあるかどうかということと関係なく，各々の縦の列で大きい数から小さい数を引き算してしまうこと）を用いることがあるかもしれない（Brown & Burton, 1978）。バグのあるアルゴリズムは解決をもたらすので，現実にはそぐわない高い自己効力感を形成してしまうことがあるだろう。非常に低い自己効力感は動機づけにはならないが，成功に関していくらか疑いをもつことで，過剰に自信を抱くよりは，努力を傾けようとするし，効果的な方略を用いようとするだろう。

● ● ● モデリング

　モデリングとは，1つもしくはそれ以上のモデルにならって，観察者が自らの思考，信念，方略，行動を形成していく過程のことをいう（Schunk, 1987）。モデリングは，スキル，信念，態度，行動を獲得する上で重要な方法といえる（Bandura, 1986; Rosenthal & Zimmerman, 1978）。教師や親，その他の大人，仲間が，子どもにとって有力なモデルとしての役割を果たす（Schunk, 1987）。

観察学習が生じているのは次のような場合である。モデリングを行う以前には，動機づけとなる誘因があっても生じなかった新しい行動が，観察者において見られるようになることである（Bandura, 1977, 1986; Schunk, 1987）。モデリングを通じた観察学習は，注意，保持，運動再生，動機づけで構成される（Bandura, 1986）。観察者は，環境上の出来事に対して**注意**を向けることで，意味のあるものとして認識できるようになる。**保持**は，情報を認知的に体制化したりリハーサルしたりするだけでなく，符号化や変換を行うことによって記憶に貯蔵することを求めるものである。モデルが示した出来事の心的概念を実際の行動に移すことを**運動再生**という。多くの活動が観察を通じて大まかな形で学習がなされるものと思われるが，スキルに磨きをかけるためには練習やフィードバックが必要となってくる。

観察学習には，**動機づけ**が影響を及ぼす。なぜならば，知ると役に立つスキルをモデルがもっていると考えれば，そういうモデルに対して注意を向けようとするし，学んだ内容を保持しておこうと努めるからである。観察を通して学んだ知識やスキル，行動のすべてを実行に移すわけではない。**結果期待**も重要である。実用上，重要な活動を実行に移すものであり（つまり，報酬となる結果をもたらすものと考えられるもの），否定的な結果につながることが予期されるものは避けようとする（Schunk, 1987）。**価値**を認めていない活動もまた，実行されないし，満足をもたらさないとわかることは避けようとするのである。

モデルの観察は，観察者の**自己効力感**を高める（Bandura, 1986, 1997）。成功しているモデルを見ることで，観察者は，モデルが学習できるのなら自分にも同じようにできるはずだと信じるようになるだろう。生徒は実行に移しながら自らの学習の進度に気づけば，自己効力感はより確かなものとなり，学習への動機づけも維持されていく。

モデルと観察者との間に**類似性**を認識することは，情報と動機づけの重要な源泉となることが仮定されている（Schunk, 1987）。多くの場面において，個人的要因（例えば，年齢，ジェンダー，地位）によってふさわしい行動が決まってくる。一般的には，観察者とモデルとの類似度が高ければ高いほど，似た行動をとることが社会的に適切である可能性が高くなり，同じような結果を生み出す可能性も高くなるであろう。観察者にとって行動の機能的価値に関する情報がほとんどない場合に，類似性が特に影響力をもつ。類似性はまた，動機づけを高めもする。仲間が問題解決を学んでいる様子を観察すれば，自分にも成

功できるはずだと考えるようになるだろう。自己効力感が高いほど動機づけや学習は促されるのである（Schunk, 1989）。

モデリングと自己調整能力

　自己調整スキルを教え，スキルを用いる自己効力感を育てる上で，モデルが重要な基礎となる。はじめに述べた自己調整スキルは，社会的モデルによる指導を必要とするものであり，プランニングや時間の管理，指導に注意を向け集中すること，情報の体制化，リハーサル，符号化，成果のあがる学習環境や社会的資源（リソース）を活用することをさしている（Schunk & Zimmerman, 1997）。例えば，学習した内容の効果的なリハーサルを教師が行う様子を観察することで，生徒は情報のリハーサルを身につけられると信じるようになるかもしれない。この信念は，自己調整を行う自己効力感を形成することになり，リハーサルに取り組む動機づけとなるのである。

　モデリングを通じた観察学習が最も効果的なものとなるのは，対人的な指導がその課題における生徒の調整スキルのレベルと一致する場合である。自己調整過程に頼るのが早すぎても遅すぎても，学習の速度やコースを阻害することになる（Schunk & Zimmerman, 1997）。はじめに生徒に必要なことは，広範囲にわたるモデリング，フィードバックによる修正，それに練習であろう。さらに，学習者にとって必要なことは，うまくいかない場合に，定期的に前へ戻って初期の指導段階を繰り返すことであろう。

　社会的認知理論において考えられていることは，**対人的な指導によるサポートの手を緩めていきながら**，生徒自身が特定の課題を学習していくということである（Schunk & Zimmerman, 1997）。レベルが進むと，モデルからの助けを必要としなくなるのが一般的である。モデルを用いれば，自己調整の構成要素の多くを教えることができる。したがって，学習者は，ただ学習スキルを獲得できるというだけでなく，自分の力でさらにスキルを学ぶ手段をも手に入れることになる。例えば，望ましい体制化のスキルを使うこと，学習の進度を自己モニタリングすること，問題に対処するための方略を用いること，これらをモデルが行っている様子を観察するといったことがあるだろう。これらのスキルは，学習者が自己内省の練習に取り組むときに，さらに適用されていくことになる。

介入プログラム

●●● 指導の状況

　本節では，次節でまとめられている介入研究の中で用いられてきた，社会的認知による指導モデルについて説明することにする。状況としては，アメリカの小学校で行われている数学の指導を考えればよい。様々な研究の中で取り上げられてきた数学の内容は異なっているが，すべてのプロジェクトに共通している特徴がある。①モデルによる説明と解決方略の実演が指導に含まれていること。②取り組みやすいよう部分だけを取り出したりして生徒が実地の経験をし，補助の下で問題解決の練習を行うが，必要に応じてフィードバックを受け修正を行うこと。③自己調整活動の適用を必要とするような自己内省の練習に独力で取り組むこと。以上である。

　モデルを表7.1に示す。生徒ははじめに内容領域の事前テスト（例えば，引き算，割り算，分数）を受ける。この最初の評価には，数学の学力の測定（例えば，生徒には難易度の異なる問題を解くことが求められる）だけでなく，問題解決（達成）に対する自己効力感の測度も含まれている。この評価を行うために，生徒に対しては組になった見本を示すが，それぞれについて解決を試みるには短すぎる時間で，問題の難易度を評価するには十分な長さの時間の中でそれを行うことになる。このタイプの問題に正しく解答できるかの自己の能力の認識を判断するのであるが，問題は，易しさや難しさの点で同質であり，形式，長さが同じものであった。効力感の問題の形式，難度は，学力テストのものと対応するがまったく同じ問題ではない。

　通常，数学の事前の学力テストでは，かなり低いレベルを示すことが多い。なぜなら，ほとんど教えてもらったことのない内容であったり，演算をマスターすることが困難なものだからである。これら以外の測度としては，**持続性**（問題解決にかける時間）を調べることが多い。バンデューラ（Bandura, 1977, 1986）は，自己効力感とスキルが向上すると持続性が高まっていくはずであると主張している。

　事前テストに続いて，生徒たちは各条件に割り当てられる。いくつかの研究では，学習に対する自己効力感の測度が実施されている。この評価は，自己効力感の事前テストにあたる測度と同一のものである。相違点は，すでに解答で

第7章 小学生を対象にしたモデリングによる数学スキルについての自己調整の指導　　147

表 7.1　社会的認知に基づく指導モデルによる数学における子どもへの介入

事前テスト	介入	事後テスト
学力	モデルによる実演	学力
達成に対する自己効力感	（認知，多元，対処，自己）	達成に対する自己効力感
持続性	補助の下での練習	持続性
学習に対する自己効力感	自己調整の訓練	
	（言語化，方略使用，目標）	
	独力での／自己省察の練習	
	（自己モニタリング，言語化，	
	達成に関する信念，自己評価）	

きているかどうかではなく，いろんなタイプの問題の解き方をこれから自分が学習できると認識しているかを判断するという点である。学習に対する自己効力感は，指導中の動機づけと正の関連があるものと仮定されている（Schunk, 1989）。

　典型的な介入の授業（約 45 分）では，プロジェクトチームの大人のメンバーがはじめに子どもたちの条件群に合わせた実験上の教示を与える。その後，子どもたちの各自の教材の該当箇所を指示したり黒板に例を示したりして，数学の演算に関する説明を言葉で行い，実際にやってみせる。この段階で，モデルには様々なバリエーションがある。この**モデルによる実演**（約 10 分）の後，取り組みやすい部分だけを取り出したりして生徒は実地の活動を行い，2, 3 の練習の問題を解く（**補助の下での練習**，約 10 分）。教師は，重視している過程（例えば，目標設定，方略使用）に関して，修正のためのフィードバックを行い，**自己調整の訓練**を行うのである。子どもたちが活動内容を理解したものと教師が納得をすれば，授業の残り時間（約 25 分）を使い，**独力での（自己内省による）練習**，つまり，1 人で問題に取り組むことになる。これは，条件間の違いによって自己調整過程の差異が現れるのに十分な時間である。

　典型的な介入では，指導のための授業が何回か行われるが，これは，通常，スキルを獲得し始めるのに複数回の授業が必要となることと，モデルの処遇は 1 回以上行われることが多いためである。最終の授業の後，1 日か 2 日で，事前テストと類似の事後テストを生徒が受けるが，学習に対する自己効力感については取り上げられない。

　数学のスキルを育てることを目的とした以上のような指導の構成は，全米数学教師協議会（National Council of Teachers of Mathematics: NCTM）が示してい

る幼稚園から小学校4年生までを対象とした**学校での数学の教育課程と評価基準**（NCTM, 1989）にある事項をいくらか反映したものである。第1に，この構成は，考え方としては，数学の理解力の育成を意図し重視するものである。第2に，子どもたちが実地の活動を通して数学に取り組むことを積極的に取り入れようとする。第3には，子どもたちの思考スキルの育成を重視し，学習に対する自己効力感を育てることを意図している。第4に，概念や原理を現実世界の問題に応用することを大事にする。第5には，一定の領域（例えば，分数）の内容を広く取り上げ，多様性をもたせるようにする。

目的と仮説

　介入研究には目的がいくつかあった。第1に，生徒の学習，達成に関する信念，自己調整活動に対するモデルの影響を調べることである。第2に，生徒たちが学習の進度を評価する際に用いる手掛かりをどのようにすれば文脈の中でうまく提供できるかを明らかにすることである。第3に，研究によっては，変数間の影響のパターンを調べて，達成に関する因果モデルの検証を目的としていた。

　社会的認知理論に基づいて，生徒の数学の学習，達成に関する信念，自己調整に及ぼすモデルの効果についていくつかの予測が立てられている。多くの研究が採用しているのは**認知的モデリング**である。これは，モデルが自らの思考や行動の理由を言葉にしながら説明と実演とを行うものである（Meichenbaum, 1977）。モデルは，$276 \div 4$ という問題の解き方について以下のような説明を言葉にして述べるのである。

> 「まず4で割る数字を決めなければなりません。276について，左側から始めて右に移動していきます，4と同じか，4より大きい数字を見つけるのです。2は4より大きいでしょうか？　いいえ。27は4より大きいでしょうか？　はい。それでは，最初の割り算は，27を4で割ることになりますね。ここで4を何倍かして，27と同じか，27より少し小さい数字を見つけましょう。5はどうですか？　$5 \times 4 = 20$ ですね。違います。小さすぎます。6はどうでしょう。$6 \times 4 = 24$ です。どうかな。7でやってみましょう。$7 \times 4 = 28$ ですね。これは違います。大きすぎますね。ということは，6が正解ですね。」

　この後，子どもたちは，理解していなかった演算の構成要素も修正を伴うモ

デリングとともに学び，学習した内容を応用する練習を行うのである。認知的モデリングは，比較対照となる方法に比べて，数学学力の成果や自己調整を高めるものであろうと予測されている。子どもたちに原理の説明のみを与える場合と比べて，説明とともに例示となるモデルを与えることは，非常に効果があるということが実証されている（Rosenthal & Zimmerman, 1978）。

　多元モデルの効果を調べている研究もある。モデリングでは類似性の認識が重要になるという意味で，多元モデルには有利な点がある。それは，個々の生徒が少なくとも1つ以上は自分に似ていると認識できるモデルが存在するということである（Schunk, 1987）。したがって，単一のモデルに比べて，多元モデルのほうが学力の成果や自己調整を向上するものと予測されるのである。

　もう1つの仮説としては，マスタリー・モデルとコーピング・モデルである。**マスタリー・モデル**とは，はじめから熟達したモデルのことである。また，マスタリー・モデルは，自信や能力の高さ，積極的な態度を表す言葉を述べたりもする。学習のスピードが速く，間違いをする様子もない。対照的に，**コーピング・モデル**は，断固とした努力と積極的な自己思考によっていかに困難に打ち克つことができるかを示すものである。はじめのうちは，学習に困難を示し，不安のようなものも示すが，次第に自信を得て遂行を高めていく。課題の難しさや自信のなさを言葉で述べたりするが，そのうち，努力や粘り，集中力を高めるような対処的な言葉を口にするようになっていく。最終的には，遂行と言語化する内容の水準がマスタリー・モデルと同じ水準にまで行き着く。

　マスタリー・モデルは，スキルを教えてくれるが，学習に困難を抱えることが多い生徒にとっては，コーピング・モデルのほうがより望ましいのではないかと考えられてきた。学習に問題がある生徒は，はじめは困難がみられるが徐々に向上を示すコーピング・モデルのほうを自分自身により近いものとして捉えているものと思われる。モデルにできているのなら，自分にも学習ができると感じるものと思われる。

　最後は，**自己モデリング**の効果に関する予測である。自己モデリングとは，自分自身の行動を観察することによる行動上の変化のことである（Dowrick, 1983）。自己モデリングは，モデル－観察者の類似性の程度が最も高い。自分自身がモデルだからである。子どもなら学習中や課題に取り組んでいる最中の様子をビデオテープに記録すればよく，その後，その記録を観察する。自己モデルを観察することは，一種の復習であり，学習が進み遂行が熟達した様子を

見ることで，自分はできているということがわかり，自己効力感と動機づけが高まることになる。自己モデリングを行わない条件と比べて，自己モデリング条件のほうが学習，達成に関する信念，自己調整を促すのではないかと考えられている。

介入研究とその結果

表 7.2 に介入研究の要約を示しておく。

学習の結果における変化

シャンク（Schunk, 1981）の研究では，子どもの数学の結果に変化があるかどうかについて検討を行った。当該学年よりも低いレベルの数学の学力の子どもに指導を行い，割り算の問題解決の練習を行った。半数の子どもには，大人のモデルから認知的モデリングを受け，残りの半数には，認知的モデリングを伴わないで，ただ同じ指導内容を教授するというものであった。各指導条件の中で，さらに半数の子どもには，成功と困難について努力帰属のフィードバックを言葉で与えた。例えば，難しい課題に成功したとき，教師は「あなたはとても一生懸命にそれに取り組みましたね」と言葉をかけた。十分な努力をしないで困難を経験している場合には，「もっと一生懸命にしなければなりません」と声をかけた。

どちらの指導法も割り算の成績，持続性，自己効力感を高めたが，認知的モデリングは正確さの点で大きな効果を示した。努力帰属は，自己効力感とスキルを高めなかったが，帰属フィードバックとモデリングをともに受けた子どもは，自分の能力を最も正確に判断していた。モデリングによって生徒は，必要不可欠な演算に着目しやすくなり，抽象的な原理と結びついた具体的な演算のセットを観察することが可能となり，不十分なところの補習の仕方やそのための資料を明確にすることができる。これらの子どもたちは努力帰属を信頼できると認識していたであろうし，1 人での練習の間，自らの学習の進度についてしっかりと自己内省を行っていた。モデリングか帰属フィードバックのいずれかがない場合，あまり大きくない成功でも影響を受けてしまい，自分にできることを過大評価してしまうことになりかねないだろう。

第7章 小学生を対象にしたモデリングによる数学スキルについての自己調整の指導　　151

表 7.2　介入研究とその結果

研究	介入変数[a]	効果[b]
Schunk（1981）	CgM, EF	CgM（A）; CgM + EF（自己評定）
Schunk & Hanson（1985）	MM, CM, TM	MM, CM（A, M, SE）
Schunk, Hanson, & Cox（1987）	SM, MuM, MM, CM	SM-CM, MuM-CM MuM-MM（A, SE）
Schunk & Hanson（1989a）	SM, MuM, MM, CAM, CEM	CEM（学習に対する SE）
Schunk（1982）	SV, SeV	SeV（A, M）; SV + SeV（SE）
Schunk & Cox（1986）	CV, DV, EF	CV（A, SE）; EF（A, SE）
Schunk & Gunn（1985）	MSU, MAB	MSU（A, M）; MSU + MAB（SE）
Schunk & Hanson（1989b）	SfM	SfM（A, M, SE）
Schunk & Gunn（1986）	SVS, SVA, SVE	SVS（A）; SVA（SE）; SVE（A）
Schunk（1996）	LG, PG, SfE	LG, LG + SfE, PG + SfE（A, M, SE）

[a] 略語の説明：CAM（コーピングのみのモデル），CEM（コーピング-感情モデル），CgM（認知的モデリング），CM（コーピング・モデル），CV（連続的言語化），DV（不連続的言語化），EF（努力のフィードバック），LG（学習目標），MAB（達成に関する信念をモデルとして示す），MM（マスタリー・モデル），MSU（方略使用をモデルとして示す），MuM（多元モデル），PG（遂行目標），SeV（自己言語化），SfE（自己評価），SfM（自己モデリング），SM（単一のモデル），SV（方略の言語化），SVA（能力の自己言語化），SVE（努力の自己言語化），SVS（方略の自己言語化），TM（教師モデル）
[b] 影響を与える変数を一覧にしてあり，影響を受ける結果を括弧内に記してある（A（成績），M（動機づけ），SE（自己効力感））

　シャンクとハンソン（Schunk & Hanson, 1985）は，仲間モデルと大人モデルの効果を比較している。引き算の学習に困難を抱えている小学生を対象にして，引き算の再編成の演算（上の桁の数字から借りること）を学習する様子を見せる仲間モデルの観察か，演算を実演する大人モデルの観察か，モデルなしか，いずれかの条件を割り当てた。仲間モデル条件群の子どもたちは，さらにマスタリーかコーピングのいずれかのモデルを観察した。**マスタリー・モデル**とは，正しく問題を解き，自己効力感と能力の高さ，課題が困難ではないこと，積極的な態度，これらの内容を反映する言葉を口にするというものである。**コーピング・モデル**とは，はじめのうちは間違いをし，否定的な内容を言葉にするが，対処的なことを述べ始め（例えば，「自分がしていることに注意を払わないといけない」），最終的には，マスタリー・モデルと同じように遂行し，言語化を

するというものである。そして，すべての子どもたちが，引き算の指導を受け，練習を行った。

　マスタリー・モデルとコーピング・モデルは，大人モデル，モデルなし群に比べて，自己効力感，動機づけ，引き算の成績を高め，大人モデルはモデルなし群に比べて高い遂行成績を示していた。仲間の観察を通して自己効力感が高まることで，その後の問題解決の中で方略使用を巧みに自己調整するようになり，その結果として高い成績につながったものと思われる。大人モデルの観察が，自分は数学のスキルを学習できるのかどうかについて考え直させることになったのかもしれない。

　仲間コーピング・モデルと仲間マスタリー・モデルの間に違いがみられなかったのは，どちらの子どもも以前に引き算に関する成功体験をしていたためではないかと考えられている。子どもたちは，自分の成功について熟考し，引き算の再編成（「借りる」）が仲間にできるのなら自分にもできるだろうと考えたものと思われる。シャンクら（Schunk et al., 1987）は，コーピング・モデルとマスタリー・モデルの違いについてさらなる検討を行い，マスタリー・モデルよりもコーピング・モデルを観察したほうが自己効力感と成績を高めることを明らかにしている。シャンクとハンソン（Schunk & Hanson, 1985）とは異なり，シャンクら（Schunk et al., 1987）の研究では，事前の成功経験のない課題（分数）が用いられた。なじみのない課題に取り組む場合や以前の学習で困難を経験した場合などに，コーピング・モデルは効果を発揮するのかもしれない。また，シャンクら（Schunk et al., 1987）は，学習成果に対して，多元モデル（コーピングかマスタリー）が，単一のマスタリー・モデルよりも高い促進効果を示し，単一のコーピング・モデルとは同程度の効果があることを明らかにしている。

　シャンクとハンソン（Schunk & Hanson, 1989a）は，仲間モデルの効果についてさらに検討を行っている。同性の仲間マスタリー，コーピング－感情，コーピングのみ，という設定で，単一か多元モデルを観察し，分数の問題解決学習を行っている。**マスタリー・モデル**は速いスピードで学習するものである。**コーピング－感情**・モデルは，はじめのうち，学習に困難を抱えて，否定的な感情を口にするが（例えば，「自分にはこれはできないと思う」），対処的な行動を示すようになり，最終的にはマスタリー・モデルと同じ遂行を示すようになるものである。**コーピングのみ**のモデルとは，コーピング－感情・モデルと

まったく同じ方法で取り組むが,否定的な内容を口にすることはない。コーピングー感情・モデルが学習に対する自己効力感を最も高めていた。マスタリーとコーピングのみの子どもたちは,モデルを有能であると認識し,自分自身も同じように有能であるとみていた。コーピングー感情の子どもたちは,モデルよりも自分のほうが有能であると捉えていた。分数の指導と練習の後,3条件の自己効力感と成績には違いはみられなかった。

学習に対する自己効力感の差異が,指導中の問題解決の自己調整や事後テストの結果に影響を及ぼさなかったのは,おそらく,ほとんどの子どもたちが演算の学習ができていたからであろう。コーピングー感情の子どもたちは,学習に対する自己効力感を過大評価したのである。子どもたちが次に困難に出会ったとき,自分の学習能力に疑いをもち始めるのだとすれば,これは,指導としては望ましいものとはいえないだろう。

●●● 自己調整的な言明の利用

数学の問題解決の際に生徒の自己調整的な言明を促す上で,モデルが重要になることを実証している研究がある。シャンク(Schunk, 1982)は,割り算の問題解決ができず,数学の学力がクラスの中で下から3分の1にあたる子どもたちを特定した。そして,自己効力感や割り算の遂行に関する事前テストの後に,モデリングによって子どもたちに指導をし,問題解決を自ら行わせた。大人の認知的モデルが適切なところで方略を説明する手掛かりとなる言葉を言語化した(例えば,「かけ算をする」「チェック」「引き算をする」)。自分で行う練習の際に,方略の手掛かりとなる言葉を自分でも述べる群,自分なりの言語化をする群(例えば,「7を何倍すれば22になるか?」),第3として両方を行う群,第4に言語化を行わない群がそれぞれ設けられた。

自分なりの言語化をする群が,割り算の成績が最も高く,問題解決の際の動機づけが最も高かった。両方を行った群は,最も高い自己効力感を示した。検討の結果,自分なりの言語化に特徴的であったのは方略に関する内容が含まれており,方略的な問題解決をめざすものであった。

シャンクとコックス(Schunk & Cox, 1986)は,学習障害児を対象に,引き算の自己調整学習方略の言語化が自己効力感やスキルに与える影響について調べている。**連続的言語化**の生徒たちは,問題解決をしながら声に出し,**不連続**

な言語化の子どもたちは，指導プログラムの前半では声に出すが，後半になると言語化を行わなかった。**言語化なし**の子どもたちは声に出すことを一切しなかった。定期的に努力と成功とを結びつけた言語的フィードバックを与えるが，プログラムの前半に行う群，後半に行う群，フィードバックを一切与えない群が設けられた。

連続言語化を行うことが，自己効力感と成績とを最も高め，努力のフィードバックについても，与えない場合に比べてこれらの結果を向上させていた。声に出して言語化するのをやめるよう指示を受けると，方略の使用を自己調整しなくなったものと思われる。方略が内面化されるようになるためには，段階を追って外顕的な言語化を内面的なレベルにまで弱めていくこと（つまり，はっきり声に出す，やさしく声にする，ささやく，心の中で話す）を指導する必要があるだろう。訓練の期間中，これらの段階を連続的に順に移行してゆき，各段階では問題解決のための時間を十分にとるとよい。

方略の能力の形成

モデルが方略使用の重要性を強調することで，方略の能力と自己調整方略の使用の程度を高めることができる（Schunk, 1989; Zimmerman & Martinez-Pons, 1992）。シャンクとガン（Schunk & Gunn, 1985）が実施した介入プロジェクトでは，割り算のスキルに問題がある小学生を対象に授業期間を設けて，認知的モデリングと練習を行っている。第1の条件では，課題の方略を用いることの重要性についてモデルが言葉で強調した（例えば，正確な手順に従って解決を進めること）。第2の条件では，肯定的な達成に関する信念の重要性についてモデルが強調した（例えば，問題が自分には解けると思うこと）。第3の条件では，課題の方略と達成に関する信念の両方の重要性についてモデルが強調した。第4の条件は，解決の手順について認知的モデリングを行うが，方略も信念も強調されなかった。課題の方略使用の重要性に関するモデリングによって動機づけとスキル形成が促された。課題の方略使用と達成に関する信念の両方を強調することで，自己効力感が最も高められた。

シャンクとハンソン（Schunk & Hanson, 1989b）は，学習の向上を強調し，自己調整的な問題解決，自己効力感，学力を育成する上で，**自己モデル**のテープ記録が有効であるという見解を支持する結果を得ている。数学の問題解決の

様子をビデオテープに記録し，その後，記録したものを視聴した。記録時間とともに問題解決に熟達していくようになるので，テープは，子どもたちが方略の能力を獲得していることを明確に示すものであった。ビデオテープに記録したが観察しなかった群，記録そのものを行わなかった群と比べて，これらの群の子どもたちは，指導プログラムの後，自己効力感，動機づけ，学習の程度を高めていた。

方略と達成に関する信念との関連

　シャンクとガン（Schunk & Gunn, 1986）は，数学の学習において課題の方略使用の自己調整と成功の原因帰属が，どのようにして自己効力感やスキルに影響を与えていくのかについて調べている。割り算のスキルに問題がある小学生を対象に，授業期間を設けて練習とモデリングによる指導（課題の方略使用の自己調整を含むもの）を行った。問題解決をしながら声に出して言語化を行い，課題に関する効果的な方略の使用（つまり，解決の成功を導くもの）について調べられた。パス解析の結果，成功の能力の高さへの帰属が自己効力感に対して最も強い影響力を示していた。数学の成績は，課題に関する効果的な方略の使用から最も強い影響を受けていた。自己効力感もまた，成績の重要な予測因となっていた。成功の努力帰属は，成績に対して最も大きな直接効果を示していた。この研究では，失敗を能力の低さに帰属する子どもたちの影響を明らかにすることはできていない。失敗の能力帰属が，自己効力感，動機づけ，成績の低下と結びつき，否定的な感情反応へとつながっていく可能性を明らかにしている研究もある（Schunk, 1989; Weiner, 1992）。

　シャンク（Schunk, 1981）は，パス解析を使い，方略のモデリングによる指導，自己効力感，持続性，数学の成績，これらの関連性について検証している。方略のモデリングによる指導は，成績に対して直接的な影響を及ぼし，自己効力感と持続性への効果を介して間接的にも影響を及ぼしていた。指導は，持続性に対して自己効力感を介して間接的な影響を及ぼし，自己効力感は，成績と持続性に対して直接的な影響を及ぼしていた。

　自己効力感が数学の成績に与える影響について実証している研究が他にもある。高校生を対象に，パジャラスとクランズラー（Pajares & Kranzler, 1995）は，パス解析によって数学の能力と自己効力感が成績に強い影響をもたらし，

能力が自己効力感に影響を及ぼしていることを明らかにしている。大学生を対象にした研究として，パジャラスとミラー（Pajares & Miller, 1994）は，数学の自己概念，数学の有用性に関する認識，数学についての先行経験やジェンダーなどの変数よりも，自己効力感のほうが成績をうまく予測していることを見出している。

●●● 目標志向

シャンク（Schunk 1996）は，数学の学習において目標志向の役割について検討している。**目標志向**とは，生徒がいかにして学習に取りかかり没頭するようになるのかを左右する行動上の意図の傾向のことをいう。主に関心としては，**課題志向**（自分の力で学業をマスターし理解したいというもの）と**自我志向**（教師に喜んでもらい，問題を避ける意味で勉強ができるようになりたいというもの）の2つの目標志向にあった。

2つの研究プロジェクトにおいて，平均的な学力の子どもを対象にして，認知的モデリングによって分数を解く方略の指導を行い，練習する機会を設けた。生徒たちは，**学習目標**（問題解決の仕方を学ぶこと）か**遂行目標**（問題を解決すること）のいずれかを含む条件の下で学習に取り組んだ。第1のプロジェクトでは，それぞれの目標条件の半数にあたる生徒たちが，毎日，自分の問題解決能力を評価した。「遂行目標／自己評価なし」条件に比べて，「学習目標／自己評価あり」「学習目標／自己評価なし」「遂行目標／自己評価あり」の3条件のほうが，自己効力感，動機づけ，成績，課題志向を高め，自我志向を低下させる結果となった。第2のプロジェクトでは，スキルの獲得がどのくらい進んでいるかについて，すべての生徒が自己評価した。遂行目標に比べて，学習目標のほうが，自己効力感，動機づけ，成績，課題志向を高め，自我志向を低下させる結果となった。以上の結果から示唆されるのは，モデリングによる方略の指導，学習目標，自己評価の機会，これらのことが，子どもたちの注意を課題に集中させ，問題解決方略の自己調整に働きかけていく上で有効だということである。

自己内省の練習

自己内省の練習というのは，学習中の自らの遂行をモニターし，評価し，調整することを学習者自身に任せるものである。学習者は，自らの学習の進度に関する評価を基にして方略の調整を行い，学習目標を達成する上でどのような活動が最も有効であるかを明確にする。

自己内省の実践の際に有効となる自己調整活動を教えることが介入によって可能である。重要な活動としては，自己モニタリング，自己言語化，達成に関する信念の自己調整などがあげられる。

自己モニタリング

シャンク（Schunk, 1983）は，数学の学習がどのくらい進んでいるかについて自己モニタリングすることを子どもたちに教えている。引き算のスキルに問題がある子どもたちを対象に，授業期間を設けて，モデリングによる指導，練習を実施した。子どもたちは，それぞれの指導による授業期間において自分が解いた問題数を記録するグループ（自己モニタリング）と，この情報を大人が記録するグループ（外的モニタリング）に配置された。第3のグループは記録を一切行わなかった。結果として示されたのは，モニタリングなし群に比べて，自己モニタリングと外的モニタリング群のほうが，自己効力感，持続性，成績が高いものとなっていた。これらの測度において2つの条件群の間に有意な差はみられなかった。外的モニタリングの問題点は，教師による支えを必要とするため，自ら行う練習の利点を制限してしまうところにある。自己モニタリングの手続きを教えることは，練習上の利点がある。生徒は，教師の指示とは関係なく自分の力で取り組むことができ，これは，自己調整学習の基本要素にあたる。

また，自己モニタリングは，自己調整方略の使用を長期にわたって維持していくことを促す上でも有効である。方略指導に関する研究の多くが明らかにしていることは，生徒は，自分の遂行に役に立つ方略を学び，練習するのであるが，必要性がなくなれば，方略使用をやめてしまう可能性があるということである（Pressley et al., 1990）。生徒たちは，自らの遂行を向上する上で方略は有用ではないと考えるのかもしれない（Schunk, 1989）。方略の使用をモニターし，

記録し続ける生徒であれば，使用をやめるといった傾向はみられないはずである。

ジマーマンら（Zimmerman et al., 1996）は，自己モニタリングの手続きが多くの教科科目において有効であると述べている。この手続きには，生徒が書き込みをする書式を用いる。例えば，勉強時間の自己モニターを行うのであれば，日付，課題，開始時間，経過時間といった情報や学習状況に関する情報（どこで，誰と，気を散らすもの）を生徒は記録する。学習に対する自己効力感をモニターするのであれば，小テストでどのくらい良い点数が期待できるか，そして，その点数をあげる自信がどのくらいかを記録するだろう。

他の自己調整の手続きと異なり，自己モニタリングは自動的に行われるのではない。教師は，自己モニタリングの計画を立てて利用する機会を設け，生徒を訓練する必要があるだろう。自己モニタリングが，一度，習慣のようになってしまえば，教師の与えるきっかけさえあれば，生徒は自らそれに取り組むようになるだろう。

●●● 自己言語化

自己調整方略の言語化は，生徒が方略の使用を学び，適用し，持続させる上で有効である。自己内省の練習の中で言語化を行うと，自らの注意に焦点を当て持続する傾向がみられ，情報の符号化や保持が促進され，その後の利用可能性が高まる。言語化はリハーサルの一形態であり，学習にとって有益である。おそらく，生徒に個人的な統制感を強く感じさせるものであり，自己効力感を高め，学習に対する動機づけを維持することが可能である（Schunk, 1982）。

言語化の問題点としては，付加的な課題を設けることになるので，学習課題の遂行に干渉を起こしてしまうかもしれないということがある（Zimmerman & Bell, 1972）。子どもが言語化そのものに意識を集中させすぎてしまうと，言語化の内容に正しく注意を払えず，学習が阻害されてしまうかもしれない。先に述べたように，声に出しての言語化が求められなくなると，生徒は効果的な方略の使用をやめてしまうかもしれない（Schunk & Cox, 1986）。

言語化は，普段から体制化やリハーサルを行わない，あるいは，うまく遂行するために必要な方略や操作に正しく注意を払わない生徒にとって，最も有効のように思われる（Denney & Turner, 1979; Schunk, 1982）。自己の能力に疑い

をもつことは，さらに遂行成績を阻害することになるかもしれない。認知的な操作を十分に理解していて，自らの遂行のモニタリングをいつも行っている子どもにとっては，外顕的な言語化は有効ではないのかもしれない（Denney, 1975）。

言語化は，生徒がスキルや方略を獲得し始める学習の初期段階や，学習において困難に出会うケースであればどのような場合でも，極めて有用となるものと思われる（Schunk, 1982）。自己内省の練習の際に，必要に応じて対処的な内容を言語化するだけでなく，成功への自己効力感，努力と能力帰属，積極的な態度を言語化するとよいだろう（例えば，「ようやく，自分はこのことを理解してきている，そして，それが好きになり始めている」）。また，自己言語化とともに自己モニタリングを用いることも可能である。言語化しているかどうか，言語化が課題と関連しているかどうか，といったことを定期的に立ち止まって記録するよう求めることが可能なのである。

達成に関する信念の自己調整

自己内省の練習は，達成に関する肯定的な信念を形成し，維持する上で有用である。この信念には，学習についての価値，学習した情報の利用，成功に寄与する要因（例えば，自己効力感，原因帰属，態度）などが含まれている。

望ましいことではないが，達成に関する信念が，生徒が課題に取り組む際の思考のわずかな部分しか占めていないということが，研究によって示唆されている。シャンクとガン（Schunk & Gunn, 1986）が見出しているのは，生徒の言語化の中で達成に関する信念が占める割合がわずか6％にすぎず，94％にあたる部分が課題に関する方略的な内容であったということである。シャンクとガンの研究では，生徒は問題解決にほとんど成功していたので，達成に関する信念の言語化の多くは肯定的なものであった。生徒が困難を経験する状況において，そういった言語化が極めて重要になるものと考えられる。肯定的な信念を通じて課題への関与を自己調整することができるからである。また，教師は，必要なタイミングで言語化できるよう，生徒に対して外から促していく必要があるのかもしれない。

自己内省の練習は，能力や学習の進度に関して自己評価をする機会を生徒に提供するものでもある。シャンク（Schunk, 1996）の知見によれば，自己評価

が最も効果的なものになるのは，自己評価がなければ自分から課題には取り組まない可能性のある状況や，指導に基づく授業の中でその機会が頻繁に設けてあり点在している場合などである。自己評価がほとんど利用されない場合，学習の結果にはしっかりと結びつかないものと思われる。他の自己調整活動と同様に，生徒が自己評価に取り組めるよう訓練する必要があり，学習の進度が不十分だという自己評価をすれば支援を求めるように促す必要がある。

結　語

　本章では，数学指導におけるモデルの利用が，小学生の数学の自己効力感，動機づけ，自己調整，学力を向上する重要な状況的要因であることを論じてきた。自習課題を重んじているアメリカの教室では，モデリングの利用は限られているようであり，他の国々の生徒に比べてアメリカの子どもたちの数学の学力が低くなってしまっているのは，教室でモデルがあまり利用されないためかもしれない。ここでは，モデルの有効性を示しているいくつかの介入研究の成果をまとめてきた。モデルは，認知的スキルや方略だけでなく，達成に関する肯定的な信念をも言語化できるものであり，これは，生徒が困難に対処し，課題への集中を維持する上で有効となる。自己内省の練習の期間を設けることで，数学の問題解決方略を適用することが可能となり，進度の自己モニタリングや達成に関する信念の自己高揚といった重要な自己調整活動にも取り組むことができる。アメリカの教育者たちがモデルの価値をはっきりと認め，その大いなる可能性を活かしてカリキュラムや環境をデザインしていくことを願っている。

第 8 章

学習障害をもつ学生の自己調整学習を促進する「内容の方略的学習」法

デボラ・L・バトラー
(Deborah L. Butler/University of British Columbia)

　成功する学習者は，学習課題に方略をもって取り組んでいる（Borkowski, 1992; Butler & Winne, 1995; Pressley, 1986）。彼らは課題の必要要件を分析し，成功の遂行基準を決め，現実目標を設定する。彼らは目的を達成するために方略的方法を精選し，改良し，新たに創りさえする。また，取り組みの成功をモニターし，活動を次第によく整える（Butler & Winne, 1995）。要するに，熟達した学習者は自己調整しているのである（Butler & Winne, 1995; Carver & Scheier, 1990; Zimmerman, 1989, 1994）。

　教育研究者は，生徒の自己調整の形成を促進する指導法を定義するのにかなりの努力をしてきた（例えば，Ellis, 1994; Harris, & Graham, 1996; Pressley et al., 1992）。本章では，そのような指導モデルである「内容の方略的学習」（SCL）法の有効性の研究について述べる。この章は，「内容の方略的学習」が実施されてきた文脈における生徒の要求を，簡単に概観することから始める。次に，介入モデルを概説する。そして，指導の特徴と生徒の自己調整の形成との関係について説明する。続いて，研究成果の要約を示す。そして最後に，「内容の方略的学習」の理論の検討，将来の研究，実践についての意義を検討して締めくくる。

高等教育場面で自己調整を促進すること

　今日まで,「内容の方略的学習」の介入モデルは,高等教育機関の学習障害の学生をサポートするように改良されてきた。このはじめの実施は,2つの理由で選ばれた。まず,研究は,学習障害の学生が,課題への方略的方法が往々にして,"不足である"(Torgesen, 1977) か "大変効率が悪い" (Swanson, 1990, p.51) ことを示唆している。これらの学生は,学習課題に方略的に取り組むことをサポートする「内容の方略的学習」のような介入から,より恩恵を受けることが示されてきた(例えば,Graham & Harris, 1989; Sawyer et al., 1992; Schumaker & Deshler, 1992; Wong et al., 1996)。

　もう1つ,はっきりした要求が,高等教育機関における学習障害の学生の効果的介入の研究に対して出されていた。2,3の注目すべき例外(例えば,Poliscastro, 1993; Schumaker & Deshler, 1992)はあるが,学習障害の生徒への方略的介入についての大部分の研究は,小学校,中学校,高等学校の生徒に対して行われてきた。この研究は,子どもの自己調整の形成を促進するのにどのように指導を構成するかについての優れた指針を提供している。けれども,学習障害の生徒の方略上の欠陥は,大人の年齢になっても存続することが示されてきた(Bursuck & Jayanthi, 1993; Deshler et al., 1982)。さらに,高等教育組織への入学許可を求め大学の支援サポートの援助を求める,学習障害の学生数は増えている(Vogel & Adelman, 1990)。そして,サービスの整備をすすめるためにいっそうの研究が必要とされているのである(Gerber & Reiff, 1991; Vogel & Adelman, 1990)。

　年少の生徒と同じように,学習障害の高等教育の学生は,どうやって学習をもっと効率的に自己調整するかを学ぶための支援をしばしば必要としている(Policastro, 1993)。同時に,「内容の方略的学習」の実施方式を決めるには,高等教育環境における学生の要求範囲がどういうものかを知る必要がある。例えば,学習障害の高等教育の学生は,彼らが入学しているコースの焦眉の課題を達成するための援助をもっと必要としている。そこで,最も効率的であるためには,「内容の方略的学習」は,学生の教室の課題要求を対象にした自己調整の形成を促すことが必要なのである。

　高等教育環境で実施するもう1つの制約は,学習障害をもつ学生へのサポートには個別化が必要だということである。これは部分的には以下の理由による。

第8章　学習障害をもつ学生の自己調整学習を促進する「内容の方略的学習」法　　163

学生がわずらわしいとみている課題の程度は，学生の選択したコースと学生のもつ個別の得意，あるいは不得意の処理能力の独自な特徴によるからである。多様なコースに入学した学習障害の学生は，読むこと，聞き取ること，書き行動およびまたは数学の課題に多様な援助を必要とする。さらに，2人の学生が共通課題（例えば，コースの教科書を読むこと）を対象とするときでも，彼らが悩む困難の程度はかなり違う（例えば，ある学生は細かいことは忘れ，どの文章も記憶しようとし，別の学生は題材をきちんと読まずに流し読みをする）。援助を目的に沿うように与えるために，「内容の方略的学習」のインストラクターは，個人が最も難しいと思う課題を対象にする必要があるし，それからすぐに学生の課題に対する独自の困難さに対応する必要がある。

　本章は，高等教育環境における学習障害の学生を支援するモデルとして，「内容の方略的学習」の効果を検討するために行われた，4つの研究結果を要約している。4つの研究全体で，研究対象者は，高等教育に在籍の学習障害の学生母集団の幅広い層を代表している。その研究対象者は，短大，大学の両方から抽出された。彼らは，学習向けと職業向けのプログラムを受けていた。学生の読み書きのスキルは，小学4年から大学レベルまでであった。つまり，学習障害の一部として学生が抱える特定の処理の困難の程度は，彼らが援助の対象とした課題と同じように，大きく異なっているのである。そのような研究対象者の混成集団が，学生，環境，プログラム，課題を通して「内容の方略的学習」モデルの堅牢性の評価を促進するために4つの研究に盛り込まれたのである。

「内容の方略的学習」の方法

　この節では，「内容の方略的学習」法の基礎にある理論的原理を紹介する。検討は，指導目標を明らかにし「内容の方略的学習」を説明する枠組みを設定するために，自己調整の中心である認知過程の概観から始める。次に，「内容の方略的学習」の指導の順序を概観する。本節は，基本的指導特徴の理論的分析と学生の自己調整の形成に対して推測される関係を示して終わる。

●●● 自己調整の中心である認知過程

図 8.1 は，自己調整の中心である認知過程の概観を示している（Butler & Winne, 1995; Carver & Scheier, 1990; Corno, 1993; Zimmerman, 1989, 1994）。自己調整する学習者は，内省的，柔軟的，反復的過程の系列を経る。彼らの学習活動は，課題の取り組みを計画し，モニターし，修正しながら，絶えず再形成されている（Butler & Winne, 1995）。

学生の自己調整の形成をすすめるために，サポートは，学生が自己調整学習を構成する認知過程の系列を柔軟にたどれるように援助する必要がある。まず，

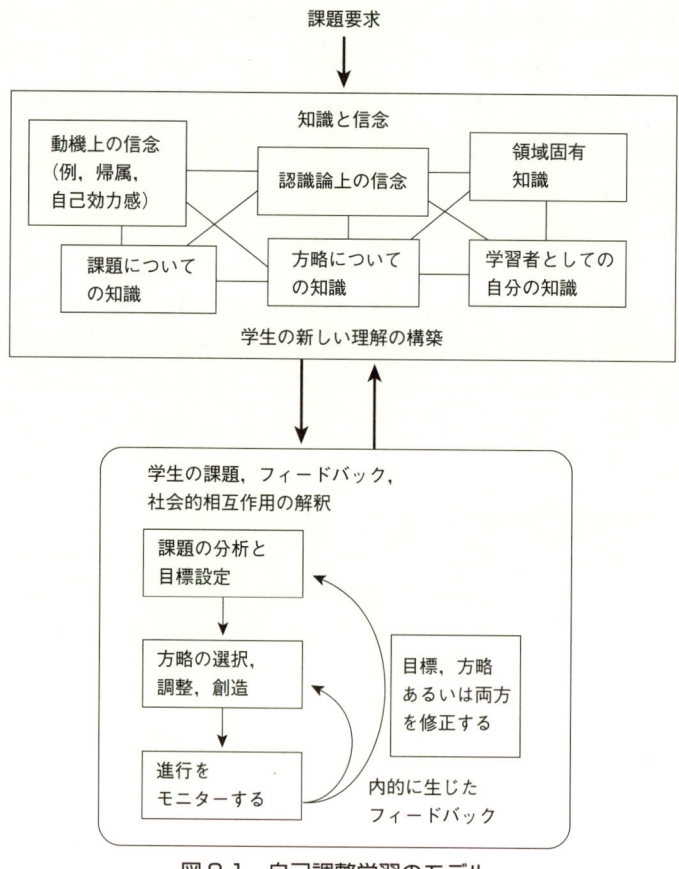

図8.1　自己調整学習のモデル

第8章 学習障害をもつ学生の自己調整学習を促進する「内容の方略的学習」法　　165

　学生は，課題を効果的に分析し，適切な課題目標を設定する方法を学ばなくてはならない。自己調整のこの段階は大切である。というのは，学生が選択した目標はその後のすべての学習活動の方向性を決めるからである（Butler, 1994; Butler & Winne, 1995; Dweck, 1986)。学生の課題目標は，達成したい結果と学習方略を選択し調整するために使う基準を規定する。さらに，学生は，取り組みの出来映えをモニターするとき，課題要求についての自分の解釈に基づいて，自分の進行を判断し，取り組みを修正する。あいにく，学習障害の学生は，しばしば，課題要求を判読することに困難がある。この問題は，学習障害の学生が，課題の不正確な理解をするために起きる（例えば，読書を，大事な考えを引き出すよりも語を解読するものとして考えること，Baker & Brown, 1984; Campione et al., 1988; Jacobs & Paris, 1987)。学習障害の学生は，課題要求の解釈こそが基本的学習活動だとは認めないことが多い（Butler, 1994)。だから，学習障害の学生の自己調整を促すためには，学生に対して，適切な課題を理解させ，課題分析の大切さを認識させ，課題要求を解釈する具体的な方略を学ばせ，認知している課題要求に基づく学習活動を自分で方向づけさせるように支援することが必要なのである。

　学生の方略遂行を形成する際の，課題分析の重要性を示す，先行の「内容の方略的学習」の研究例を検討してみよう（Butler, 1992 参照)。自閉症の大学生であるボブ（ここで使われる名前は全部仮称である）が，1年の生物学コース試験の勉強をしているとき，彼はコースの教科書に記述されている1つ1つの研究のどの内容も注意深く記憶した。しかし，彼は，ある結論に達するために競合仮説を順番に試して，一連の学習がどのように相互に関連しているかについては，関心を払わなかった。ボブは，試験の準備に失敗した。それは彼が頑張らなかったとか詳細な記述を覚えるために方略をうまく使わなかったのではなく，彼が課題を勉強するのに不適切な目標を立てたからである。彼は，課題要求がよく理解できていれば，学習活動をもっと適切に自分で決めることができ，もっとうまく試験の準備ができたのである。

　次に，学生が一度課題要求を理解すると，彼らはうまく目的を達成する学習法を実行するはずである。たいていの研究は，能力のある学習者が使う学習方略の型（例えば，Bereiter & Bird, 1985; Dole et al., 1991)，あまりうまくない学習者の方略使用の欠点（例えば，Borkowski et al., 1989; Englert et al., 1989; Montague et al., 1990)，学習方略を教えるための指導法（例えば，Borkowski &

Muthukrishna, 1992; Ellis, 1994; Englert et al., 1991; Harris & Graham, 1996; Palincsar & Brown, 1984; Pressley et al., 1992; Schumaker & Deshler, 1992）を，特定することに重点を置いてきた。この研究は，多くの学生が役に立つ方略を認知し，それらを効果的に実行し，文脈と時間を超えて方略遂行を転移する支援を必要としていることを，はっきりと示してきた。さらに学習障害の学生は，課題要求を変える際に既知の方略をどのように柔軟に修正するかを学ぶための援助を必要としているのである（Swanson, 1990）。

　最後に，自己調整を勧めるには，遂行をモニターするための支援が学生に必要だということである。自己調整処理に焦点化した最近のレビューの中で，バトラーとウィン（Butler & Winne, 1995）は，モニターすることを，"自己調整の課題取り組みの中央装置"（p.275），つまり自己調整処理の繰り返されるサイクルが転換する軸，と記述した。モニタリングのとき，学生は，目標と現在の進行を比較する。それによって取り組みの成功に対する内的フィードバックを生み出すのである。この内的フィードバックは，どのように進むかだけでないそれ以上の判断の基礎を与える，学生の進行の認知を構成する。この点では，モニタリングの際に生じた内的フィードバックは，"学習者の課題への取り組みの発達するパターンを形成するときに重要である"（Butler & Winne, p.275）。

　しかしながら，学習者は，しばしば遂行をうまくモニターしないし，方法を彼らのモニタリングに基づいて効果的に作りかえないのである（Baker, 1984; Bereiter & Bird, 1985; Pressley et al., 1990; Swanson, 1990）。学生は，多くの理由の困難に出会う（Butler & Winne, 1995）。例えば，もし学生が不適切な課題目標を設定するなら，彼らが遂行の質を評価するために使う基準は，間違った査定になってしまう。あるいは，学生は，遂行と目標を不正確に比較して，過程のモニタリングを終えるときに間違いを犯すのである。また，学生は，自分たちの進歩をモニターすることに，簡単に失敗するのである。それは，注意不足，モニタリングの大切さの知識不足，多様な認知活動を同時に管理する十分な認知資源が不足しているせいである。

　研究者は，学生が自己調整活動をすることは意識しないでも進むことを認めている。例えば，理解不足が生じたとき（Brown, 1980），認知方略の上手な使用（例えば，思索のための読書）から学習の自己内省的使用（例えば，理解問題を特定し，方略の欠陥直しを実行するために注意を向けること）に注意を移すとき，しばしば熟達した読み手だけが自己モニタリング活動に気がつくので

ある（Bereiter & Bird, 1985）。これに対して，効果的な自己調整の顕著な特徴は，例えば，読解力が読書中に機能停止になるとき，あるいは，難しいか見慣れない課題に直面するときのようなさらにより周到な処理が必要とされるときに，自動化された過程を意識するようになる学生の能力である（Butler, in press-b）。さらに，課題要求を特定し，方略処理の中心である方略をうまく実行するのは，学生の内省的試みであって，よく学習されルーティン化された手順の自動的適用ではない（Brown, 1978; Reeve & Brown, 1985）。その意味するのは次のことである。自己調整学習を進めるために，インストラクターは，学生に，どのようになじみの課題の文脈で課題固有方略をうまく実行するかを教えるだけではない。インストラクターは，課題要求が変わるときに学生が自分の方略活動を自己内省的にどのように調整するかを学ぶための支援もしなくてはならないのである（Butler, 1995; Harris & Graham, 1996）。

　学習障害の大学生に方略学習を勧めるには，サポートは個別化される必要があることはすでに論じられた。この節に示された自己調整学習の記述に基づいて，この議論は深めることができる。特に，指導を個別化することは，学生の課題への今の自己調整方法を評価し，さらに学生の問題のある自己調整過程の見直しをサポートする指導の調整を必要とする。例えば，前述の「内容の方略的学習」のケース（自閉症の大学生）では，ボブの勉強は，課題要求を誤解していて効率的でなかった。一度，課題要求を分析しもっと良い目標を設定することをサポートされると，ボブは，学習方略をうまく特定したり実施したり，あるいは勉強の努力の成功を自己モニターするための追加支援をほとんど必要としなかったのである（Butler, 1992）。

　自己調整を勧めることは，特定課題の文脈で方略的活動を学生に支援するだけでは足りない。学生の知識や信念は，方略過程をたどるやり方をも調節する。例えば，前述のように，通常の課題要求についての学生のメタ認知的理解は，課題要求の認知とその後の学習活動の進め方に影響する。同様に，学生の課題を成功させる能力への確信（つまり，固有課題に対する自己効力感の認知）は，立てた目標と課題の持続に影響するのである（Bandura, 1993）。そこで，教師は，指導の一部として，自己調整を損なうのではなくサポートする学生の知識と信念の構築を支援する必要がある（Borkowski & Muthukrishna, 1992; Paris & Byrnes, 1989）。学生の方略遂行に影響する知識と信念は，図8.1に記載されている（Alexander & Judy, 1988; Bandura, 1993; Borkowski et al., 1989; Paris &

Byrnes, 1989; Schommer, 1990, 1993)。

　学習障害をもつ大学生は，学校において否定的でおおむね失望するような長い経験に基づいた知識と信念を，だいたい作り上げている。そしてこのことが，学習を妨げるのである（Wong, 1991b）。例えば，多くの「内容の方略的学習」の参加者は，はじめは学習の不正確な認識論の信念をもっていたし（Schommer, 1990, 1993），自分以外の誰もが学習をすばやく容易にできると考えていた。そこで，彼らは，自分が時間を無駄遣いしていることに気がつき，コースの教材を学習しようと努力するとき，自分の能力が劣っているため，進歩が極めて遅いと判断するのである（Butler & Winne, 1995）。この例では，学習過程についての学生の誤解が，モニタリングの間に生じ自信を損なう内的フィードバックを形作る（Butler & Winne, 1995）。だから，学習障害をもつ大学生へのサポートの個別化に際しては，インスタラクターは，学生の成果のない理解と信念の見直しの必要性を認め，サポートする必要がある。

●●●● 「内容の方略的学習」モデルの概観

　「内容の方略的学習」では，インスタラクターは，学生が自己調整の中心となるそれぞれの認知活動を柔軟に繰り返し始めるように（例えば，課題を分析し目標を設定すること，方略方法を選択し，適合させ，あるいは作り出すこと，進歩をモニターすること，そして要求に応じて学習方法を修正することなど，図 8.1 参照），測定されたサポートを，学生に与える。インスタラクターはまた，理解と信念の構築と見直しもしくはそのどちらをも促進するために，学習過程についての対話的討論に学生を参加させる。本節と次節には，「内容の方略的学習」の指導活動がもっと具体的に書かれている。まず，本節では，高等教育環境で使うために改訂された「内容の方略的学習」法の概観をする。

　前述のように，高等教育文脈では，学生は，実際の教室課題の直接の援助を求めている。そこで，本論文に記述されている研究の参加者は，まず，彼らが援助を必要としている課題（例えば，読書，勉強，書き行動，数学問題を解くこと）を優先させるようにサポートされ，次いで，この対象とされた課題が求められたコース内とコース全体の課題を特定するようにサポートされた。次に，指導の個別化を進めるために，注意深い観察が，妨害もサポートもなしに，学生の自己調整学習の現存の方法から構成された（すなわち，はじめの宿題を

第8章　学習障害をもつ学生の自己調整学習を促進する「内容の方略的学習」法　　169

仕上げる間に)。さらに，事前介入についてのインタビュー，質問紙法，オンライン観察が，学生の課題への方法に影響する知識と信念についての情報を集めるために使われた。

　事前介入を評価した後で，介入が始まった。はじめに，学生は，宿題の分析，課題要求の特定，遂行基準の明確化を援助された。多くの学生には，この段階は極めて重要だった。ここで記述された研究全体の先行の研究（例えば，Graham et al., 1993; Winne & Marx, 1982）と同じく，事前介入のデータは，多くの学生が課題要求に対する誤解をもち，そして宿題の指示を間違って解釈し，またはその両方であって，学習活動を導く案内としての課題分析の大切さに気がつかないことを示した（Butler, 1994）。

　次に，学生は，学習活動を決めるために課題遂行基準を使うようにサポートされた。始めるにあたって，学生は，現在の方略方法を実行し，モニターし，評価することを支援され，内的フィードバックのモニタリングに基づいた方略を維持し，放棄し，見直すように支援された。この方略形成を促進する方法が，いくつかの理由で使用された。まず，学生の今の方略に効果があるとわかると，指導は他でも効果的であるということである。第2に，学生がもし今の方法の効力を認めると，彼らのコンピテンスの優位が際立ち，それによって固有課題の自己効力感の形成がサポートされた。第3に，方略の見直しは，学生の既知のものから作られた。それによって，創設された知識の土台と結びついた新しい理解を作り上げることがサポートされた（Butler, in press-c を参照）。最後に，形成された方略は個別化された。その方略は，学生の処理の選択に基づいていて，その力を十分に利用し，弱さを回避し，課題の独自な困難に対して対応するものであった。

　学生は，どのように課題を追求するかの最初の構想がないときには，可能性のある方略を引き出し，評価するようにサポートされた。インストラクターは，考えるための提案や構想を示したが，学生にどう前に進むかを決して教えなかった。それどころか，インストラクターは学生の決定をサポートするものの，いつも学生にすべての最終決定をさせたのである。例えば，議論された方略の選択肢の範囲では，インストラクターは学生の判断をサポートする質問をしコメントをするが，方法を選択しその選択を評価するのは，学生の役割なのである。この指導の記述は，学生の注意を大切な意思決定の手掛かりに向けるし（例えば，方略特性あるいは遂行基準），あるいは，学生に方略を使って達成す

る進行とはじめの学習対象間の系統的比較をさせる（Kamann & Butler, 1996 を参照）。

　学生は，方略方法を選択したときはいつでも，その方略ステップを明らかにするように求められた。その説明は，処理の手掛かりとして役立ち，系統的方略評価と修正を容易にし，長期の方略展開のエビデンスを与えるために，書き直された。さらに，学生に自分の方略を規定させることは，方略の個別化に役立つ。すなわち，学生は使うつもりの方略を選んだだけでなく，学生自身の言葉で方略説明を表現したのである。

　最後に，「内容の方略的学習」のセッションでは，学生は，方略の実行の結果をモニターし，方法を修正しさらに微調整することをサポートされた。学生がこの種類の方略分析活動をすることは（Ellis, 1993），方略と課題のメタ認知理解の発達と結びつけられてきた（Borkowski et al., 1989; Ellis, 1993）。また，学生は，方略利用と結果の関係を積極的に見守っているときには，彼らは自己効力感についてプラスの認識を作り上げ（例えば，Schunk & Cox, 1986; Schunk, 1994, 1996），より結果を制御していると感じるのである。彼らはまた，方略方法の努力した使用とうまくいった遂行との関係を認知している（Borkowski et al., 1986; Schunk & Cox, 1986）。つまり，学生は，変化する課題要求の分析を考えて，方略をどのように選択し，モニターし，修正し，作るかを学ぶのである（Butler, 1995）。

　それぞれのセッションでは，「内容の方略的学習」の指導は，対象課題を仕上げること（例えば，論文の宿題についての考えをブレインストーミングすること）と学習過程（例えば，書き行動過程の考えをブレインストーミングする利点）に代わる代わるに中心を置いた対話的討論によって与えられた。インストラクターは，自己内省を進めるために，認知レベル分析からメタ認知レベル分析間へと学生が移行するきっかけを与えた。ここでもまた，指導は個別化されなくてはならなかった。ある学生たちは，限定的な課題集中からより内省的なスタンスへと移行する支援を必要とした。他の学生たちはすでに高度に内省的であったが，課題への集中したアプローチが欠けていた。このように，前者の学生のグループはもっと内省的になる必要があったのに対して，後者のグループは具体的，効果的，課題固有方略を発展させるメタ認知的スキルを利用する必要があった。

　結局，セッションの間では，「内容の方略的学習」の参加者は，実際の学習

第8章 学習障害をもつ学生の自己調整学習を促進する「内容の方略的学習」法　　171

課題を仕上げたときの方略を示すテストを利用し，また自分で方略効果を評価するように勧められた。学生は，ミーティング間の遂行を指導する形成方略の記述記録を参照した。それから，後続のセッションで，学生は，努力の成功と彼らが行った方略修正を報告した。この手順は，学生に，学習文脈の課題固有方略を変化させ，自力で学習を自ら方向づけることを促したのである。

基本的指導の要素

　「内容の方略的学習」モデルは，方略訓練研究，自己調整を基礎にした認知過程（例えば，Butler & Winne, 1995; Carver & Scheier, 1990; Paris & Byrnes, 1989; Zimmerman, 1989, 1994），それに転移と結合したメカニズム（例えば，Salomon & Perkins, 1989; Wong, 1991a）の，並行した分析に基づいて発展した。このモデルは，学生の自己調整，メタ認知，方略遂行の発達を進めるためにさらに設計された，他の指導モデルと多くの基本的特徴を共有している（例えば，Borkowski & Muthukrishna, 1992; Ellis, 1993, 1994; Harris & Graham, 1996; Poliscastro, 1993; Pressley et al., 1992; Schumaker & Deshler, 1992; Wong et al., 1996）。

　構造化され明示された指導　「内容の方略的学習」が多くの介入モデルと共有する特徴は，指導が構造化され，明確であることだ。しかしながら，方略訓練の大部分の方法（Ellis, 1994; Harris & Graham, 1996; Pressley et al., 1992; Schumaker & Deshler, 1992）では，教えることは，はじめは直接指導を与えることと方略方法のモデリングによって部分的に構成され，ガイド付きの1人での練習がそれに続く。それに対して，「内容の方略的学習」では，討論は，自己調整に中心がある認知活動の順序に注意を組織的に集中することによって構成されている。同様に，たいていの指導方法では，明示性は，はじめは課題と方略についての直接説明によって作られるのだが，「内容の方略的学習」モデルでは，明示性は，学生に，理解の進展をはっきり述べさせることと方略記述を公式に記録させることによって生じるのである。

　「内容の方略的学習」は，一組のあらかじめ定義された学習方略の直接説明で始まるものではないし，また発見学習の形でもない。そうではなく，インストラクターは，学生のオンラインの意思決定を方向づける疑問とコメントを積極的に使う。特別な方法についての単刀直入な説明が時々与えられるが，その

説明は，使われている指導表現の4％以下でしかない（Kamann & Butler, 1996）。

知識構築を進めること　大部分の現行の介入モデルのように（例えば，Borkowski & Muthukrishna, 1992; Ellis, 1993; Harris & Graham, 1996; Pressley et al., 1992），「内容の方略的学習」は，学生の一連の知識と信念の構築を進めるために設計された指導活動を含んでいる。例えば，多くの訓練モデルでは，学生は，課題と方略についての自分たちのメタ認知理解の構築をサポートする活動である，一連の方略方法（Borkowski et al., 1989; Ellis, 1993）を実行し，議論し，評価することが求められている。プレスリー（Pressley et al., 1992, 1995）は最近，**相互交流**という用語を使っている。それは，読書で方略方法を相互に使うときの，学生が教科書から協同理解することを表現するためである。「内容の方略的学習」モデルについて，筆者はプレスリーの意味を，学生が学習についての相互の討論のときに**自己調整**についての相互交流的理解を構築する意味まで拡張した（Butler, 1997b, in press-c）。つまり，相互の討論では，課題，方略についてのメタ認知理解の構築と学習の過程は，参加者が処理を討論する共通の指示対象を規定し，課題のオンライン経験の解釈を共有するように，相互に影響しているのである。

転移を進めること　1980年代の方略訓練の介入の成功に対する最初の熱狂は，限定された持続と転移だけの報告だとわかってすぐに静まった（Brown et al., 1981; Wong, 1992）。その結果，介入研究は，転移を促進するために特に設計された教示成分を特定し始めたのである（Borkowski et al., 1986; Borkowski & Muthukrishna, 1992; Ellis, 1993; Paris et al., 1986; Wong, 1992）。「内容の方略的学習」モデルでは，転移はいろいろなやり方で促進されている。まず，指導は有意味な教室に基礎を置いた研究の文脈で与えられる（Paris et al., 1986）。次に，学生は，一般化された方略記述を明確にして，方略処理の脱文脈の原理を抽出する。その後，学生は方略方法を内省的にプランニングして理解できるのである（つまり，"ハイ・ロード転移"；Salomon & Perkins, 1989; Wong, 1991a）。第3に，学生を方略形成の過程に組み込むことは，改良された転移にも結びつく。これは1つには，もし方略が個人の要求を対象にするなら，学生は個別化された方略は役立つと考えやすいという理由である。さらに，学生は，方略構築を基礎とする意思決定過程を積極的にとるとき，形成された方略をもっていると感じ，それを使い続ける。結局，もし学生が，どのように学習活動を自分で方

第8章 学習障害をもつ学生の自己調整学習を促進する「内容の方略的学習」法 173

向づけし，課題要求の分析に基づいて自分の方略を構築し，修正するかを学ぶなら，彼らは課題全体にコンピテンスを転移するのである。

社会的相互作用 多くの教示モデルでは，学生の自己調整の形成における社会的相互作用の役割が強調されている。他の方法におけるように，「内容の方略的学習」モデルでは，対話的討論は，学生の自己調整方法が作用する手段を与える。しかしながら，「内容の方略的学習」は，学生が社会環境の中の有能な学習者をモデルとした方略処理を内面化するという提案（例えば，Pressley et al., 1992; Stone, in press）よりはむしろ，学習の個人の媒介ということを強調する（もっと徹底した討論のために，Butler, in press-a を参照）。それぞれの学生の理解は，現存の知識と信念を通して濾過されるように，結局は彼の外的インプットの解釈によって決められる（Butler & Winne, 1995）と仮定されている。

にもかかわらず，社会的相互作用は，学習者が課題を理解するために他者とわたり合っていると解釈する外的インプットを与える。一度，参加者がコミュニケーションの共通の指示対象を共同で作ると，彼らはお互いに考えを共有し学習についての交流的理解を構築できる。学生全体の新しい理解は，共通の用語を含み共有経験から派生するので，多くの特徴を共有する。そしてその結果，個人は自力では到達しそうもない理解を作り上げる（Pressley et al., 1992）。しかしながら，結局，それぞれの学生は，どこか特有な新しい理解を作り出す。というのは，この理解は，グループ理解に対する個人の解釈による修正に基づいた独自な知識から作られているからである（Butler, in press-a）。

高等教育環境における「内容の方略的学習」の効果についての研究

この節は，高等教育環境における「内容の方略的学習」の効果を評価する研究の記述である。まず，高等教育環境の「内容の方略的学習」の指導原理の用途がさらに説明される。その後で，一連の平行研究で使われた研究デザインの概観が続く（Butler, 1992, 1993, 1995, 1996, 1997a, 1997b）。

高等教育環境に「内容の方略的学習」を合わせること

学習障害の大学生に普通提供されるサポートについての非公式の調査によって，3つの一般的に実施されるモデルが確認された。すなわち，①カウンセリ

ング担当部門，学習支援センター，あるいは障害をもつ学生に設けられたサービスを通して，教師あるいは学習障害についての専門家から提供される個別化された個人指導，②仲間による個人指導，③グループ向けの学習スキルの介入，である。本章は，教師や学習障害の専門家による，マンツーマンの個人指導を構築するための枠組みとして，「内容の方略的学習」の効果について4つの平行研究からの成果を要約している。2つの残ったサポートモデル（つまり，仲間による個人指導と学習スキルコース）内の「内容の方略的学習」の適用を評価する研究が，さらに計画され，進行中である。

　ここで述べたそれぞれの研究では，個別化された「内容の方略的学習」の個人指導が，普通教室の指導の補助として学生に与えられた。セッションは，学習障害の学生が通常支援を受けるセンターか，担当部の中にあるホームキャンパスで行われた。一般に，チューターは，2, 3セッションを割り当てられ，週におよそ3時間学生と面接した。介入のセッション総数は，学生のコース・スケジュールと個人の要求によって決められた。できるときはいつでも，指導は少なくとも1セメスター間与えられた。4事例の場合では，個人指導は2年間以上続けられた。

　学生との最初のミーティングは，課題に取り組むこと，背景情報の収集，研究手続きの記述，事前介入のデータの収集に当てられた。いったん介入が始まると，学生は，目前のコース要求に基づいた，各ミーティングの特定の課題を対象にした。それぞれのセッションで，チューターは，調整されたサポートを，学生の教室課題の自己調整の完成を進めるために与えた。その後，以前に枠づけされた指導手続きが続くのである。学生は自分の学習活動を次第に制御するようになるので，指導サポートはそれに対応して減らされた。

研究デザイン

　「内容の方略的学習」の研究で使われた研究デザインは，3つの最も重要な目的に基づいて選ばれた。それは，①教示セッションに加わっているときの学生の自己調整の形成過程をたどること，②実際に実施されるモデルを使う自然の文脈における「内容の方略的学習」の効果を評価すること，そして③学生，課題，インストラクター，場面を通して「内容の方略的学習」の効果の一貫性を評価することであった。

この目的を同時に達成するために，混合デザインが使われた。まず，それぞれの研究プロジェクトの中で，平行した，徹底的な事例研究が，個人の進行状況をみるために行われた（Merriam, 1988; Yin, 1994）。事例研究のデータは，介入過程と指導活動と効果の相互関係についての掘り下げた見方を提供した（Yin, 1994）。次に，横断ケースの比較をすすめるために，個人のケース・スタディが，事前－事後デザインの中に入れられた。事前－事後テスト・セッションの間に，平行質問紙法，観察法，インタビューが，学生の共通した効果を測定するために使われた（Butler, 1995 参照）。

研究結果のレビュー

　この節では，「内容の方略的学習」の4研究の結果の全体的な概観が示される（Butler, 1992, 1993, 1995, 1996, 1997a, 1997b　参照）。この4つの研究を通して，11人のインストラクターが，短大と大学の学習障害の40人の学生に対して個別に個人指導をした。討論はまず，自己調整手続きを調整する学生の知識と信念の発達に関係のあるエビデンスに集中した。その後で，学生の課題遂行と課題への方略方法の変化に関係したエビデンスが検討された。

●●● 知識と信念の変化

　「内容の方略的学習」研究の全体の多数の一致した結果からは，課題と方略の学生のメタ認知理解の向上が認められた。それぞれの「内容の方略的学習」研究で，学生のメタ認知理解が，平行インタビューと質問紙法による事前－事後テストの両方で測定された。「内容の方略的学習」の4つのすべての研究を通して，学生のメタ認知理解が事前－事後テストで一致して向上していることが，これらの測度で検出されたのだった（Butler, 1995 参照）。
　「内容の方略的学習」の3つの後の研究では，インタビューと質問紙法データを得点化する基準は，学習障害をもつ**成人**（adult）の学生のメタ認知理解をより効果的に測定するために微調整された（MacLeod et al., 1996）。成人の学生は，介入に先立って方略をしばしば記述できるが，方略効果を評価する方法，方略方法を課題要求に適合させる方法，を理解できないことがあった。この難しさは，課題要求の点から学習を効果的に自分で方向づける際に学生が悩んだ

問題を反映したものだ。4領域を通して，自己調整手続きについての学生の理解の明確さを最も効果的に測定する新しい基準が設定された。すなわち，課題記述（学生の通常の課題要求の認知），方略記述（学生の固有課題方略に関する理解），方略集中（記述方略が，課題要求に集中し，個別化し，結びついた程度），それにモニタリング（学生が進歩を反映させ学習活動をそれに応じて管理する方法についての学生の記述）である（Butler, 1997a, 1997b; MacLeod et al., 1996）。

この「内容の方略的学習」の3つの研究から集積されたデータの分析から，次のことが明らかになった。学生は，対象課題を完成させる方法の記述を頼まれると，4つすべてのメタ認知要因（0.50から1.10の範囲の効果サイズ；Butler, 1997b）で，事前テストよりも事後テストで良い記述をした。さらに，一連の課題について方法の記述を頼まれると，学生の記述は，4つのうち3つの項目で，事前テストよりも事後テストで，また有意に良い結果だった（Butler, 1997b）。総合すると，これらの結果は，学生の方略活動を記述する能力の向上が，「内容の方略的学習」の介入を受けることと結びついていることを示している。

「内容の方略的学習」研究からのもう1つの一致した結果は，学生の固有課題の自己効力感についての認知が，事前テストから事後テストへと増加したことであった（Butler, 1995, 1996, 1997a, 1997b）。例えば，4つの全部の研究の中で，事後テストでは，「内容の方略的学習」の参加者は，自分のコンピテンスが固有課題スキル（例えば，書きながら考えをまとめる能力）でより向上したと評価したことが明らかになった。さらに，学生は，一連の課題を仕上げるとき（3つの後の研究で）出会う困難の程度を記述するように言われると，選ばれた課題では事前テストよりも事後テストが有意に易しいと報告していた。つまり，後の2つの「内容の方略的学習」のプロジェクトでは，学生の固有課題要求を達成する能力に対する確信の程度が増えたのである。事前テストから事後テストへの有意な向上が，この範囲でも同じようにみられた。この2つの研究で，学生は，一連の課題全体で有意に困難さが少ないことも報告した。しかしながら，総合的な自己効力感の範囲では，変化はみられなかった。

帰属のパターンのいくつかの一致した変化も，「内容の方略的学習」研究を通して観察された。例えば，第1，第3，第4の「内容の方略的学習」研究で，学生は事前テストよりも，事後テストで，有意に成功した遂行を能力と結びつ

第8章　学習障害をもつ学生の自己調整学習を促進する「内容の方略的学習」法　　177

けやすいことが示された。逆に，はじめの2つの「内容の方略的学習」研究では，学生は不出来な遂行を能力のなさのせいにはしていない。この帰属の変化は，何人かの学生は，「内容の方略的学習」研究に参加している間に，プラスの帰属傾向を発達させることを意味している。そして事後テストでは，学生は失敗を能力のなさのせいにはしないが，成功を能力のせいにしがちだった。後者の結果は，学生の固有課題の自己効力感の認知についてみられた増加と一致している（Butler, 1993, 1995, 1996, 1997b）。最初の「内容の方略的学習」研究においてのみ，学生は，事前テストよりも事後テストで，努力を成功した遂行に有意に大切であると評価した。しかしながら，方略使用は，第1，第3，第4の研究の学生によって，事後テストで大切だと認知された。総合してみると，この帰属の変化においては，少なくとも，ある「内容の方略的学習」の参加者は，成功した遂行において努力と方略使用の役割は役立つと認知したのであった。

課題遂行と方略使用の結果

　学生の課題への達成および方略方法の変化を測定するために，介入セッション間の学生の遂行が，入念に記録された。集められたデータは，個人の進歩を跡づけただけではなく，指導活動と結果の間に関係のあることを証明したのである（Miles & Huberman, 1994; Yin, 1994）。あいにく，この総合的データの詳細を再現することは，この短い要約ではできない。そこで，大まかな動向の概観を示そう。興味をもつ読者は，もっと完成された事例研究記述をほかのところでみることができる（Butler, 1993, 1997b; Butler et al., 1997）。

　学生の課題遂行の変化をたどるために，2つの情報源がアクセスされた。まず，その情報源が介入の間に働くスキルの公正な測度として役立つと考えて，教室内の小テストや試験の評点が記録された。次に，全部の学生について，介入期間の前，その間，後の，達成された課題遂行のサンプルが集められた。このサンプルは，学生の精選された課題に適切であり，その多くに書き行動課題（例えば，論文，書簡）のコピー，読んだ節の書かれたあるいは口頭の要約，およびまたは，数学のワークシートが含まれていた。それぞれの課題のタイプにとってまたそれぞれの個人にとって，基準は，これらのサンプルに反映された遂行の質を評価するために作られたのである。例えば，記述課題をやる学生

に対する得点化基準は，4要素全体の記述サンプルの質を算定したものである。すなわち，主題の特徴，編成，考えの流れ，明確さ（これらの基準の適用は，評価される書き行動タイプに適切であることに注意すること）である。課題遂行は，チューターの助けを借りて介入セッションの間に完成した課題と，1人で完成した課題の両方で評価された（Butler, 1995, 1997a 参照）。最後に，横断ケースの比較のおおよその計量を示すために，介入期間の増加率の評価が，それぞれ個人ごとに計算された。4つの「内容の方略的学習」研究を通して，課題遂行のデータでは，学生の53％は，遂行を15％以上増やし（上限49％まで），学生の11％は，10～14％遂行を増やし，学生の25％は，5～9％遂行を増やしたことが示された。遂行がわずかしか下がらなかった1人の学生を入れて，わずかに3人の学生が目に見える増加を示せなかった。さらに，遂行増加は指導された課題と1人で仕上げた課題の両方でみられた。

　学生の課題への方略方法の形成を特徴づけるために，いくつかタイプの記録が保存された。まず，各セッションの学生の方略記述が記録された。それぞれの方略ステップが，共同討論から協力的に生じたものとして，あるいはインストラクターの助けなしで学生1人で構成されたものとしてカテゴリー化された。第2に，非訓練の文脈の対象課題を完成させるための学生の方略適用についてのエビデンス（学生の方略使用の自己報告や方略実行の物理的履歴）が集められた。最後に，**非指導**課題のための方略方法を修正する学生の自発的記述が，セッションで録音テープに取られ，文字に起こされた。

　このエビデンスの組み合わせから，時間が経つにつれてのそれぞれの参加者の方略遂行の変化について，2つの分析タイプが認められた。最初の分析では，それぞれの学生の方略のコピーが，時間経過に伴う方略の展開を跡づけるために順序づけられた。最後の方略は，方略形成の一致と不一致をみるために，同じ課題をもつ異なる問題を経験した学生で比較された。結局，方略の形成に含まれるステップは，対応する達成結果と結びついている。統合すると，これらの分析は，学生が，独自の要求に応答的に個別化した方略を一貫して発達させてきたことを示した（Butler, 1993, 1995, 1996, 1997b）。さらに学生の方略形成は，目に見えた課題遂行の成果と直接に結びつけられたのである。

　分析の第2セットでは，学生の独立した方略形成と転移のパターンが，要約された。研究の全体で，このデータは，学生の83％が方略形成を1人でしたことを明らかにした。学生の78％は，形成された方略を，文脈を超えて転移

した。学生の73％は，**課題を超えて**使用する方略を自発的に調整した。後者の結果は，大部分の学生が，一連の学習課題の方略方法を調整したことを示唆するので，特に意味がある（それで自己調整は課題全体で効果的である）。

　学生の方略形成のパターンの調査は，ある学生は学習を内省しメタ認知自覚を発達させるサポートが必要だが，他の学生ははじめから非常に内省的だ，という以前の指摘をさらに支持した。後者の学生は，方略形成，調整，そしてあるいは，最初の介入セッションからの転移，を積極的にしていた（Butler, 1996, 1997b）。このエビデンスは，学習障害の大人の学生の自己調整を促進する過程の説明にヒントを与える。つまり，学生は，"何も書かれていない石版"の自己調整のように，指導を受け止めるのではなく，一定の既成の傾向をもつ（Butler & Winne, 1995）。そこで，自己調整それ自体を教えるよりも，指導のほうが，的確に学生の学習課題に対する自己調整方法を形成すると考えられている。

結　論

　ここで記述された研究の結果は，学習障害の短大，大学の学生をマンツーマンで個人指導をするモデルとして，「内容の方略的学習」の効果についての説得力あるエビデンスを与えた（Butler, 1992, 1993, 1994, 1995, 1996, 1997a, 1997b）。研究結果は次のことを示した。「内容の方略的学習」の参加者が，課題と方略を中心にした理解を発展させること，固有課題の自己効力感のもっと明確な認知を組み立てること，成功した遂行を努力か方略使用により帰属させがちであること，である。学生は，向上した課題達成と関連づけられる個別化された方略をさらに発展させる。結局，参加者は，課題要求の点から学習活動を調整することを学ぶ。特に彼らが，自分自身で方略をよく考えて作り上げ，文脈に方略方法を適用し，課題全体の使用に合わせて方略を調整するのである。

　要するに，「内容の方略的学習」とは，学習障害の学生による自己内省の実行をサポートすることのように思われる。それでは自己内省の実行とは何か？自己内省の実行とは，重要課題の文脈の中で，学生が，学習活動を能動的，内省的，周到に組織化することと定義される。以前に明らかにされた自己調整のモデルの点からみて（図8.1参照），自己内省の実行は，学生が，課題要求を念入りに分析し，方略アプローチを評価し選択し，遂行の質と実施した方略の

成功をモニターし，認知した進歩に適切に基づいた目標と学習方略の修正をすることである（Butler & Winne, 1995; Zimmerman, 1994）。「内容の方略的学習」は，学生に対して，この一組の認知活動を柔軟に繰り返し実行する方法を学ぶために修正されたサポートを与えることによって，自己内省の実行を促進するように設計されている。「内容の方略的学習」研究では，自己内省の実行の上達は，課題，方略，モニタリングについての学生のメタ認知的理解の獲得から明らかにされてきた。すなわち，課題要求に結びついた方略に焦点化された記述を示す能力を増加させ，文脈と課題全体についての方略を1人で形成し，方略のモニタリングをして，方略の調整をすることへの理解である。

いくつかの実用的推測が，ここで記述された「内容の方略的学習」の研究から生じてきた。恐らく最も注目に値するものは，本章で展開してきた自己内省の実行の記述が，方略遂行の中心となる学生の内省的意思決定の役割を強調していることだ。学生は，学習活動をやりとげ，目標設定を盛り込み，方略を選び，遂行の質を評価し，どのように方略を修正するかを決めるときに，多様な判断と決定をする責任があることが議論されてきた。方略学習を勧めるには，学生が学習を自己調整するのによりよい意思決定をするための支援を必要とするのである。同時に，もし学生が自分の学習活動を1人でやり抜くには，彼らは，必要のある決定のタイプを結局は自分で見分けなければならない。例えば，学生は特定の課題のメタ認知理解（例えば，比較－対照論文の質を見分けること）をする力がまだ十分ではない。彼らはまた，課題分析は重要な活動であり，遂行基準と目標についての意思決定をしなくてはならないことも認識しなくてはならない。学生は，自分たちがどのように進むかを意思決定する課題のあるメタ認知知識を身につけねばならないことを，知る必要がある。

さらに，その結果は，方略学習を進めるとき，自己調整処理のあらゆる側面を包括的に対象とする重要性を明確にした（Harris & Graham, 1996 も参照）。その結果は，学習方略をただ教え込むことだけでは，成功する遂行を促進するには不十分だということだ。例えば，ボブのような学生の遂行は，方略の知識がないことによるのではなく，課題の不適切な理解によって損なわれているのだ。同様に，学生は，効果的方略を知っているが，当面の要求に答えるために，どのように自分をモニターし適合させるかを知らない（Swanson, 1990）。このように，長い期間の自己内省の実行を促進するために，インストラクターは，課題要求の点で，学生が方略遂行のあらゆる面の調整のやり方を学ぶことを支

第8章　学習障害をもつ学生の自己調整学習を促進する「内容の方略的学習」法　　181

援する必要がある（Brown, 1980; Butler, in press-b; Harris & Graham, 1996）。

　最後に，「内容の方略的学習」研究は，指導と学生の自己調整の形成との関係について，重要な理論的疑問を生じさせた。特に，多くの研究者は，学生は，社会的相互作用にみられる認知過程を"内面化すること"によって自己調整を学ぶと説明している（例えば，Pressley et al., 1992; Stone, in press）。このように，多くの方略訓練では，学生は方略を明確に教えられ（直接説明とモデリングによって），そして習得する（すなわち，自分で自分を作り上げる）まで実行することが求められた。しかし，まさしく，学生が何を内面化する必要があるかについての疑問は残っている。例えば，内面化は，所定の固有課題方略で概説されたステップを学生が記憶することを必要とするのか？　あるいは，いくつかのケースでは，指導は，学生に対して学習活動を組織的，かつ柔軟に，適切に自己調整することを援助することによって（さらに，その過程で個別に構成された固有課題方略を明確に表現するように求めることによって），自己内省の実行の促進に対してより広く焦点を合わせることができるのか？

　もう1つの際立った疑問は，学生の課題への自己内省的方法の発達の社会的影響と個人的知識構築の相互作用に関係したものである。初期の方略訓練モデルでは，直接指導と固有課題方略のモデリングは，方略維持と転移を促進するのに不十分であることがわかった（Pressley et al., 1995）。この問題を是正するために，大部分の現行の方略訓練モデルは，指導活動を組み入れている。その指導活動は，社会的モデル（例えば，インストラクター，仲間）は，学生が他者によってまず導かれる認知処理（それによって，他者による調整から自己調整へと移行する）を模倣し内面化できるように　効果的学習の例を与えるのである。しかしながら，自己調整の形成のためのこの社会文化的説明と並行して，方略訓練研究者は，学生が課題に取り組んだ独自な経緯に基づいて学習の理解の構築に積極的な役割をすることを認めて，構成主義的な見解もまたしばしばとるのである（例えば，Harris & Pressley, 1991; Paris & Byrnes, 1989）。さらに，モデリングと社会的相互作用の機会を与える（例えば，学生に方略アプローチを実際に使わせ議論させることによって）指導活動は，個別化された知識構築を支援するのにも最適である。これまで，"内面化"が，学生の自己内省の実行に影響する個人の知識構築とどのように影響しあうか，を明らかにすることにはほとんど関心が払われてこなかった。この問題に応えて，学生の自己調整処理が社会文化的影響と個人的影響の結合によってどのように形作られるかを

明らかにするために，1つの試みが，「内容の方略的学習」モデルで行われてきている（Butler, in press-a 参照）。今後の研究では，この重要な関係の明確化がはっきり求められている。

謝辞
　ここで述べた研究は，一部，カナダの社会科学・人文科学研究審議会からの標準研究助成（No.410-95-1102）の支援によるものである。コーリー・イレーシャンク，シャノン・プール，マイケル・ケーマン，バリー・マックロード，キム・サイアー，サンドラ・ジャービス，それにここに記述されたプロジェクトに対する貴重な助力に対してと私の研究チームの他のメンバーに対して御礼申し上げる。また，バーニース・ウォンとフィル・ウィンの示唆に富んだ助言と精神的支援に対して謝意を表する。最後に，ディル・H・シャンクとバリー・J・ジマーマンには本章の初版の有益なフィードバックに心から御礼申し上げる。

第 9 章

オペラント理論の青年期における
自己モニタリングへの応用

フィリップ・J・ベルフィオーレ
(Phillip J. Belfiore/Mercyhurst College)
レベッカ・S・ホーンヤク
(Rebecca S. Hornyak/Mercyhurst College)

　教育には，生徒を「学習する者」として自立させるという使命がある。この自立には自己管理に基づいて学習遂行する能力が必要であり，その能力を養成することは学業における成功への鍵と言っても過言ではない。学業において成功を収めると，生徒たちは将来的にも学業や学業に関連した様々な活動に参加していく傾向があるとされる。この「学業に関連したコンテクスト」は教師や親などによって与えられると容易に思われがちであるが，生徒自身も学業以外の様々なコンテクストを日常生活において選択し，経験していることを忘れてはならない。「学業以外の選択」がもたらす問題は，以下の統計が物語っている。アメリカの公立小，中，高校では，毎日 13,076 人の児童や生徒が停学処分を受けている。また，高校 3 年生の 7 割以上が，過去 1 年の間にアルコールを飲み，そして 2 割近くが大麻を使用したと報告されている。その上，高校 2 年生の 6 ％以上が学校を危険な所だとみなし，アメリカの子ども全人口の 22 ％が「貧困レベル」か，それ以下の生活をしているとされる。また，毎日 342 人の児童や生徒が暴行事件に関わり，さらに 359 人が麻薬法違反を犯しているとの報告がある（Annie E. Casey Foundation, 1996; Children's Defense Fund, 1996; National Center for Educational Statistics, 1996a, 1996b）。したがって，学校やコミュニティーが生徒の学業成功を助成するためには，「学業優先」という

プライオリティーを確立することが明らかに大切である。

青年期の成績と自己管理

　幼年期においては，学業の成功は生徒と「教える者」（例えば，教師，兄弟・姉妹を含めた家族，シッター，保護者，コミュニティーの人々，友人，教師以外の教育者）との交流によって促進される。この交流が効果的な場合，生徒たちは徐々に自発的に自己調整学習に向けた方策を習得していき，そしてそれを継続して，あらゆる科目に応用する（Belfiore & Hutchinson, 1988）。以下の条件が満たされると，この「教師先導」から「生徒継続」への移行が起こるとされる。①教える者が学業的コンテクストにおいて，生徒が成功する複数のチャンスを与えること，②生徒自身が，自己の作業の達成を教育目標（学校や生徒自身が立てた目標）と比較して，モニタリング，内省，そして調整すること。

　こういった「自己調整」は，教育者が学習環境を整え，効果的な指導をすることを通して培うことができる（図9.1）。効果的な指導は，以下の点で優れている。

・カリキュラム作りとその優先順位の設定
・毎日のクラスの運営
・教材の充実度
・やる気の出る環境を作り維持すること
・教師の教え方（つまり，介入の完全性）と生徒の遂行を評価すること

　また，生徒が自己管理を実行するに際して，以下のスキルの習得が必要である。

・自己モニタリング
・自己指導
・自己評価
・自己強化

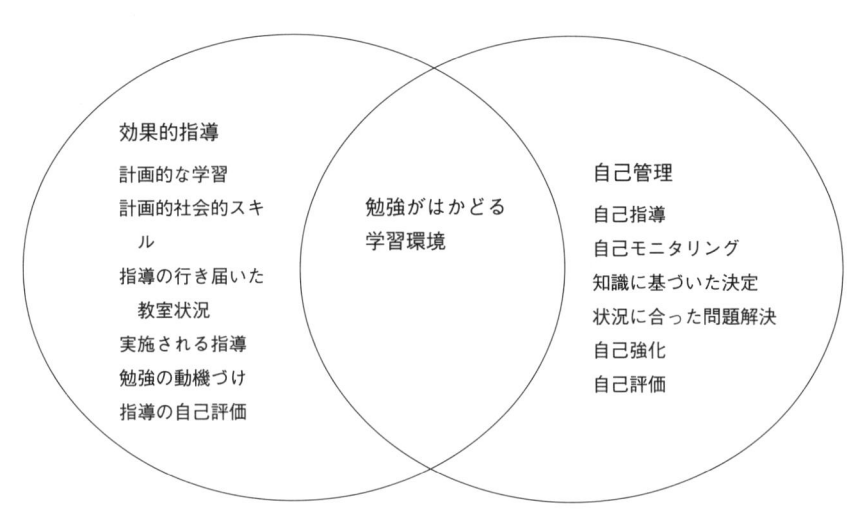

第9章 オペラント理論の青年期における自己モニタリングへの応用　　185

```
           効果的指導                         自己管理
           計画的な学習                       自己指導
           計画的社会的スキ     勉強がはかどる   自己モニタリング
           ル                 学習環境         知識に基づいた決定
           指導の行き届いた                    状況に合った問題解決
           教室状況                           自己強化
           実施される指導                      自己評価
           勉強の動機づけ
           指導の自己評価
```

図 9.1　学習の成果を促進する学習環境のための指導変数

　さらに自己管理には，知識に基づいた判断力とコンテクストに基づいた問題解決力も必要である。
　判断力と問題解決力という最後のスキルに「生徒の自己内省」という次元が加わると，「教師による教授」と「生徒による自己管理」という動的関係が初めて成り立つ。したがって，生徒が自分の行動の管理を学びながら，学習場面に繰り返し直面し，着実に成功を収めていくと，この生徒は「自立した学習者」へと成長していくのである。
　自立した学習者への発達を考える際，学習以外の行動の分析も忘れてはならない。学習以外の行動および校外での好ましくない行動の原因として，①学業不振の経歴，②周囲の学習サポート不足等の理由があげられる。例えば，生徒が学業面で罰行動（赤点，マイナス評価，停学や留年など）を幾度も経験すると，将来的に学業関連の活動へ参加する可能性は低くなるであろう。学業で成功を収めた場合でも，周囲がその成功を認めなければ正の強化とならないため，学業不振の場合と同様，学業関連の行動は減少すると考えられ，生徒たちは学業上好ましくない行動に走って注目を集めると思われる☆。要するに，そのような好ましくない行動をとる生徒は，過去に学業的挫折を経験しているか，学業的行動に関して「正の強化」を十分に受けていないと言ってもよいであろう。

☆ 本書の英語原版出版以来，この見解は一般的なものではなくなってきた。周囲からの認識だけではなく学業における成功自身をも正の強化と考えるのが，現在のアメリカの教育心理学界では一般的である。

例えば，読解力に欠ける生徒は，読解力の不足から国語に限らず理科や社会などの科目にも弱いであろう。したがって，理科や社会の時間に落ち着きがないなどの問題行動を起こした場合，理科や社会の理解力の問題だけではなく，読解力という根本的なスキルの不足が原因かもしれないという認識が必要である。教師たちはこのような問題行動に「自尊心の不足」などといった漠然とした根拠づけをする傾向があるが，これは誤りである☆。強いて言えば，読解力の不足が自尊心を傷つけていると考えるほうが，筋が通っているのではないだろうか。要するに，自尊心の欠落が問題行動の要因なのではなく，逆に自尊心の欠落は学力不足による問題行動の結果なのである。昨今の教育者たちの間にありがちな「情緒的環境が充実しないと学業は成り立たない」という考えはナンセンスであるとシッケダンス（Schickedanz, 1994）は述べる。したがって，自信をもたせたり自尊心を助長するのではなく，学業面でのサポートを提供するのが生徒の学力向上に不可欠なのである。

☆ 実際，本書英語原版の出版以来，自尊心が学力向上をもたらす可能性を否定する研究結果が多く発表され，1980年代から1990年代にかけて流行した「自尊心向上運動」の勢いは急激に絶えつつある。

自己調整学習のスキル習得は生徒の学業的自立に貢献し，これが自尊心を高めていくとみられる。学習に関する正の強化（例えば，高い評価，教師による学業の尊重，良い成績，作業の完了）が，生徒が学業に関連した行動に携わる可能性を高める。学校やコミュニティーなどの働きかけで成功を成し遂げた生徒たちは，いずれは自発的に学習に取りかかる。この自己管理が，目標に向かった学習の鍵となる。

学業不振の危機にある生徒と目的に向かった学習

格差主義や人種差別などの社会的問題，不健康な生活環境などに加え，非行などで学校をはじめコミュニティーや家庭でも成功を収めることができない生徒を，サーナとラウ-スミス（Serna & Lau-Smith, 1995）は「危機にある生徒」

と呼んでいる。学業において成功を収められない生徒や，学業で教師や級友たちから十分な注目を受けない生徒は，学校に興味を失ったり，学業上好ましくない行動に走る（Testerman, 1996）。学業上好ましくない行動は，授業妨害，校則などのルール違反，そして私語等が含まれていて，授業や作業に集中したり教師の言うことを聞くなどの「好ましい行動」よりも即座に教師や同級生たちの注目が集められるのである。

これは，好学心に基づいた行動は長い目で見れば成績向上につながり正の強化をもたらす可能性をもつ一面で，その場で即座に注目を引くことが稀であるからである。要するに，授業に集中する，作業に専念するなどの好ましい言動がクラス内で「当たり前」であるために無視される傾向があり，即時に注目を浴びる手段をひねりだす生徒も出てくるのである。したがって，注目を集めたい生徒が，学習せずに学業上好ましくない行動をして「罰」という注目を受ける☆。このように，問題行動に注意を促し，教室内の節度を保つことによって，教師は失敗の危機にある生徒が出現しやすい環境を作り出してしまったのである。生徒の成績不振には，教材の理解不足に加え，学習に関する自己管理の不足が要因としてあげられるが，問題の根本は教師や教授法，学校，コミュニティー等を含んだ，教育現場の欠陥にあると私たちは指摘する。

☆ 英語の原版には，「注目」に関して誤ったと思われる描写がなされている。好ましくない言動を叱咤するのは，正確には「負の強化」ではなく「罰」であり，訳の時点で訂正させていただいた。その上「叱咤」自体一般的に好ましくないとはいえ「注目」には違いなく，問題行動維持に貢献する可能性も提唱されており，解釈が難しいところである。

学業不振の危機にある生徒数の増加への対策として，目標に向かった学習の促進を意図とする「生徒中心カリキュラム」なるものが既出のサーナとラウ-スミス（Serna & Lau-Smith, 1995）によって練り上げられた。第1に，危機にある生徒に行動の自己管理を習得させる，第2に，そういった行動を組織的に教える。こうすることで，カリキュラムは生徒が学習で積極的役割を果たすよう促すのである。生徒中心カリキュラムは，教科ごとの知識やスキルではなく，①対人的スキル（話し合い，問題解決法など），②現在のスキルと将来必要とされるスキル，自己方向づけスキル（目標設定，自己管理）の自己評価，③ネットワークの作り方（助言を見出したり，方略を開発するスキル），④協力する力（チームワーク，方略プランニング），⑤我慢するスキルや冒険心（問題

解決，意思決定），そして，ストレス管理（感情の認識，時間管理）などのような，抜本的な領域をカバーする（Serna & Lau-Smith,1995）。このカリキュラムを組む際には，以下のステップを織り込む必要がある。

・予習（student **P**reparation）
・理解（student **U**nderstanding）
・練習（student **R**ehearsal）
・自己チェック（**P**erformance of self-check）
・成功を阻む要因の克服（**O**vercoming performance barriers）
・作業の自己選択（**S**electing of own performance）
・結果の自己評価（**E**valuation of own outcome）

この7項目の英語表記の頭文字をとり，このカリキュラムはPURPOSE（目的）カリキュラムと呼ばれる。このPURPOSEカリキュラムは，生徒と教師だけではなく，保護者やコミュニティーの参入と両者の協力を想定している。

生徒の各作業における自己決断能力を分析することにより，教師は将来のカリキュラム設定ができる。さらにこの分析結果は，生徒自身の自己管理や自己モニタリングへ向けた指針となる。したがって，自己の行動を記録，モニタリングし，内省することは，学習の成功と自立の達成の大切なステップである。

概念の紹介

自己管理についての具体例を紹介する前に，それを構成するいくつかの基本概念を定義する必要がある。

●●● 自己管理

ブリガム（Brigham, 1982, p.49）は，自己管理を以下のように定義している。「行動と周囲の環境を行動分析の原理と手順の応用によって結びつけ，自己の行動と環境の相互作用を調節すること」。

同様に，クーパーら（Cooper et al., 1987）は，自己管理を，個人が組織的に行動調整の方策を応用し，自己の行動を目的に沿うように変えることと定義し

ている。行動心理的には，自己管理は「行動を制御するための行動」と「制御される行動」間の関係設立の役目を果たす（Skinner, 1953）。この関係は機能的なものであることが必要であり，**制御するための行動**（例えば，「4時に整備所に車を持っていく」というメモを貼っておくこと）が**制御される行動**（例えば，実際に4時に車を持っていくこと）を誘発しなければならない。もしこの制御される行動が起こらなければ（例えば，車を整備所に持っていかない），自己管理が成り立ったとはいえない（Cooper et al., 1987）。同様に，もし制御するための行動（この場合，メモ）なしに「4時に車を整備所に持っていく」という制御される行動が起こった場合にも，自己管理は成立しない。要するに，自己管理という概念は，行動の原因と誘発された行動の関係が明白であることを必須条件とする。

　自己管理を取り上げるとき，人間の「行動」と「環境」の関連や偶発性を識別し調整する能力が焦点となる（Brigham, 1982）。要するに，自己管理には，どの行動をモニタリングの対象とするかを識別する能力が大事なのである。同時に，環境の変化に伴い行動や環境を順応的に調節していく能力も欠かせない。したがって，人間を能動的とみなすか受動的とみなすかにかかわらず，環境の行動への影響は否定できない。シーボーとシューマーカー（Seabaugh & Schumaker, 1994）は，自己管理の研究には以下の構成要素があるという。

1. 目標設定
2. 自己モニタリング
3. 自己指導
4. 自己評価
5. 自己強化・自罰

　これらの要素を考慮することを通し，生徒たちを以下の課題に取り組ませることとなる。

1. 特定の基準や尺度に基づいた達成目標の設定
2. 上達度と遂行度の図表化
3. 指導方略の開始と継続
4. 目標達成度に関する判断

5. 実際の遂行度を目標と照らし合わせた上での賞罰

●●● 目標設定，自己モニタリング，そして自己評価

　自己管理というプロセスの最も基本的で，時として唯一の「成分」は，自己モニタリングである（Mace & Kratochwill, 1988）。自己モニタリングは，①生徒が焦点となる行動の存在の認識をする，そして②その行動に関する事項（例えば，頻度，比率，継続時間，潜伏期間など）を記録するという，2つのステップによって成り立っている（Mace et al., 1989）。生徒は，自己モニタリングを通し行動的反応の有無を認識する（この場合，無反応とは反応がないことではなく，想定外の反応をも含む）。例えば，ある生徒が「月曜日，朝の8時45分に先生に宿題を提出する」，そして「月曜の1時から1時半までのお昼休みに，校庭で喧嘩をしない」という2つの目標を書き留めたとする。自己モニタリング実行のためには，生徒は月曜日にこれらの項目をやったかどうかを識別するだけでなく，行動を記録することが大切なのである。自己モニタリングには，次のような場合がある。①自分はそのような行動をしたのかそうでないのかを観察し記録する（例えば，黙って本を読んでいたかそうでないか？）。②遂行か基準に達したかどうかをモニターするために行動を観察し記録する（例えば，私は第2章の37ページまで読み終えたか？　Webber et al., 1993）。基準や標準と比べ行動を自己モニタリングすることは，目標設定と自己評価のような自己管理の成分を含むのである。**目標設定**は，自己管理の前かその間に生徒がもつ標準か基準のことである。他方，**自己評価**は，生徒の遂行を標準と比較した結果である。事前に決めたレベルの達成が自己モニタリング・プログラムの一部であるとき，生徒は，目標反応遂行と同じように，自己モニタリングの行為に関連した項目の遂行を記録する必要がある。図9.2は，宿題手順の自己モニタリングを生徒に教えるときに使われるもので，達成は以下の3つで評価される。

1. 自己モニタリングの手順の正確さ（第1項目から第9項目）。
2. 毎日の宿題の完了（第7項目）。
3. 1週間に提出した宿題の数。

生徒名：	日時：
学習分野：	学年：
先生名：	

ステップの順	はい	いいえ	注
1．私は昨日の宿題を出しましたか。			
2．私はノートに宿題課題全部を書きましたか。			
3．全部の宿題が宿題フォルダーにありますか。			
4．宿題をやる教材は全部ありますか。			
5．宿題を始めますか。			
6．全部の宿題用紙が終わっていますか。			
7．誰かに宿題が終わっているかチェックしてもらいましたか。			
8．チェックの後，私はフォルダーに宿題全部を戻しましたか。			
9．私は，この用紙を先生に出しましたか。			

図9.2　宿題の学習手順のための毎日の自己モニタリング用チェックリスト

　このようにして，生徒たちは手順の正確さ，毎日の宿題の終了，そして宿題の出来具合を自己モニタリングするのである。

自己強化

　自己管理のプロセスで自己評価がなされるとき，必然的にその評価の良し悪しを考慮する必要が出てくる。もし生徒が自らの行動を目標基準に達したものとみなし，良い評価を下したとする。そうすると，将来的に同様の反応の可能性が増すであろう。「刺激（stimulus）」を自ら与えることを，メースら（Mace et al., 1989, p.36）は自己強化と呼ぶ。メースら（Mace et al., 1989）の提示する「自己強化」の概念は，スキナーによる正や負の強化の概念と必ずしも一致するものではない☆。図9.2に基づき，生徒が自ら評価を下すとする。もし，チェックリストの結果が目標を満たすものであれば，生徒は自らにゲーム，コンピュータ，お絵描きなどのほうびを与えることができる。ここで大切なのは，これらのほうびは自己管理の結果，基準が満たされたときのみ与えられるものであり，いつでも楽しめるものではないことである。

　行動の自己管理は，最終的には生徒自身によって制御された環境的刺激によって行われる。もし，特定の行動が自らによるほうびにより強化されれば，将

来的に似たような状況において同様の行動が維持されるであろう（Hughes & Lloyd, 1993）。

> ☆　著者たちはこの相違点を直接明らかにしていないが，訳者の見解では「負の強化」と「罰」との混同をさしているものと憶測される。したがって，読者はこの相違点に関しての過剰分析は避けるべきである。

自己管理の履行

　他の行動同様，自己管理スキルの習得に際しても効果的な指導法が必要である。ジョーンズとダバンポート（Jones & Davenport, 1996）が指摘するように，学習の自己管理は各々の生徒によって実行されるとはいえ，結局，教育的環境の働きかけの影響を多大に受けるものである。そのため，自己管理の「初心者」には，下記のような方法で，明確に管理の道標を与えることが必要となる。

1. 行動と結果の因果関係を明らかに示すこと
2. 問題解決の例や例外などを頻繁に使うこと
3. 練習や反省の機会を豊富に与えること
4. 作業に取りかかる際の頑張りや進歩に対する報酬
5. 好ましい作業結果に対する報酬
6. 自己モニタリングの精度に対する報酬

　一度自己モニタリングの方略を習得してしまえば，学習の自己管理を維持するためには自己モニタリング・スキルの上達が鍵となる。この上達を促進するためには，生徒が記録をとる際，「行動を制御するための行動」と「制御される行動」の違いの認識を明確に目的としなくてはならない。例えば，新しい概念の学習や限られた時間の中での学習など，慣れない状況において「自己モニタリングをスムーズにすることができない」と生徒が記録したと仮定する。この場合，この生徒は「不慣れ」という困難の中でモニタリングに取りかかる方策を見出していくであろう。もし，自己モニタリング初心者としてこのような困難を経験した場合，生徒は教師らの手助けを受けずに，自らその問題解決法を編み出すであろう。その反面，このような場面を経験することなく自己モニタリングのスキルを習得してしまって，上級者になってからこのような困難に

対面して，教師らのサポートが必要なこともしばしば起きるのである。

自己モニタリング力の上達と維持には，**自己評価**と**自己強化**というプロセスを織り込んだ「自己フィードバック」が有効である。この場合，自己評価は以下のような項目について行われるのが望ましい。

1. 図 9.2 に見られるようなチェックリスト等の自己モニタリングの正確さ
2. 毎日の自己モニタリングの上達
3. モニタリングではなく，対象となる遂行自体の出来映え

●●● 自己モニタリングの手順

柔軟に学年を問わず応用できるモニタリング法を取得することは，最も効果的な自己モニタリングへの最短距離である。「**学習の手順**」の習得も，その一部である。この「手順」とは，科目を問わない有効な一連の基本的スキルを意味する（Belfiore & Hutchinson, 1998）。例えば，効果的なノートの取り方の手順は，情報収集，ノート取りのための環境整備（勉強場所を探す），あらすじの見本に沿った情報の写し取り，そして写し取られた見本版ノートと原本ノートの要点の一致度などを含む☆。このような，間接的な手順を自己モニタリングの過程で書き留めることにより，学習の自己管理が効果的なものとなる（図 9.3 参照）。学習の手順と自己モニタリングを，生徒にとってより重要で理想的に役に立つようにする基本は，生徒の経験に基づく一般的順序と個性化である。先のノート取りの例を使えば，各教科に応用可能な手順としては，以下があげられる。

① ノート取りの作業に必要な資料を選定する。
② ノート取り作業に適切な場所を選ぶ。
③ 主要なアイディアを書き留めるための見本を選ぶ。

☆ 児童の基礎学力の不足が問題視されているアメリカの小学校では，頻繁にノート取りに関する指導が行われる。その一環として，生徒たちはあらかじめ用意された見本に情報を写し取るという作業に取り組むことがあることを認識の上，この例を解釈する必要がある。

各生徒は，個々のステップ完了ごとに当てはまる欄をチェックする。ノート

取りの練習完了後，生徒は，自分で仕上げたノートの手引きと友達が仕上げたモデルの教師の評価を比較して、自己モニタリングの正確さとノート取りの出来映えに自己評価を下すのである。

定義と記録 自己モニタリングは，生徒の校内の行動管理の1つの技法として幅広く効果があるだけでなく，学校外の行動にも効果は及ぶといわれる（Webber et al., 1993）。また，レイドとハリス（Reid & Harris, 1993）は，自己モニタリングは生徒の行動だけでなく，学習時の集中力，成績にも効果的方略であると報告している。そして，自己モニタリングは，学習の質と結果に効果的であった（Martin & Manno, 1995）。一般に，教育介入としての自己モニタリングは，学習結果，学習向上，「優れた学習達成」と関係のある他の学習変数に効果的であることが示されてきた。

メースら（Mace et al., 1989）は，自己報告，頻度，時間の長さ，時間サンプリングなど，様々な項目の教育場面の定義と記録を目標とした自己モニタリング手法をいくつか紹介している。その中でも，頻度を数えることは，対象行動を記録する最も簡単で一般的な手段である。実際，数々の研究者が，学習関連の行動測定に際し頻度と時間サンプリング（後述）の組み合わせを使っている（Lee & Tindal, 1994; Lloyd et al., 1989; Reid & Harris, 1993 など）。例えばリーとチンダル（Lee & Tindal, 1994）やロイドら（Lloyd et al., 1989）が発表した論文では，①算数の問題の正解数，および②時間サンプリングによる「学習への集中」の間隔，を生徒たちに記録させている。また，レイドとハリス（Reid & Harris, 1993）の研究の場合，各生徒に単語の綴りの正解数を数えさせた上，「気は散っていませんでしたか？」という質問にイエス・ノーの返答をさせている。マーグら（Maag et al., 1993）も，生徒たちに算数の解いた問題の数，学習に集中した行動（気が散っていなかったか），そして算数の正解数の3項目を記録させている。

学習課題に費やした時間を求める自己モニタリングの研究では，時間間隔は，録音されたテープや教師の声で合図される。合図と時間サンプリングの目的は，生徒が合図のときに何をしていたかを観察しそれを記録することである。したがって，生徒たちは合図のあったとき「気が散っていなかったか否か」をチェックするように指示される。この時間サンプリングを使うときに生徒が堅実に応答する可能性を高めるために，間隔を変動させて，合図のテープを使ったり，合図の技法を効果的にしていく（例えば，合図の間隔を1分，5分，3分，7

分，2分，そしてまた1分にするなど)。このような時間手続きは，指示がはじめ教師から行われ，生徒の習熟するための練習が求められるなら，個人でもクラス単位でも効果的である。

　自己モニタリング手続きが実際に行動の変化をもたらすために，①制御される行動（モニターされた行動）と制御する行動（モニターする行動）の両方を定義することと，②自己モニタリングの正確さを保障する記録システムを発展させることが不可欠である。また，自己管理スキルを教えるときに，リハーサル，モデリング，テスト，それに見直しが必要な要件である。

　ここで，マーシーハースト大学と，危機にある生徒を対象とした都心部の放課後プログラム（4年から6年対象）との共同研究で，私たちは，現行の宿題手順を，自己モニタリングの成分で補強した。私たちが関与する前に，放課後プログラムの一部は，全部の生徒に毎日の宿題を仕上げることを求めた。私たちは，自己モニタリング宿題手順（図9.2参照）を作り出した。それは，生徒が，教師のモニタリングがないときに，毎日，週ごとの宿題を仕上げる進歩をモニターし評価するものである。はじめに，生徒たちは，①自己モニタリング用紙の各ステップの成果を決める方法と，②完成した宿題の正確さについての評価の仕方を教えられた。研究データは，自己モニタリング用紙の記入内容の正確さ（すなわち，正確に仕上げられたステップの数）と，宿題遂行（すなわち，時間内に宿題に向けられた頻度）に関し集計された。その後，年度の後で改善点（すなわち，時間内に宿題に向けられた頻度の変化）と正確さ（すなわち，正確な宿題の回答数）に関する追加のデータが集められた。

　教師のモデリングとフィードバックを含む教室の指導で，生徒は教師の直接介入がないときでも宿題の自己モニタリングを維持した。平均して，生徒が宿題手順チェックリストで正確に自己モニタリング行動を記録するのに，1週間もかからなかった。毎日の宿題は，個人フォルダーの中に，フォルダー付きの自己モニター宿題手順と一緒に置かれた。宿題時間になると，生徒はこのバインダーを取り出し，自己モニタリングのステップに従った。はじめのうちは，自己モニタリング用紙完了後，そのステップを正確にチェックするために教師にサインをもらうことが要求された。しかし，中盤からは，教師が目を通すことはなくなった。自己モニタリングが生徒の集中力や遂行行動に好影響をもたらすためには，自己モニタリング手順が，生徒のレパートリとなり，教師の指導がなくてもできるものになる必要がある。モニターされる行動とモニターす

る行動は，よく定義され，記録システムは適切でなくてはならない。定型化された教師の指導（Reid & Harris,1993）がある。指導は別々に与えられ，それから見直される（Maag et al.,1993）。モデリング（Martin & Manno, 1995）は，自己モニタリング手続きが習得される可能性を大きくできる教師の技法である。最初の教師の指導の成果は，行動の結果の記録に生徒が熟達することと，生徒が正確に自己モニタリング・定型化した手続きをできるようになることである。はっきりと定義された行動とプロトコルの記録は，教師の指導からもっと効果的で永続的な生徒主導の手順への移行につながる。

自己指導と問題解決　自己モニタリングや手順が教えられ習得されると，教師から生徒へと直接制御が移行することが注目される。自己指導のトレーニングは，行動の言語あるいは非言語制御が教師から示され，生徒によって始められるものである（Kauffman, 1997）。このスキルがいったんマスターされると，生徒たちは自己モニタリングのスキルを新しい問題に応用し，かつ正確なモニタリングに取り組むことができるであろう。自己モニタリングの成分として，自己指導は，①訓練中には見かけない問題解決，②正確な自己モニタリング反応を促し強化すること，を支援するのである。

サーナとラウ-スミス（Serna & Lau-Smith, 1995）は，問題解決が自己決定の基本的前提スキルであると主張する。自己管理の訓練期間に問題解決スキルが習得されていれば，直接の教師の指導なしに自己モニタリングをうまく促進できる。問題を解くことができないということは，刺激制御の問題であるとも解釈される。図9.3のノート取りの例は，いくつかのステップの操作的に規定された系列（課題分析）を示している。刺激状態として，この系列は，何らかの結果を完成させる系列をやりとげようとする生徒の反応を制御する。この制御は，効果的な教師指導によって作られる（図9.1参照）。刺激配列の変動や新奇性が生じると，制御系列は作られない。見つからない見本，間違って与えられた教材，あるいは学習場所確保ができないなどは，生徒の想定外変数である。それは自己モニタリング手順の完成を妨げる。手順の最初の指導と習得には，問題解決が手順完成に必要である状態の模範例と失敗例が必要である。生徒は問題解決をするときと，問題解決が必要でないときを知る必要がある。問題解決技法を自己管理の学習の一部としてはじめに教えられた生徒は，教師の指導がないときに自己指導がよくできるのである。生徒たちは新しい事態に直面した際に，問題を解決し活動を仕上げようとして，過去の経験と指導を振り

生徒名：＿＿＿＿＿＿＿＿＿＿＿＿＿＿　日時：＿＿＿＿＿＿＿
学習分野：＿＿＿＿＿＿＿＿＿＿＿＿＿　学年：＿＿＿＿＿＿＿
先生名：＿＿＿＿＿＿＿＿＿＿＿＿＿＿

ステップの順	月	火	水	木	金	注
1．ノート，用紙，見本，鉛筆をもつ。						
2．良い場所を見つける。						
3．記録係から渡されたノートを読む。						
4．見本に大事な点を書く。						
5．先生の評価で自分のノートをチェックする。全部終了						

修正点：

図9.3　ノートを取る学習手順のための毎週の自己モニタリング用チェックリスト

返る必要がある。新しい刺激配列に出会うとき，自己モニタリング手順の成分としての自己指導は，最終的な自立した学習には欠かせないものである。

　自己モニタリング手順の中で起きる問題解決は，自己指導がもたらす1つの効能である。さらに，自己指導は，望ましい行動を起こさせる弁別刺激の制御を強める方法として役に立つ。メースら（Mace et al., 1989）によると，言語的および非言語的な自己発言（独り言や考察のようなもの）は，対象行動が生じ，強化がそれに伴う可能性を高める弁別刺激を与えるという。これは，ノート取り手順の例にあるように，生徒が自己モニタリングの系列への記号を言葉にし適合させることからも明白である。言葉化あるいは記号を付加することは，系列が正確に展開していく可能性を高める。系列は代わって自己管理された結果を生じさせる。例えば，情緒的ハンディをもつ子どもたちの学級で，クラス単位での自己モニタリングの指導をするとする。グルスコビッチら（Grskovic et al., 1994），生徒に教室の学習方略を観察し，モデルにし，自己管理する指導をした。生徒は正確な自己モニタリングのステップを模倣して，自己指導を習得するのである。自己指導とは，生徒たちは声を出さずに10から1まで数字の逆唱をすると同時に，一呼吸ごとにビーズの玉を1つずつ移動することである。自己モニタリングと組み合わされた自己指導の成果は，生徒がこの行為をするのに時間切れになりにくいことである。

　手順の変動が生じたときの従うべきスムーズな自己モニタリング手順と自己指導のメカニズムによって，生徒は教師からのサポートが少ないときでも最終

的には自己管理するのに必要な成分をもつことになる。また、生徒はもっとダイナミックな自己管理システムを維持し創造して自己評価することも学ぶ必要がある。

自己評価と強化の自己管理　自己評価とは、自己の行動を基準や標準と比較することである。この基準は、教師、生徒自身、あるいは両者の合意の下で設定されるのが普通である。生徒が自己評価の対象とする要素には、以下が考えられる。

①自己モニタリングの正確さ
②遂行の向上度（どれだけ伸びたか）
③事例全体の遂行度

前述のように、効果的な評価を行うには、学習手順と達成の記録を正確に取ることが大切である。スウィーニーら（Sweeny et al., 1993）は、筆記体の習得にあたり、字の大きさ、傾斜、字体、間隔、そして総体的文体の自己評価を生徒に指導した。自己評価は、当初は実験者をモデルにすることと彼からのフィードバックが使われたが、後半では実験者の指導は不要になった。

前述の放課後プログラムでは、生徒たちははじめ、教師からのフィードバックによって、宿題の完成度の自己モニタリング・ステップを見直し評価した（図9.2参照）。これは最初のうちは生徒が自己モニタリングを理解するように教師の監督の下で行われた。手順の見直しで、生徒と教師は生徒が宿題の全過程をどれくらい仕上げたかを評価した。この最初の共同作業を通し、教師は正しい完成段階を示すことができ、また未完の理由を尋ねることができた。もし、「昨日の宿題は提出しましたか？」（ステップ1）という問いに対する生徒の答えが「いいえ」なら、教師は不提出の理由を問い、その対処法を指導する。この最初の教師の評価が、生徒に将来的に行う自己指導、問題解決、そして自己評価に必要な情報を与えるのである。自己評価では、生徒が宿題全部を終え、第3者によって宿題の完成度がチェックされ（ステップ7）、自己モニタリング手順を完成させ、教師のサインをもらうことが求められた。年度の終わりに、教師は、生徒が手順と終えられた実際のステップを記録しているかを確かめた。生徒の自己モニタリング手続きと自己評価がスムーズになると、ステップ7「宿題の出来を、誰かにチェックしてもらいましたか？」について、生徒は外

的評価を必要としないので「いいえ」と答える。最終ステップ（「先生に提出しましたか？」）は，教師は生徒が宿題を出したことを知るために要求され続ける。

自己評価は，学習者が新しいスキルを獲得するまでに拡大し変化して，自己モニタリング・システムになる。自己指導では，生徒は実存する自己モニタリング・システムを高めたり特徴を加えたりする。自己評価では，生徒は評価から集めた情報を再統合し，将来の教育要求に適合する自己モニタリング・システムを再組織するのである。

結果と成果 カウフマン（Kauffman, 1997）は，自己モニタリングの効果の最近の研究の要約で，以下のような全体的結論を報告している。

1. 集中した学習に関する自己モニタリングは，課題に多くの時間を当てるようになる。
2. また，このような自己モニタリングは，学習成果を増加させる。
3. 自己モニタリングのメリットは，普通は随伴する報酬や強化なしでも得られる。
4. 自己記録ははじめの指導の必要な成分である。しかし，自己モニタリングが一度形成されると，打ち切ることができる。
5. 自己モニタリングの正確さ自体は，学習成果や集中力の効果には大切ではない。

最近の研究では，自己モニタリングは集中力，文章題を伴わない数学力，筆記体習得，物語の構成力，そして宿題完成などに良い変化をもたらすとされている（Lloyd et al., 1989; Martin & Manno, 1995; Olympia et al., 1994; Reid & Harris, 1993）。

放課後宿題プログラムの最初の年度が終わるとき，生徒は，宿題完了の意味と自己モニタリングの各ステップのチェックリストの意味を理解し実行できるようになっていた。教師がはじめ使用した指導方法が模範例とそうでない例を教えるものだったので，生徒は，ワークシートを完成させるのにも問題解決にも教師の助力を求めることはめったになかった。生徒がチェックリストを使い続けると，「先生による宿題のチェック」（ステップ7）と「モニタリング過程のチェック」（ステップ9）に対する教師の点検は減少した。しかしその正確

さと完成度は同じだったのだ。一度この習慣がつくと、宿題完了自体が「強化」としての機能を果たす可能性もある（Belfiore et al., 1997）☆。実際、上記の宿題に関する研究では、ほうびや褒め言葉などの「形のある正の強化」は与えられなかったことを強調したい。言い方を変えれば、自己モニタリングを通して評価された行動（宿題終了へ向けた一連のステップ）の完了そのものが強化要素となり、自己モニタリングが維持、向上されたかのようである。実際、カウフマン（Kauffman, 1997）はこの可能性を示唆し、ベルフィオーレら（Belfiore et al., 1989）は、実際にこの現象を実証している。宿題完成の正確さは、宿題時間のときの友達から、あるいは、宿題が提出された後の担任教師からときどきモニターされているのである。

☆ 英語の原版では、著者は宿題不提出へと導いた行動は「負の強化」の対象となり、そのような行動の頻度は減るものとしている。しかし、この描写は明らかに不正確なものであり、翻訳の過程で削除させていただいた。

自己管理のダイナミクス：自己内省の練習

教師から生徒へ責任が移るにつれ、学習行動の自己管理は生徒の生活の一部となる。この責任の移行過程は、生徒自身が活発に「自己内省」という場を設けることによりさらに助長され、もっと自然なものになる。もし良い教授が、新しい情報をそのテーマの意義を損なうことなくプレゼンテーションの全体テーマに統合する能力だと特徴づけられるなら、生徒にそうするように教える自己管理システムを創造することが不可欠である。自己管理では、これは自己内省練習の形をとる。**自己内省**は、観察され、あるいはモニターされたものを理解し、基準（自分あるいは教師による）と比較して結果を評価し、評価情報を前提として新しい焦点を作り出す能力である。生徒は評価情報を再統合し再組織することを学ぶ。その評価情報は今度は、未来の方向を与えるのである。

ダイナミックな自己管理システムは、生徒がモニターし、評価し、再編し、再統合しまたモニターするので、自己内省を備えている。自己内省の援助となるのは問題解決であるという1つのメカニズムについては、すでに議論された。

問題解決の仕方を学ばないでも、設計された自己管理システムに従う生徒は、彼らがそのシステム内でうまくなって自立するまで、システムのおかげで上達することができる。しかしながら、見慣れない状況がシステムの成分に生じる

と，生徒は，適切にシステムの統合が維持されていてもその状況を識別できないかもしれない。前述の宿題の自己モニタリングの例として，生徒が，放課後活動の教室に入ると，教材がいつもの棚になかったとしよう。問題解決を学んでいない生徒は，いろいろな行動をするが，恐らく，教師の援助を求めないだろう。システムの変動（教材がいつもの場所になかった）は，自己管理システムを壊してしまうのである。プログラムに加わりながら多様な見慣れない状況に置かれていた生徒は，教師が教材を確保してくれることを期待するか，自力で教材を探す。これが，今の自己管理システム内の自己内省の例である。問題が生じ，それが解決される。システムは依然同じままである。活動は活発だが，現行の自己管理システム内では静的である。そこではこれは「**静的資質**」と呼ばれた（Pirsig, 1974, 1991）。

また，自己内省が自己管理を助ける第2のやり方は，生徒が評価の遂行を償うためにシステムを再編するときである。こちらは「**動的資質**」と呼ばれる（Pirsig, 1974, 1991）。例えば，宿題関係の資料を保管するバインダーを頻繁に家に忘れる放課後プログラムの生徒がいるとする。この場合，自己モニタリングによって，この生徒は自己管理システムを調節し，バインダーを家に持ち帰らず教師の机に保管するようにシステムを変える。この例だと，生徒は，現行システムの変動（棚に教材がない）を経験しない。システムを変えることは，今の情報を自己評価した結果ということになる。さらに，生徒は，自分の要求を満たすより効果的なシステムを作るために，自己管理システムを再編するのである。

自己語り，日記，そしてポートフォリオ☆などが，動的資質を繰り入れた自己内省の練習に役に立つ。自らの成長と評価の自己陳述は，学習の各生徒のポートフォリオ作成に不可欠である。ポートフォリオに組み込まれた宿題の順番の一部から，生徒は，過去と現在の遂行を内省する。彼らはそこで，評価情報を統合し，これからの方向を決める。ポートフォリオの全体の項目は変わらないが，生徒が目標達成に使っている方法が，仕上げられた学習の自己内省からの新しい情報で修正されるのである。この新しい方向は，事前指導されない。しかし，新しい問題解決は，教授と自己管理の成分なので，これらの方向は，容易に確立されるであろう。全体の目標（自力での学習）を見失わずに，新しい情報を再編し再統合する自己管理システムは，均衡を保ち続けるのである。

☆ 学校教育におけるポートフォリオとは，生徒が自らの学習の過程と成果を記録するために，宿題，採点済みのテストや課題などに加えて先生からのフィードバックやプリント，参考文献などを保管するフォルダー（あるいは箱）である。アメリカの学校では，各学期に科目ごとにポートフォリオを課することが多く，テストの結果だけではなく，ポートフォリオを通して判断される「達成度」に基づいて成績が与えられることもある。

パーシグ（Pirsig, 1974, 1991）によると，静的資質がシステムの安定化を保ち，動的資質がシステムの発展に役立つ。2つが組み合わさることによって，動的バランスが保たれるわけである（Iannone, 1994; Pirsig, 1974, 1991）。自立した学習のできる生徒の育成が教育の大きな目標なら，効果的指導と自己管理は，その達成に向けた大切な手段である。そして，自己内省のプロセスを通した動的バランスが，効果的教育の鍵となってくる。これらの目標をめざした再編成力や統合力は，生徒たちを，将来を見据えた自立した学習へと近づけるのである。

結 論

学習行動の管理能力に自信のある生徒は，たいていの場合，成績が良い（Bandura et al., 1996）。図9.1にもみられるように，学習が成功する教授場面は，はじめの教師による指導と後の生徒による自己管理の結びつきによって作られるのである。一般的に，効果的な指導とは，教室の相互作用の変化を考慮しながら，反応に応え，修正しながら，やりがいのある関連した情報を示す能力として規定される。アイアノーン（Iannone, 1994）は，教室の時々刻々の混沌とした状況に注意を向けているのが，有能な教師の特徴だという。良い教師は，動機づけ，努力目標，指導の変化量，学習成果の豊かな教育的共同的環境を作り出す。そのよう環境から，生徒は，学習と学校の成功の絶え間なく発展する歴史を作るのである。もし自立した学習を行える生徒を育てるのが教育目標であるなら，学習と学校の成功の基礎固めができたといえるであろう。そのためには，まず生徒たちはまず学び，後で自己管理に習熟しなくてはならない。自己管理とは，目標設定，自己モニタリング，自己指導，問題解決，自己評価，さらにフィードバックや強化のことなのである。

第 10 章

学習課題における子どもの
自己調整の獲得と実行に影響する要因

アンドリュー・ビーミラー
(Andrew Biemiller/University of Toronto)
マイケル・シャニー
(Michal Shany/Beit Berl Teachers College)
アリソン・イングリス
(Alison Inglis/University of Toronto)
ドナルド・マイヘンボーム
(Donald Meichenbaum/University of Waterloo)

　本章は，子どもが言語的課題で自己調整を行うことができる条件を扱う。私たちは，この観点が，生徒の学習課題における自己調整の改善を通じて学力を高めるプログラムにとって重要であると考えている。
　この本で述べられるすべてのプログラムの基本的前提は，生徒が自己調整のレベルを高めるときに，学力の質は向上する，というものである。ジマーマン(Zimmerman, 1994)や他の研究者が概括するように，この主張のエビデンスは，(他者報告や自己報告，あるいは観察によって報告された)学力の高い生徒はより「自己調整的」になるという相関的研究と，学習領域での生徒の自己調整を高めるよう計画されたカリキュラムは達成をより高めることを示す実験的研究の両方に由来する。
　本章で私たちは，次のような先行研究の知見に一致したエビデンスを提示する。すなわち教室において，ある学習領域で学力の高い生徒は，自分自身や，とりわけ他者における当該領域での学習課題を調整するために言葉をより多く用いる，というものである(例えば，学力の高い生徒はしばしば他の生徒の取り組みをモニターし，改善への提案を行う。また，他の生徒も学力の高い生徒を援助するために頻繁に接近する)。しかし私たちは，学力の高い子どもの経験と比較可能な役割や課題状況に置かれたときには，「低い」あるいは「平均

的な」学力の生徒も同様に，学習課題を調整するために言葉を多く用いることができることを示そうとする。

　最近の教育政策の多くは，私たちが子どもを同じように扱うならば，子どもはより同じになるように何とかして伸びてゆく，という考えを前提として提起されている。このように私たちは，すべての子どもに高い基準をもたせよう，そしてしばしば「能力別グループ編成の解体」というやかましい呼びかけを耳にするのである。本章で私たちは，生徒は「同じに」扱うべきだという見方に賛成であり，反対でもある。私たちの知見からの提案は，**すべて**の生徒に向けた自発的な言語的課題調整を支える条件は，教育プログラムの通常の，進行中の1つの相にするべきだ，ということである。しかしながら，これらの条件を作り出すことには，課題の要請と生徒個人の現在のスキルおよびプランニング能力とを，現在の状態よりもよりよく合致させる知見がしばしば必要である。この提案や，それに一致したエビデンス，そして言語的課題調整をサポートするクラス設定については，本章の最後の節で議論する。

　まず，教室における自己調整の個人差に関する知見のレビューから始めよう。そして，言語的課題と自己調整の性質に関する理論に目を向け，そして**なぜ**学校の教室ではほんのわずかな生徒しか十分な言語的課題調整を行わないのかについて論じる。続いて，教室での子どもの言語的課題調整と，言語的調整を促進するために計画された実験室場面とを対比させた実証的研究を概観する。最後に，自己調整を促進するよう意図されたプログラムに対する本方法からの提案を検討する。

学習課題における自己調整

　本節では，自己調整と学力の関連についてのデータをレビューする。自己調整的な生徒は，そうでない者に比べて，言語的課題調整のレベルが有意に高いことがわかるであろう。さらに，**言語的課題調整**と**自己調整**とがともに概念的，実証的に同じであることを示してみよう。

●●● 言語的課題調整の指標

　マイヘンボームら（Meichenbaum et al., 1985）は，課題調整発話を測定する

ための多くの方法を要約している。これらには，**インタビュー**（課題達成に関わる），生徒が自分の課題を遂行する姿や，課題遂行中の思考についてインタビューされる自分自身のビデオを示される**刺激インタビュー**，生徒が課題遂行中の思考を言語化する**思考発話**法，そして**課題遂行からメタ認知過程を推論すること**が含まれる。マイヘンボーム（Meichenbaum, 1985）やジマーマン（Zimmerman, 1994）は，これらの方法の多くを用いた知見をレビューし，高いレベルの自己調整を示したり報告した生徒は，より高い学力を有することを示した。同様に，ビーミラーとリチャード（Biemiller & Richards, 1986）は，10月の教師評定によって自己調整が高かった小学生児童は，自己調整が低く評定された子どもに比べて，年間を通じて，実質的にこれまでより学力が上がったことを示している。

しかしながら，この領域の研究の多くは言語的課題調整の観察的測度を用いてきた。言語的課題調整の明らかな2つの指標は，他者に向けられた課題に関する発話と，そして**私的発話**（自己に向けられた，あるいは他者には向けられていない，聞き取れる，あるいは明確には聞き取れない発話）である。

●●● 私的発話と学力

有用な研究の大部分は私的発話に焦点を当てたものである。この領域の研究はジビン（Zivin, 1979），バーク（Berk, 1992），そしてディアス（Diaz, 1992）によって概括されてきた。バークとディアスは（問題解決中に）私的発話のレベルが高いと観察された生徒は，その後の高い学力を得ることを結論づけている（ディアスは，このことはある特定の課題での成績がより高いことを意味しているのではない，と強調している。私的発話は学習者にとって非常に難しい課題のときにはめったに生じない）。例えば，算数の課題中の私的発話に関する縦断的研究において，ビベンスとバーク（Bivens & Berk, 1990）は私的発話のより多い子どもは，1年生から3年生の算数の学力が上がることを示している。バークは他の短期的な実験室研究を概括している。これらは課題解決中の私的発話の使用と課題達成のレベルの間に積極的な関連があることを示すものであった。

●●● 課題調整発話と学力

　私たちは，2つの別々の研究で個人的な課題間の課題調整発話を研究してきた。第1の研究では，教師によって「自己志向が高い」と評定された子どもは，「自己志向が低い」と評定された子どもに比べて，小学校の様々な課題における自発的，あるいは自己始発的な課題調整発話が倍多かった（Meichenbaum & Biemiller, 1992）。そのような発話の例は以下のようなものであった。「見て！のりの上にラメを振りかけることができますよ」（自己課題だが他者に向けられた発話），「あなたはそこに読点を付けなければいけません」（他者課題で他者に向けられた発話），「さあ，僕は12と2を足さなくちゃいけない」（自己課題で自己に向けられた発話）などである。両方のグループにおいて，約15％の自発的課題調整発話が**自己**に向けられたもの，すなわち私的発話であった★。このように，自発的課題調整発話の大部分は他者に向けられたものであった。

> ★　私たちは多くの研究で述べられてきた「聞き取りできないつぶやき（inaudible muttering）」は含めなかった。

　第2の研究（Biemiller et al., 1993）で，私たちは教室の課題調整発話の測度を改訂した。その結果，自己志向が高いと認知された子どもは，自己志向の低い子どもよりも実質的に課題調整発話をより多くしたのである。さらに私たちの知見を，自己志向の「中」程度の子ども，および自己志向を評価する友人や教師に使用して，学力データを含むまで広げた。本章で私たちはこの結果をより詳しく述べていこうと思う。なぜなら，用いられた課題調整発話の測度は，クラスでのこの現象の良い指標であり，またこの研究は，教室での学習要求，生徒の能力，そして**観察された**生徒の言語的課題調整の関係に焦点を当てるからである。

●●● 実験的な自己調整行動の効果

　本書や既刊書，そして既刊論文の多くの研究では，実験的に引き出された自己調整行動は学力の向上に関連していることが示されてきた。しばしばこの行動は学習進度が速くない子どもから実験的に引き出されてきたのである。パリンサーとブラウンの**相互教授法**の研究（Palincsar & Brown, 1984; A. Brown &

Palincsar, 1989）や，最近ブラウンら（R. Brown et al., 1996）によって示された，**相互交流方略教授**の効果，デシュラーとシューマーカー（Deshler & Schumaker, 1988）の**学びの学習**法などがその例である。本書の多くの章は，同編者による前掲の文献（Schunk & Zimmerman, 1994; Zimmerman & Schunk, 1989）と同様，同じ基盤に立っている。矛盾したことには，自己調整法は幅広い生徒において明らかに学習に効果があり，生徒も利益を得るが，その一方で，一般のクラスにおいて自己調整行動を行うのは有能な生徒であり，彼らがそこから利益を得ることを示すエビデンスも存在するのである。

要約

　学力の高い生徒は低い生徒に比べ，教室において（私的発話を含む）課題調整的発話をより多くする。一方で，ヴィゴツキーの時代から現在まで，研究者は，課題の言語的調整は一般的な人間の現象であり，特定の能力の高いケースに限定されたものではないという見方をしてきた（Berk, 1992; この見方を支持するエビデンスをレビューしている）。私たちはどうやってこの見方と，有能な子どもほど教室で課題調整発話をするという知見とを，矛盾なく調和させられるのだろうか？

なぜ有能な生徒だけがクラスの中で言語的に課題を調整するのか

言語的課題調整の発達

　課題の調整　**課題の調整**とは選択，計画と修正（「構築」），実用化，そして課題の評価のことである。すなわち，課題の調整は課題への干渉や課題の放棄も含んでいる。ヴィゴツキー（1978, p.20-24）が述べるように，ほとんどの行動や問題解決が「高次の精神過程」や言語的コントロールを明確には含んでいるわけではない。つまり，すべての動物は「行為し」，そして実際ある程度は「問題解決」している。しかしまた，ヴィゴツキーは，人は言語的コントロールによって行動することができるようになったことで，過去の経験を取り出して新しい状況を予期し，人間の計画する力を大いに向上させたと指摘している。また行動の言語的コントロールは，行動を形成するときに人間の文化の役

割を働らかせるのである。

課題の言語的調整 発達の初期において，幼児は発話（あるいは発声）をしばしば他者の行動をコントロールするために用いるが，（時折）他者の発話は幼児の課題を調整しコントロールし始めるようになる。例えば，幼児の泣きは母親が今していることを中断させ（課題を放棄させ），子どもへと注意を向けさせる。発話とジェスチャーによるコミュニケーションが改善されるにつれ，子どもは他者を自分自身の課題における"道具"として使う（Case, 1985; pp.137-141）。子どもが自分を持ち上げてくださいと頼む（例えば，「上げて！」）などが，このような他者への指示の例である。同時に，子どもはそうするように言われたときには，手をひらひらさせ「バイバイ」するが，これは他者によって言語的に指示された行動の例である。また私的発話について学ぶ学生は，子どもが2〜3歳までに，課題を行っているときに時折独り言を言うようになることに気がつく。これらの独り言は，部分的には取り組んでいる際の活動について述べているのである（Berk, 1992; Henderson & Cunningham, 1994; Vygotsky, 1987）。

自己調整 数年後の発達において（3〜5歳），子どもには明確に自分自身に対する言語指示がみられるようになる。コップ（Kopp, 1982）やディアスら（Diaz et al., 1990）は言語化を**統制すること**，すなわち実質的には大人の命令のまねごと（例えば，「先生が"絵の具はまぜちゃだめ！"っていってたよ」）と，言語化を**調整すること**，つまり新たな課題調整言語が子どもによって生成されること（例えば，「ああ，2をこちらにもってくるのを忘れてた」）とを区別している。私たちの観察では，子どもが自己調整言語を生成する時期あたりまでに（典型的には，5歳の誕生日後に），他者の課題の遂行へのアドバイスもし始める★。

★ 子どもがいつから他者や自己の感情や気質の調整を始めるのかには確証はない（例えば，「落ち着いて」や「それでいいよ」など）。それは就学前の相当早い時期に起こると考えられる。

●●● 自己調整と学習

これは，年長の子どもが自分自身の行動を言語的に調整するようになる**発達的**な連鎖だけではなく，子ども（や大人）が，一般的には次の①から②や③へと推移する，**学習的**連鎖でもある，ということを私たちは提起する。すなわち，

①新奇課題において他者によって言語的に調整されること（例えば，生徒が新しいスキルや方略を獲得することができることを目的とした教師からの指導やガイダンス）から，②ある言語的ガイダンスや"ヒント"（Vygotsky, 1978）によって課題の遂行が可能になること（例えば，スキャフォルディングとなる教師や友人から利用可能な援助を得ることによって，生徒の学習したスキルや方略を確かにする，一般的な，生徒が個々独立して取り組む形式の学校課題やドリル）へ，そして③同様の課題でのパフォーマンスや構築において，前者の学習者が現在他者（あるいは偶発的には自分自身）を調整するような，熟達や内在化のレベルに到達すること（Wertsch, 1993）（例えば，生徒が議論し，協同する，ある"本当の"学校活動，状況）へと移行するのである★。

★ この学習の連鎖は，ヴィゴツキー（Vygotsky, 1978, p.84 ff.）のいう発達の最近接領域（Zone of Proximal Development）——新たな学習されるべき課題や手続きと，独力で遂行される課題や手続きの間の違い——の一部を表している（発達の最近接領域の他の側面は，発達の特定の時点で，ある学習不可能な課題を与えるような能力の限界に関連している）。

　人が他者の活動を調整するとき，少なくとも一時的にはその人は自分が主導的あるいは支配的役割にあると考えていることに留意しなければならない。その意味で，人は自分自身の課題を調整しているときにも，（他者からの援助を求めるというよりも）同じことをしているのだ。人は他者に対して，そして自己に対して，アドバイスや指示をするための自信をもたなければならない。

他者調整と自己調整の関係　この分析は，**他者調整**（他者の課題の調整）と**自己調整**（自己の課題の調整）は密接に関連したプロセスであることを提起する。実証的には，私たちは，教師や友人から自己志向的であると認知された小学校児童が，他者調整的および自己調整的の発話の両方を高いレベルで行っているというエビデンスを述べる。理論的には，ヴィゴツキーやワーチ，そしてその他の研究者らによる自己調整者になることの説明では，他者の調整は自己の調整に先行するもの，そしてそれに伴うものであることを提起している。ストーン（Stone, in press）やワーチ（Wertsch, 1991），ワーチら（Wertsch et al., 1984）や他の研究者は，学習者が新たな課題や手続きを理解するために，**共有された**（shared）あるいは**接続的な**（jointed）課題調整が重要であることを特に強調している。私たちは，ともかく多くの生徒が，他者の課題調整を通して，言語的課題調整の十分な経験やコンピテンスを得るという仮説を立てる。次に

この解釈に一貫した観察データについて述べていこう。

●●● 剰余能力仮説

初期の言語的課題調整の発達を制約する要因は，認知的能力の発達，特にワーキング・メモリ（作動記憶）と言語的処理の能力であろう。ロビー・ケース（Robbie Case）は，話し言葉の**理解**や**生成**を行う場合は**いずれ**も，幼児期にワーキング・メモリのユニットか「M-空間」までが必要かもしれないと示唆している（Case, 1985, pp.141-146）。就学前期にも，多単語発話（multiword utterances）の理解と生成（Case, 1985, pp.169-175）の点において同様の制約が働いている。本当の自己調整に求められる条件である自己内対話のように（そして恐らく実際の他者との対話でも），発話を**同時**に生成し理解することは，発話を生成するか理解するかのいずれかだけよりも，より多くの能力が必要となるであろう。これらの認知的要請が，何らかの特定の課題（例えば，Case, 1985, 1992 において概観された問題解決の非言語的側面）に対する注意を必要とする要請と結びついたとき，4，5歳以下の子どもが本当の自己調整的活動をすることはほとんどないであろう。この発達の時点以降，課題の全体的な認知的負荷は，自己調整が可能となる程度にまで低減する。グーテンタグ（Gutentag, 1984），グーテンタグら（Gutentag et al., 1987），パースら（Paas et al., 1994），プレスリーら（Pressley et al., 1987）の見解は，過剰な認知的負荷は課題の言語的調整に干渉するという見方と一致している。実践的な目的からすると，**認知的負荷**は課題に取り組んでいる間，同時に考慮しなければならない変数の数のことである（Case, 1985; Halford et al., in press）。このことから，自己調整は，直前に学習されたスキルや方略を含む課題よりも，過去に何度か教えられた方略やスキルを含む課題において典型的に生じるという仮説が可能であろう。

この**剰余能力**理論の実践的示唆は，子ども（あるいは大人）が学習領域の課題で自己調整経験をしようとするときには，直前に学習された課題よりも，認知的負荷の低い課題を行う必要がある，というものである。例えば，多くの4年生が，4年生用の算数の課題よりも，2年生用において言語的に調整することができるのである。

●●● なぜ高学力の生徒が学校でより課題―調整発話を用いるのだろうか

　生徒の準備状態あるいは認知的発達と経験には一般的な多様性があり，そのことは学習課題の要請と生徒の発達した能力とが**相互作用**することによって強調される，ということを取り上げよう。学習進度の遅い生徒は，課題に向けた言語的な学校経験をわずかしか得ていない。なぜなら教室の課題はしばしば彼らに欠けているスキルや課題計画方略を求めるからであり，また／あるいは彼らは課題を行う際の言語的調整に利用できる余剰の認知的能力を十分にもっていないからである。教師やより進度の進んだ生徒は，進度の遅い生徒が課題をやりとげるように援助し，学習課題への支援を与える。しかしながら，これらの進度の遅い生徒の多くが自分や他者の課題を言語的に調整し始める前に，教師は新たなカリキュラム内容へと移行してしまう。また，平均的そして進度の遅い生徒は，彼らの支援を**必要とする**他の生徒がいることはほとんどない。このように彼らは，学習スキルや課題の観点から，アシスタントやチューター，あるいは「コンサルタント」の役割を担うことがほとんどない。

　進度の遅い生徒は，課題についての言語的指示を与える立場にはめったにないため，課題調整発話を用いる経験や実践をすることがない。また彼らは自分自身を，学習課題に関して主要な，あるいはリーダー的な役割であると考えることもほとんどない。すなわち，教師から課題の説明や友人への手助けをするように言われてすることは，彼らが自発的にそうすることと同じではない。これらの生徒は，自分たちは学習領域では，通常課題を成功裏に遂行するために他者の援助を必要とするような，**従属的な**存在である，と基本的に考えるようになる。このように，平均的あるいは進度の遅い生徒は，学習課題の言語的調整の実践をすることはなく，学習のリーダー経験もなく，フォロウアー経験だけしかないのである。

　学習進度の遅い生徒が，より学習の進んだ友人と同じように有能で独立した学習者であり，学習スキルの使い手である経験をするには，進度の進んだ生徒が現在教室で受けているような，ある種の経験が必要であるという仮説を私たちは立てている。これはつまり，生徒が時折，それに関しては極めて有能であり余力があるという課題に取り組むことである。また，時には自分よりも能力の劣っている他者に対し，うまく相談相手になったり手助けしたりすることも必要である。

多くのカリキュラムのガイドやアドバイザーは，学習スキルに取り組む際には，現在の水準よりもわずかに高いものが望ましいことを強調している。生徒の学力の現在のレベルに基づいた教授は，新たなスキルの獲得を導く際に効果的であるというエビデンスも存在する（Gutierrez & Slavin, 1992; Mosteller et al., 1996; Slavin, 1987）。しかしほとんどの研究者や教師は，時折現在のスキルやプランニング方略を越えない学習内容，いわゆる「簡単な」課題に取り組むことの重要性を考慮することは**ない**。逆説的なことに，これは学力の高い学生がしばしば経験している状況である。私たちは，平均的あるいは平均以下の生徒にも（彼らにとって）中程度の困難な課題を与え，より高い学力の生徒と同様の経験をすることを支援して，彼らに高い学力の生徒と同じような役割をもつ機会が与えられるべきだ，という提案をしている。課題の要請と生徒の能力間の適合度を改善することは，結果的に，より高い言語的課題調整行動のレベルや，その後の，自己調整を必要とする課題（例えば，問題解決，構成的課題）における効果性を増すことにつながるだろう。

課題調整における課題の要請と生徒の能力の相互作用に関する研究

私たちは，多くの生徒は学習文脈において課題調整発話ができることを示すための研究を実施した（Biemiller et al., 1993）。私たちの目標は以下の2つであった。

1. より統制された条件の下で，課題調整発話に関して，また認知された生徒の自己調整について，私たちの教室でのオリジナルの知見を再現すること。
2. 実質的に大部分の子どもは，彼らがうまく対処できる困難度の課題領域での取り組みや，課題の機能（明確化，計画，モニター，評価）を積極的に言語化するよう求められる役割文脈における取り組みでは，**教室で"低い"と彼らがみなしている領域において**，高いレベルの自己調整的発話ができる，という私たちの仮説を検証すること。

この研究は，中位から上位の社会経済的地位の母集団のいる実験学校において実施された。2年生から4年生を対象とした3つのグループが研究のために

選ばれた。すなわち，①友人によって課題調整が低いと認知された子ども，②ある程度の課題調整ができると認知された子ども（友人による中程度の評価），③課題調整が高いと認知された子ども，の3つである。友人からの認知は，以下の4つの質問から導き出された。

1. あなたのクラスで一緒に算数の問題に取り組みたい子は誰ですか？
2. もしあなたのクラスに算数の問題に困難をもつ子がいたら，その子を手助けするのに適任なのは誰ですか？
3. あなたのクラスで，算数でするべきことを即座に理解する人は誰ですか？
4. 算数でたくさんの，そして良いアイディアをもっている子は誰ですか？

私たちはクラスで指名されたそれぞれの子どもの数を集計した。上位4分の1は自己調整高群とされ，下位4分の1は自己調整低群★とされた。そして，クラスにおける指名数が中程度であった者は自己調整中群であるとした。私たちは低・中・高の自己調整を選び，各グループにはそれぞれ6名の子どもが割り当てられた。各グループに，2年生2名，3年生2名，そして4年生2名である。

★ 友人指名が0か1であった子どもは，社会的に拒否されているだろうとの考えから除外され，そのため一貫しない結果となった。

これらの友人選択によるグループは，学力において有意に異なっており，算数の問題解決テストでの平均得点は26（自己調整低群），39（中群），そして42（高群）であった。また子どもたちは知能テスト（児童用ウェクスラー知能検査）においても106（低），115（中），そして129（高）と異なっていた。両方のケースにおいて，共分散分析の結果は.01%で有意であった★。

★ 調整の「低い」子どもは「平均的な」知能指数であることに注意しなければならない。読者は，なぜ認知的に低い子どもでは課題調整発話が低くなるのか不思議に思うかもしれない。しかし本章の後半で短く述べられる年齢別個人指導研究では（Inglis & Biemiller, 1997），経済的に不利があるものの，低い学力レベルの中では遂行の良い子どもは，課題調整発話を用いながら，効果的な支援を与えることができたのである。

課題調整発話の観察

各児童による平均40分の個々の算数（算数課題の実施）における取り組みが観察された。教師がクラス全体や対象児童を含むグループに対して直接的な指導を与えた際には，観察はされなかった。観察者は，対象児童による発話や対象児童への発話をすべて記録した。また観察者は，トランスクリプトの分析を容易にするために（発話の文脈を与える）必要な算数の活動の性質や行動の観察を行った。

本研究において，課題調整発話は以下から構成された。①子ども自身の算数の取り組みに関連して発せられた自発的発言（自己あるいは他者に向けられたもの），②他者からの援助の要求に応じてなされた発言，そして③他者の算数への取り組みについてなされた自発的な発言，である。これらの発話は，子どもが目標や計画を言語化することができ，かつそうするであろうこと，そして自分自身や他者の課題での進歩を言語的にモニターし調整することが可能であることを示している。観察された子どもの，援助の要求や援助への反応，あるいは他者からのコメント（請われたものか請われていないものか）は課題調整発話のエビデンスには含まれなかった。私たちは，援助要請とはその名の通り，課題調整を与えるよりはむしろ得るものであると考えた。発話が自発的になされていない場合や，援助がないことによって生じていない場合，私たちは，援助への反応を無視した（他者に求められた援助への反応は，明らかに課題調整的であることから含まれた）。

本章最後の付表では，コーディングの手続きを要約している。文章が同定，コード化され，すべての子どもに共通した測度を与えるため，結果は時間あたりの文章数で表された。コード化の担当者は対象となる子どもの自己調整地位を知ることはなく，課題調整発話のコーディングは80％の一致度であった。

教室の結果：高学力の生徒は課題調整発話をする

算数における個々の取り組みが観察された際，自己調整の評価の高い生徒では，より高いレベルでの課題調整発話が見出された。全体として，自己調整低群の子どもでは，驚くことに時間あたり平均16（SD = 9）の課題調整文がみられ，自己調整中群の子どもは，時間あたり平均8（SD = 7）の課題調整文の

みであった。一方，自己調整高群の子どもは時間あたり平均 57（SD = 25）であった。これらの差は有意であり（F (2,15) = 15.82, p <.01），この結果は自己指導に関わる課題指導的発話に関する私たちの初期の知見を再現するものであった。

●●● 友人支援のセッション：すべての子どもは課題調整発話をする

私たちの目的は，進度の進んだ子どもが教室において頻繁に経験する環境であると考えられる状況の下で，子どもの行動を観察することである。すなわち，子どもが有能となる課題において，また子どもの有能さを言語的に表出することを求められる役割において機能する，知力（私たちのいう**コンサルティング役割**）を観察することである。私たちは年少の子どもの算数の援助者として，年長の（ある学年段階よりも上の）子とペアになって取り組むよう設定した。これらのペアは，実験室において算数の文章題に取り組んだ。各ペアには1組の問題が与えられた。それは，年少の子どもが解答可能な2，3題からスタートし，次に年少の子どもには援助が必要で，年長の子どもには解答できるような（先行のテスト成績に基づく）より難しい7，8題が続くものであった。これらの条件は全ケースの 75 %で満たしていた。他のケースでは，年少の子どもは予想よりも有能であることがみられたが，それはテストが彼らのスキルを過小評価していたか，あるいはテストの際に彼らがスキルを増大させたためと考えられた。

実験者（シャニーとイングリス）は支援のセッションの間在席していたが，課題には参加せず，行動的な問題が生じたときや，年長の子どもがお手上げのときにのみ介入した。子どもには支援に関する教室の練習だと念を押し（「答えは教えてはいけません」），進行するように促された。実験室セッションは 10 分から 38 分の長さで，平均 20 分であった。すべてのセッションはビデオで録画された。ビデオは先述の課題調整発話のためのコード化が行われた。

解決可能な課題や，課題の説明が必要となる役割が与えられると，実験室で見られる年長の子どもの行動は，教室で観察されるものとは著しく変化した。友人評定による自己調整の低い子どもは，時間あたり平均 177（SD = 97）という，教室で見られた 10 倍以上の自己調整文を産出した。自己調整中群の子どもは時間あたり平均 199（SD = 81），自己調整高群の子どもは平均 222

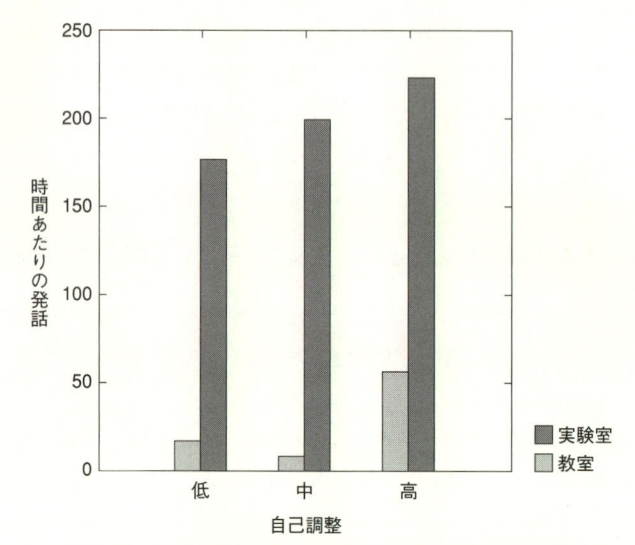

図10.1　教室と援助提供条件における，自己調整高・中・低にみられる時間あたりの自発的課題調整発話の比較

(SD = 143) の文を産出した。実験室条件では，課題調整発話全体で，群間に有意な差はみられなかった（$F(2,15) = 0.25, p < .78$）。図10.1には，教室と実験室状況における課題調整発話が対比されている。

●●● 要約

　機会が与えられるならば，自己調整の低いあるいは中程度の子どもも課題調整言語を産出できることは明らかである。教室においてみられた課題調整発話の割合の違いは，課題調整の潜在力において子ども間に基本的な違いがあるというより，課題が生徒のどのようなスキルを必要としているのか，そして生徒がどのような役割を考えているかによって生じる。

自己調整を支える条件

　自己調整の教授は，単に自己調整の方略やモデリングを教える問題ではない。それには，言語的な課題調整を練習する適切な機会を作り出すことが含まれる。

いろいろな意味で，これらの結果は極めて明白であろう。教室において十分な課題調整言語を用いない子どもは，課題を十分に易しくし，話す理由を与えるならば，課題について流暢に言語化できるだろう！　このことは明らかであるが，教室での成績の下位4分の1にいる子どもにも，**そして成績の中程度の子どもにとっても**，私たちの作った状況が極めて例外的である場合もある。また驚くべきことに，教室で課題調整発話を産出しようとするとき，自己調整が中程度の子どもは，もはや中位にとどまってはいないのである。

この実証的研究のポイントは，年齢別の個別指導それ自体がよいわけでも，また実験室文脈で産出された課題調整発話が必ず効果的であるというわけでもない。より簡単な課題が与えられ，課題について話す責任があるとき，本研究での下位あるいは平均的生徒は課題調整発話を産出する**能力**があったということである。その発話を効果的なものとすることは，依然として教育の責任である。

課題が非常に易しいならば，課題について他者や自分自身に話をする必要がほとんどなくなる。課題調整発話を引き出すために重要なことは，課題を生徒のコンピテンスの範囲におくことと，**そして課題の説明が必要となる役割と**を組み合わせることである。

本書には書き行動，読み，数学，計算，そして他の教授の領域における自己調整についての章が含まれている。各章では，課題計画のための方略の自己調整や課題全体への焦点や注意の自己調整を扱っている。生徒が学習課題に対して積極的な自己調整的アプローチを維持するためには，特定の文脈において効果的な方略を使用すること（例えば，読解において視覚化し要約すること，目標設定，進歩のモニタリング，そして書き方の改訂）だけが必要なのではない。私たちは，生徒がこれらの方略を用いる間，成功可能な課題が必要であり（例えば，自分自身の力で，あるいは適切なスキャフォルディングの支援によって，読むことができる本や，生徒が達成できる記述課題），そして他者の課題に対して言語的支援を与える際には，合理的で成功裏にリーダーシップをとることができる**役割文脈**が必要であるということを指摘したい。

自己調整を目標とした効果的なプログラムの多くは，明らかに**他者の調整**の文脈を含んでいる。おそらく最もよく知られているものはパリンサーとブラウン（Palincsar & Brown, 1984; A. Brown & Palincsar, 1989）の相互教授法であろう。これは生徒が「教師」役割を演じ，クラスメイトに対して質問や概略を作

り出すものである。同様に，アロンソン（Aronson, 1979）の**ジグソー法**（jigsaw approach）では，本人が学習した領域について，それぞれの生徒に他の生徒に対して教える責任のある「エキスパート（専門家）」としての役割を明確に作り出す。ブラウンとキャンピオーン（A. Brown & Campione, 1994）の学習者のコミュニティ・プログラムは，相互教授法とジグソー法を基礎としている。プレスリーとエル-ディナリーら（Pressley & El-Dinary et al., 1992）の読解への**相互交流方略教授法**は同様に，自己調整への道筋としての対話を強調する。

それぞれの生徒は，グループのプロセスに参加することから利益を得ると考えられる。グループへの長期の参加は，グループでの「実際の」活動の内面化をもたらすと仮定される。すなわち，一度グループでなされた決定のタイプが，本人が1人で読む際に，結果的に参加者個人によってなされるのである（Pressley, El-Dinary et al., 1992, p.516）。

これらのグループの**相互交流**や課題の言語的議論を通じて，理解方略は，教師から教えられ，勧められたものから，生徒によって始められたものへと移行するのである。

しかしながら，他者の課題を部分的に調整することを求める状況が，効果的な自己調整を導くプログラムの共通した要因だと認識すると，他者の調整の援助が合理的に生じる文脈を作り出すことが重要になってくる。クラス内の友人からの支援はそのような文脈の1つであるが，相対的にわずかな生徒にしかコンサルティング的役割を与えることができず，他の生徒には従属的な役割を強いることになる。年齢差のある友人からの支援（あるいは個別指導，または「仲間（buddy）」活動）は別の文脈を与えるものの，私たちが普段考えるよりもより多くの準備や組織化が必要となる（年長の生徒から支援を受け入れることは，同学年のクラスメイトからの支援を受けることよりも，心理学的によりよい結果をもつことに注意しなければならない）。協同学習活動（広義には，2人かそれ以上の生徒が1つの課題に取り組む方法）は，理論的には多くの課題調整発話の機会を与えるものである。しかしながら，協同グループの中で，（子どものもつ）協同に関連したスキルや役割を子どもがどの程度もっているかということに十分な注意が向けられていなければ，私たちが述べてきたコンサルティング的経験はほとんどできないであろう（Johnson & Johnson, 1975）。

●●● コンサルティング／内省的役割

本質的に，生徒の言語的調整経験を広げる類いの役割とは，生徒がそこにおいて，理にかなった権威者（あるいは同等の協同的パートナー）となることや，言語的課題の指示，ガイダンス，または評価を行うことを求められるものである。私たちはこれらを**コンサルティング**あるいは**内省的**な役割と呼んでいる。子どもが他者を支援し，2人かそれ以上で協同的に課題に取り組み，子どもが他者の取り組みを見直し（あるいは「編集」し）建設的なアドバイスを与えるとき，そして子どもが現在や将来の目標を修正しながら自分自身の課題を見直しあるいは編集するとき，これらの役割は生じる。生徒の他者や自分自身の取り組みのコンサルティングや内省を可能にするには，多くの様々な方法が存在する。

1. **他の生徒の課題やプロジェクトの担い手として，そして作り手として。**生徒は他の（しばしば年少の）生徒が用いるワークシートや算数の問題，算数のゲーム，言葉探しパズル，物語作りのネタなどを作り出すことができる。生徒は，他の生徒の取り組みの採点もできる。私たちは，生徒が他の生徒のために教材を作り出す際，他者に用いられる前に，彼らが小グループで作業し，連携して教材を編集することを推奨する。私たちの見解では，これらの課題は，当該スキルに問題のない生徒に対して最も効果的である。

2. **ヘルパー，アシスタント，チューターとして。**生徒は「○○のためにしなさい」ではなく（通常の教室での自発的な支援はしばしば「○○のためにしなさい」の形式がとられることに注意しなければならない★），支援の仕方が教えられなければならない。生徒はまた年少の生徒の取り組みを採点したり，自分や教師が手助けできる問題のパターンの決定を試みたりして手助けできる。私たちは通常，ヘルパーが自分の援助の効果を評価する際，そのような作業の中に自己内省的な要因を含めてきた。

3. **構築的な課題あるいは複雑な産物の協同者として。**例えば，クラスで注意すべき，起こりうる問題や「手続き的なバグ（欠点）」について，来年のクラスのためのガイドブックを作成するよう頼まれるかもしれない。その中で，生徒は自分自身や他者の経験した問題を振り返るに違いない。ま

た生徒は，協同的プロジェクトにおいて仲間の生徒と協調する必要があるかもしれない。真の協同のためには，能力は同等もしくは相補的であるべきである。

4. **ジグソーや相互教授で回ってくる，構造的な協同学習役割の参加者として**。これらの，そして他の協同学習モデルでは，それぞれの生徒は課題全体の中で下位の課題に責任をもつ。

5. **編集者として**。生徒は他の生徒が行った課題の整理や編集を割り当てられる。この編集が他の生徒との有意義な対話を導き出すならば，コンサルタント設定が作り出される。

6. **個人的あるいは協同的課題を達成した後の「内省者」として**。生徒は自分の取り組みの振り返りや，言語的あるいはプリント上でコメントすることを求められる。内省の大部分は自己編集や自己評価に相当する。このプロセスで批評よりも改善に焦点が当てられるならば，積極的な自己コンサルティング経験になるであろう。

★ 同時に，生徒の課題の「構築」や計画（例えば，読解，テキストを書くことなど）の改善を目標とする課題において，スキルを伴った「〇〇のためにやりなさい」という支援を与えることは，適切かもしれない。例えば，シャニーとビーミラー（Shany & Biemiller, 1995）は支援のある読解に関する研究で，単語確認の支援を行う拡大的な読解実践を提供することで，より進度の進んだレベルの文章理解や，文脈における視覚的な言語力が大いに改善されることを見出している。そのような支援は，スキャフォルディングの側面である（Biemiller & Meichenbaum, in press; Stone, in press）。

私たちは，これが完璧なリストであるとは考えてはおらず，創造性豊かな教師は，生徒に対して，多くの他の効果的なコンサルティング役割を開発し続けるであろうと確信している。

●●● コンサルティング役割の経験の効果に関する予備的なエビデンス

2人の著者（イングリスとビーミラー）は，最近次のような研究プロジェクトを行った。すなわち，都心の小学校の算数の学力の低い4年生が，2年生の算数を支援するというものである（Inglis & Biemiller, 1997）。この研究の目的は，異年齢にわたるコンサルティング経験が年長の子ども自身の算数の学力に及ぼす効果を検証することであった。

子どもに算数の年齢を越えた個人指導経験を与えたことに加え，著者の1人（イングリス）は，いかにして「良き援助者になるか」の訓練を行った。実験室で得られた私たちのデータでは，様々な能力の子どもたちは，援助者として十分に課題調整発話を生成するよう行動するが，彼らのすべてが良い援助スキルを示すわけではないことが示された。例えば，一部の子どもたちは，不注意で，いくぶん怠惰で，すぐにイライラし，指示的すぎる，あるいは指示的でなさすぎる，あるいは急ぎすぎることに私たちは気づいた。良い援助スキルは，スキャフォルディングや戦略的教授の研究（Bruer, 1993; McGilly, 1994; Pressley & Woloshyn, 1994; Pressley et al., 1990; Wood, 1988 参照）や，友人や年齢別の個人指導に関する膨大な研究から翻案された（Goodlad & Hirst, 1989, 1990; Mavrogenes & Galen, 1978; Rekrut, 1994 参照）。

イングリスは，訓練と援助を組み合わせた1回30～45分のセッションを15～20回行った。通常1週間に2回のセッションがあり，10～15回のセッションには年少の子どもを直接援助することが含まれた。訓練プログラムは5つの方略に焦点を当てていた。①誰がいつ援助を必要としているかを理解するためによく見聞きすること，②どんな種類の援助が必要かを見出すために質問すること，③相手が自分の力で答えにたどり着けるよう，答えの変わりにヒントを与えること，④相手を励ますために肩をぽんとたたくこと，⑤取り組みが正確に進んでいるか，そして「私は良い援助をした」かどうかを理解するため，それを確認すること，の5つの方略を子どもは教えられた。

訓練と援助のセッションに参加した後，31名の援助者は，カナダ式基本スキルテスト改訂版★の算数の文章題では平均6項目に正解した。同じ時間内で，38名の統制群の子どもの平均は3項目だった。これらについて，プリテスト得点を共変量とした共分散分析の結果，0.1％で有意となった。手短に言えば，数か月間にわたってコンサルティング的役割に参加したことで，算数の問題解決スキルがより効果的に**用いられるようになった**のである。算数の援助者は年少の子どもと様々な算数の課題に取り組んだが，そのうちのごく一部は問題解決型のものであったことは特記すべきことである。それゆえ，算数の問題解決において得点を獲得することは，単に援助の経験をする練習のためだと考えることはできない。得点はまた計算能力の伸びに帰属することもできない。なぜなら，最初あるいは最後の計算能力において，訓練群と統制群間に違いはみられなかったためである。

★ テストの修正には，多肢選択よりも自由回答を用いること，そして必要な場合は生徒用の読解項目が含まれた。項目は，国の規準に基づき困難度が増大するよう選択された。

●●● 学校プログラムにおけるコンサルティングの場

　私たちは，年齢別の個人指導プログラムが，数学での特殊な自己調整プログラムなのではなく，教師主導の教授，小グループでの議論，そして個人レベルの課題への取り組みといった大部分のクラス活動となるべきコンサルティング・プログラムの要因であることを見てきた。同一の週あるいは日に，すべての学習領域ですべての生徒に対してコンサルティング的役割を与えることは，戦略的に考えて実際的ではない。そのため私たちは，多くの生徒に対して，1つの学習領域で一度，一貫し十分に計画されたコンサルティング役割を，学習年度のコースのすべての領域において与えるように提案する。率直なところ，今日では進度の進んだ生徒に教育の重点が置かれていると私たちは考える。よくできる生徒は，成績の良くない生徒を助けることでますます課題調整コンピテンスが得られ，できない子どもは「自分のために考えてくれる人をどうやって獲得するか」を大いに学習しているのである（有能な子どもが他者を援助することは Pressley et al., 1992 と Brown & Campione, 1994 で推奨されている）。

結　語

　本章のはじめで，私たちは子どもに同等に対処することによって，もっと偏りのない成果（そしてそれはより高いレベルであることが示唆されている）を得ることが可能になるという考えに「賛成でもあり，反対でもある」ことを述べた。最後に，この矛盾に戻ることにしよう。

　多くのスキルがカバーされ，自己調整と熟達を発達させる機会があるという意味で，共通のカリキュラムがほとんどの生徒に与えられるべきだという考えに私たちは賛同する（学力分布のおよそ 10～15％の生徒がカリキュラムの修正が必要であると私たちは推測している）。効果的教授やスキルや問題解決方略の実践，他の生徒の援助，そして協同学習は，進度の進んだ生徒だけにではなく，ほとんどの生徒に利用可能で有益なものとなる。このことは，ほとんどの生徒は時に（いつもではなく！），グループで最も有能なメンバーとなるよ

うな（2〜4名の）小グループ状況での経験をすべきであることを意味している。この方法を行うことが，通常3分の1程度のレベルの高い子どもだけでなく，小学校の学習課題においてより多くの子どもたちが高いレベルの自己調整の獲得を導くであろうという仮説を私たちはもっている。

私たちは，すべての生徒に対して同じあるいは類似の機会を与えることが，同時点で高いレベルでの自己調整を獲得する機会を提供するという見方には同意しない（Biemiller, 1993）。私たちは，このことがすべての生徒に最適の結果をもたらすとは考えていないのである。すべての生徒が同時点で同じカリキュラムをカバーすることを主張するのは，すべての人が100時間のスキー経験をすれば，同じ坂を下ることができると主張していることにほぼ等しい。

これらのことから次の示唆が明らかになる。もし私たちが純粋に，多数の子どもが効果的な自己調整者になる方法を考えるならば，子どもに教授方略や自己調整を始めるための他の効果的なアプローチを与えるだけでは十分でない。私たちは生徒が通常の学習の基礎の上で，他の生徒や自分自身で課題調整の潜在的能力を見事に発揮できるような，進行中の取り組みの条件を創造し，維持しなければならないのである。

付録 A ：課題調整発話の測度

子どもたちは平均40分間の「個別の算数の課題」（割り当てられた課題の遂行）に取り組む間観察された。観察者は対象となる子どもの発話をすべて（他者に対するものも自己に対するものも）を書き留めた。加えて，他にも発話のコード化に必要な情報を書き留めた。それには，①議論されている課題，②明確な感情（例えば，微笑，顔をしかめる），③誰に対してコメントが向けられているか，が含まれた。観察者は個別の課題が進むレッスンを観察し，子どもが取り組んでいる課題の性質について記述した。

コーディング・システムはマイヘンボームとビーミラー（Meichenbaum & Biemiller, 1992）が述べたものの簡略版であった。対象児の発話は次の4つのうちの1つにグループ化された。

1. **社会的発話**：話者の**現在**の課題とは関連の**ない**もの——例えば「昨晩のブルージェイズ（野球チーム）はどうだった？」「休憩時間に遊ばない？」

2. **言語的産物**：単語の**読み**や数の音読の結果，答え（あるいは「産物」を大声で**言う**こと——例えば「彼女は6つの卵を残しています！」
3. **課題の交渉**：課題の難しさを低減するよう子どもが教師に交渉する議論——例えば「この答えを書き出さなくちゃいけないの？」／あるいは他の子どもに「順番」について交渉する議論——例えば「君が測ったから，今度は僕が答えを書くよ」
4. **課題関連発話**：自己や他者に向けられた，課題の機能の言明，あるいは課題の機能の**質問**についての発話。課題機能には以下が含まれる。
    a. 課題の**特定化**，手続き，目的：課題の定義，目標あるいは問題の言明（例えば「これは編集って言われるんだ」）
    b. **プランニング機能**：次に何があるかや一連の行動についての発言（例えば「さあ，僕は○○しなくちゃならない……」）
    c. **実行／モニタリング／評価の機能**：進展を記述し，出席，欠席に必要な条件を記述し（例えば，「私，赤ステッカーもらってないです」），あるいは手続きや課題を評価すること（例えば，「できた」や「いいチョウチョができた」）

本研究の目的のため，すべての課題関連発話は3つの主要なカテゴリーに分類された。

1. **自分の課題についての自発的発言**：このカテゴリーには指摘発話が含まれるが，現実的には，自分の課題に関するほとんどの発話は他者に向けられてなされている。例えば，「問題7が終わった」など。このカテゴリーには**自己**志向の質問も含まれる。
2. **他者の課題に対して支援する**：これには他者の課題へのコメントや自発的支援，相手の支援を意図した質問（例えば，「何か忘れちゃった？」），また支援のために他者の質問に応えることが含まれる。
3. **支援の要請と支援を受けたことへの反応**：これには支援を要請することと，要請された，あるいは要請されていない支援への反応が含まれる。

課題調整発話は，「自発的−自己課題」と「支援提供」としてコード化され，文章の頻度によって指標とされる。観察された文章の数は1時間あたりに表れ

た文章数として調整される。観察された文章数×60÷観察時間数，によって算出される。

謝辞
　私たちはトロント教育委員会内の児童研究所，およびパーク，レジェンズ・パーク，そしてスプルース法律学校における実験学校の子どもとスタッフに感謝申し上げる。彼らの協力なくして本章で報告された研究は実施することができなかった。また研究を支援してくれたカナダ社会科学・人文科学研究審議会にも感謝する。最後になってしまったが，本章の多くのデータ起こしをし，コード化してくれたマーシー・スクウェラーにも感謝申し上げる。

第 11 章

結論と展望：
学習への介入はどの方向をめざすべきか

ディル・H・シャンク
（Dale H. Schunk/Purdue University）
バリー・J・ジマーマン
（Barry J. Zimmerman/City University of New York）

　本書のそれぞれの章で，過去数年，学習の自己調整が，理論，研究，教育への適用面で，飛躍的に進んだことを明らかにした。各章の著者たちは，理論的観点，方法論の選択，学習内容，技術の使い方，学習者の学びのタイプを含む様々な点で異なるのだが，彼らの介入はどれも，ジマーマン（第1章，本書）によって論じられた自己調整の運用と下位過程を反映したものとなっている。
　この結びの章でははじめに，学習の自己調整の理論的起源から現在までの歴史を要約する。次に，自己調整の介入の共通構成成分について論じよう。しかしその共通構成成分には，著者たちの考え方が異なっているという問題がある。将来の研究の提言をし，教育環境の変革をすすめる構想で締めくくるつもりである。

学習の自己調整：過去と現在

　私たちの学習の自己調整に関する最初の本の主要目的は，新しい研究がしっかりとした理論に基づいていることの確認であった（Zimmerman & Schunk,

1989)。その結果,著者たちは,様々な理論的観点から自己調整を論じたのだった。すなわち,オペラント,現象学,社会的認知,意思的,ヴィゴツキー学派,構成主義の観点である。これらのどの理論も,次の5つの基本的課題や問題を扱っている。

1. 生徒が,学習の際に自己調整するのは,どういう動機づけであるか？
2. 生徒が,自己反応あるいは自覚をするようになるのは,どのような過程あるいは手続きによってか？
3. 自己調整のできる生徒が,学習目標を達成するために使うのは,どのような基本的過程あるいは反応か？
4. 社会的,物理的環境は,生徒の自己調整学習に,どのように影響するか？
5. 学習者は,学習の際の自己調整能力をどうやって獲得するか？

この理論的課題あるいは問題に答えることは,その後数年間の研究の取り組みを説明することだった。

学習の自己調整についての大部分の初期の研究は,**理論上の予測を検証することと,自己調整の要因と過程を明確にすること**に中心が置かれた。例えば,ジマーマンとマルティネス-ポンズ（Zimmerman & Martinez-Pons, 1990）は,小学5年,中学3年,高校3年の生徒の自己調整学習の方略を特定した。方略が学年レベル,性,能力に応じて変わるかどうかを測定し,方略使用を自己効力感の認知（認知コンピテンス）と関係づけたのである。ピントリッチとド・グルート（Pintrich & De Groot, 1990）は,理科クラスと英語クラスの中学1年生の自己調整学習方略,動機づけ,学力の関係を検討した。ミースら（Meece et al., 1988）は,理科クラスの5年と6年の認知関与活動（自己調整学習方略と似たもの）,目標,動機づけパターンの影響を調査した。

他の研究者は,自己調整の形成,そして特に,指導と文脈の要因が自己調整にどう影響するかに中心を置いた。例えば,シャンクとライスは,読解スキル不足の生徒を対象に一連の研究をした（Schunk, & Rice, 1987. 1992, 1993）。研究からは,方略モデリングと方略効果のフィードバックが,生徒の自己効力感,自己調整方略の使用,読解の成績を高めることと結びついていることが示された。グラハムとハリス（Graham & Harris, 1989a,1989b）は,学習障害の生徒に

第11章 結論と展望：学習への介入はどの方向をめざすべきか 229

自己調整の書き行動を教えることは，自己効力感と書く力を向上させ，指導後も獲得は維持され，他の場面や内容にも一般化されることを見出した。認知モデリングが使用された。つまりモデルは，物語を書くためにその段階を適用して，方略を説明し明らかにした。また，生徒に，方略使用が学習目標の達成を支援することも伝えた。手続きの他の構成要素としては，書き行動の遂行の自己モニタリングと目標進行の自己評価があった。

　研究者が，研究の最初の結果を他の調査者の結果と統合し始めると，いくつかの混乱が生じ始めた。

　しばしば重複変数は，メタ認知，認知関与，プランニングのような多様な理論的選択のせいで，異なった名が付けられた。他の場合では，特有な過程が，生徒の動機づけに影響する目標設定と自己効力信念のような，自己調整の共通側面に影響した。

　私たちの第2に編集した本（Schunk & Zimmerman, 1994）は，自己調整の共通の基本的側面を特定し，過程こそがそれぞれの側面に関して最も影響するのだという研究を示そうとした。能力のある学習者であっても，もし釣り合いのとれた動機づけと効果的方略選択を伴う行動の実行がないと，学習の成功は保証されない。これらの研究をまとめると，成功した生徒は，個人の自発性と次の4つの自己調整制御を示すことが明らかになった。①動機づけの源，②学習方法の選択，③行動遂行の形態，④社会的，物理的環境資源の利用，である。

　本書には，基本的理論と基礎的研究を超えて発展した内容が含まれる。その理論と研究は，効果の範囲が広く，長期にわたって測定される大規模な介入を検討するために，自己調整学習の基礎にある基本的属性と過程を特定していた。研究者は，高度な実験条件下の限られた過程の研究ではなく，通常の学習カリキュラムの部分に自己調整の教育を取り入れるために，参加者と協力した。さらに，研究は，この教育効果の長期間の維持と一般化を進めるように設計された。この結果は期待できるものであるが，これらのほとんどの教育モデルはまだ発達途上のものである。

自己調整介入の共通の構成要素

　本書の各章では，理論と先行研究と関連した学習の自己調整のいくつかの共通特徴を検討している。本書の執筆者たちが最も広く使っている技法には，方

略を教えること，練習，フィードバック，モニタリング，社会的サポート，サポートの取り下げ，自己内省の実行がある。

方略を教えることは，自己調整学習を促す基本的方法と考えられている。学習教材の勉強をするための体系的方法を学んだ生徒は，それを1人で使えるようになる。また，方略を教えることは，動機づけを喚起する。というのは，効果的方略を使えると信じている生徒は，成功に対して自信をもちやすく，その結果，自己効力感を高めるのである（Schunk, 1991）。本書では，方略を教えることが，多くの介入の中心となっている（ベルフィオーレとホーンヤク，第9章；グラハムら，第2章；ホッファーら，第4章；プレスリーら，第3章；シャンク，第7章）。さらに，ラン（第5章）は，生徒に自己モニタリングの手続きを教えた。この中に書かれた他の研究（バトラー，第8章；ウィンとストックリー，第6章）では，生徒は，教師との対話から方略を作り出した。

2つの他の基本的要素は，**自己調整の方略の実行**と**方略効果のフィードバック**である。この2つの構成成分が，学習の進行を伝えることによって，学習と動機づけを向上させ，さらに，方略の応用と継続を促進する。本書で書かれているすべての介入は，生徒の練習と他者からのフィードバックの十分な量を盛り込んでいる。

第4の構成成分は，**モニタリング**である。これをすべての介入が重視している。生徒が，方略の適用や，その課題要求解決への有効性，そして異なる視点に合わせてその方略適用を修正する方法をモニターするのは必要なことである。モニタリングはさらに，自己効力感と動機づけを高める手段として，スキル獲得の進行を決めることにも関係している（Schunk, 1991）。

介入の第5の共通構成成分は，生徒がスキルを学習し獲得するための他者からの**社会的サポート**である。社会的サポートは，しばしば教師からもなされるが，本書の多くの介入には，仲間のサポートがあげられている（ビーミラーら，第10章；バトラー；ホッファーら；ラン；プレスリーら）。

生徒がより力をつけるときにサポートを**打ち切る**という考えは，社会的サポートと関係している。グラハムら（本書）は，サポートを打ち切る方法について書いている。すなわち，**スキャフォルディング**である。スキャフォルディングとは，必要な学習の指導的サポートが与えられても，最終的には取り下げられるというものである。シャンク（本書）は，**教師モデルにより指導された練習から，最終的には生徒1人の練習へと進む**指導の順序を述べている。プレ

スリーらは，教師の指導は次第に，必要なときのヒントに代わっていくと述べている。ベルフィオーレとホーンヤクは，教師のサポートが**自己管理**に変わる方法について検討し，バトラーは，指導的サポートを**少なくする**過程について述べている。

最後に，介入全体では，**自己内省の練習**を強調する。そこで生徒はスキルを練習し，遂行に反映させる。自己内省の実行は，1人の練習や自己内省の期間のある教育的実施計画にしばしば組み込まれる。ホッファーらの企画では，自己内省の実行は，生徒が日記を書く間に行われ，ベルフィオーレとホーンヤクは，自己管理訓練には自己内省の時間が含まれると述べている。

様々な課題

多くの共通性の他に，著者たちの考えが異なるいくつかの課題がある。3つの目立った課題は，①社会的モデルによるものと自分で作り上げる自己調整学習のどちらが重要か，②動機づけの役割，③自己内省の実行の仕方である。

●●● モデリングと自分で作り上げること

社会的モデルは，スキルと方略を伝えるための重要な要素であるし（Bandura, 1986；Rosenthal & Zimmerman, 1978；Schunk, 1987），モデルは，方略指導によく使われる（Graham & Harris, 1989a, 1989b; Schunk & Rice, 1987, 1992, 1993；Schunk & Swartz, 1993）。本書では，社会的モデルは，ベルフィオーレとホーンヤク，グラハムら，ホッファーら，ラン，プレスリーら，シャンクによって使用されている。

また，方略指導書はあまり公式には作られず，生徒が方略の作成により大きな役割を果たしている。生徒による方略作成は，バトラーとウィンとストックリーによって記述された介入の際に使われた。教師の役割は，必要なところでサポートと援助を与えることである。生徒に学習に対して大きな責任をもたせるこの方法は，相互教授（Palincsar & Brown, 1984）と協同ピア学習グループ（Cohen, 1994; Slavin, 1995）についての文献とよく一致している。

今後の研究では，モデリングと自分で作り上げた自己調整学習の方略の効果の比較を検討する必要がある。方略の有効性は，研究参加者のタイプと方略学

習の精度の要求といった要因によく左右される。異なる方略でも同じように効果がある領域では，自分で作り上げることは，よく機能し，生徒に学習を制御しているというより強い感覚を与えるといった付加的利点をもつ。逆に，1つかいくつかの方略が効果があり生徒が間違った方略を作るところでは，方略のモデリングこそが最上のやり方である。次の期待がもたれている方略のモデリングは，参加者の方略を作成する能力が限定的なはじめの学習のときに最も効果的であり，生徒がコンピテンスを獲得するにつれて，自分でそれに代わる効果的な選択肢を決められるようになるのだ。

動機づけの役割

　自己調整の指導はこれまで，認知的手続き（例えば，組織化，モニタリング，リハーサル）と，適応行動（例えば，自己管理，環境整備，援助要請）を教えることに中心を置いてきた。これらの手続きは重要である。しかし，それは，生徒によって示された自己調整パターンの範囲を十分には説明しない。自己調整は，生徒が長期にわたり，しばしば進んで学習するレベルを保持することが必要である。生徒が進んで学習することには，動機づけが関係している。本書で書かれた多くの介入に，自己効力感，帰属，学習の認知的制御，自己強化，コンピテンスの認知のような動機づけ要因があるのは心強いことである（ベルフィオーレとホーンヤク；グラハムら；ホッファーら；ラン；シャンク）。

　動機づけの役割の中心となるのは，指導文脈を越えた潜在的重要性である。例えば，生徒は方略を学ぶが，他の要因（例えば，大変な努力）が成功にはもっと大切であると信じるなら，方略を使い続けはしない（Pressley et al., 1990；Schunk & Swartz, 1993）。方略価値の情報を与えることは，役に立つ動機づけとなって働く（Schunk & Rice, 1992）。動機づけ過程を指導に組み入れる効果的方法について，研究がもっと必要である。

自己内省の練習

　自己内省の練習は，自己調整学習の重要な成分である。しかし今日まで，これを介入に体系的に統合するためには最小限の取り組みがされただけだった。理想を言えば，生徒は自己内省の練習によって，自分の学習の進歩と方略の効

果を評価すること,必要に応じて方法を改めること,学習をより高める場を設定するために環境的,社会的要因を調節すること,ができるようになるのである。

自己内省の実行の必要性は,環境によって大きくなる。自己内省の実行は,フィードバックが定期的に与えられ,自己評価がきちんと行われるところでは,それほど大切ではない。しかし,整っていない環境では,生徒の自己内省は大切な役割をする。学習目標の方向づけをする組織的**計画**では,固定的能力帰属の代わりの方略として,自己内省の最適形態が生徒に準備される。そこで,自己内省は,計画と遂行や意思的制御の訓練によって組織的に発達させられる。教師は,指導設計に多くの自由裁量をもつ。そこで,自己内省過程が実行の取り組みの間に評価され,不合理な自己評価基準のような機能不全のパターンが検出されるような場合には,インストラクターが,自己調整サイクルのはじめから介入するのがよい。

今後の研究への提言

私たちは,前節で今後の研究にすでに提言をしてきた。ここでは,学習の自己調整研究は不足しているが,理論的・教育的に重要性のある,3つの教育上重要な領域を付け加えたい。それは,学校外要因の役割,テクノロジーの利用,教室インクルージョンの影響についてである。

学校外の影響

それぞれの章には,実際の学習場面で実施されているプログラムが書かれている。プログラムは,学習内容に組み入れられ,結果が実験室場面で行われた計画と比較される広い応用性があるので,価値がある。

同時に,研究は,ますます,学力に及ぼす**学校外要因**の影響も示している。例えば,青年を対象にしたスタインベルグら(Steinberg et al., 1996)の縦断的研究の主な結果は,仲間グループ,家族,学校の非常勤職員のような非学習要因が,学力に強く影響するということである。校内要因(例えば,カリキュラム,教授)の効果よりも,学校外変数の効果がしばしば上回るのである。ブローディら(Brody et al., 1996)は,子どもの活動の親のモニタリングと子どもの遂行の標準設定値が,子どもの行動の自己調整はもちろん学習の優れた予測

値となることを見出した。移民の生徒の学力についての最近の研究は次のことを示している。親と仲間が教育，宿題，学習成績の価値について強調することが，家族の社会階層や第2言語としての英語使用よりも学力に影響する（Fuligni, 1997）。

私たちは，自己調整研究者には，そのねらいを学校外の要因まで広げてもらいたい。そうすることは特に，家族と仲間の文化が，生徒の自己調整のコンピテンスの発達に役立つか，それとも妨げているかの判断に役立つように思われる。そのような研究は自然に縦断的になると考えられるし，文献への貢献は大きいと信じている。

●●● テクノロジー

教育のテクノロジー利用については多数書かれてきている（Bork, 1985; Hirschbuhl, 1992; Kozma, 1991）。コンピュータ学習は最も関心を集めてきており，コンピュータが学習成果を促進するというエビデンスがある（Clements, 1995）。本書のプレスリーら，ウィンとストックリーのやり方は，コンピュータによる研究も含んでいる。

自己調整がよく利用される領域は**遠隔学習**である。遠隔学習では，教示はある会場から発信されて遠方の会場の生徒に伝えられる。遠隔学習の実際的利点は多いが，学習効果を検討する研究が必要である。自己調整は，インストラクターが不在のために生徒が長い間1人でいることには批判的である。特に，私たちは，良い遠隔学習を可能にする自己調整方略の型の研究を勧めたい。例えば，理解のモニタリングは，生徒の同世代メンバーの中で仲間との協同を作り上げるのと同じように，大切なように思われる。

テクノロジーが自己調整の基本的役割を果たすもう1つの領域は，**自己観察**である。学習者は，鏡やタイプされたあるいは写された記録のような特別な道具がないと，しばしば自己観察者になるには不利な物理的位置に置かれる。生徒の機能を自己調整する能力が，自己観察の質に直接依存することは明らかである。バイオフィードバック研究は，血圧，頭部の緊張，胃液分泌についての正確なフィードバックが与えられると，個人は自律神経組織過程でも制御することを学べることを示してきた（Holroyd et al., 1984）。自己観察の特別な道具がないと，生徒は，読解力（Glenberg et al., 1982）や試験の学習準備（Ghatala et al., 1989) にも比較的に下手な判断しかできない，という多くのエビデンスがある。正確さを保証できる自己評価と自己記録法は，生徒の自己調整制御とその後の達成の質を大きく向上させる可能性をもつ（Zimmerman & Kitsantas, 1997）。ウィンとストックリーが第6章で書いたように，学習の手段としてのコンピュータの利用は，学習の取り組みについての詳細なフィードバックを提供できるし，自己観察を新たなレベルに高める可能性がある。

●●● インクルージョン

　教育のインクルージョン運動は，普通教育のクラスに障害をもつ生徒の参加を増やすことに中心を置いている。インクルージョンは教師に課題を与える。教師は，クラス全員を対象にした唯一の授業計画の準備だけしているわけにはいかない。そうではなく，学習能力の個人差に指導を合わせなくてはならないのである。

　本書で書かれたいくつかの介入は，障害や学習に問題のある生徒を扱っている（ベルフィオーレとホーンヤク；バトラー；グラハムら；ホッファー；プレスリーら；シャンク）。しかしながら，インクルージョンを行うクラスの研究は必要である。そこで，能力と関心に大きな違いのある学習環境では，どんなタイプの自己調整活動が一番良いのかを問題にするのである。自己調整は教師にも役に立つ。というのは，教師が個人的な援助を必要とする生徒に当てる時間をもてるからである。

変化のために障壁を乗り越えること

　本書で書かれているプログラムおよび類似のプログラムは，一見してわかる魅力をもち，また理論と研究に基づいている。しかし，そのプログラムを実施するのは必ずしも容易ではない。学校には変えなくてはならない多くの障害がある。時間と空間の不足，不十分な財源，両親の同意の必要，学力テストの得点はすでに高いので生徒には自己調整は不要だという4学期制に対する確信などである。さらに，教師の信念と教育実践は，介入がチューターや特別クラスのような外部原因の変化によって行われるときでも，自己調整訓練の成功に対する障害となる。内容領域コースの教師は，カリキュラム編成の仕方で大きく

変わる。明らかな教育目標を与え，内容関連の学習方略を用意し，しばしばまた客観的に評価する教師は，生徒の自己調整する努力を支援できる。それほど準備が整っていないか，コースの成績を主観的に評価する教師は，生徒の自己調整に困難を増すだけである。

制度上からみると，大学は，自己調整を学習スキル・コースの卒業履修単位に数えていない。それは，自己調整スキルを必要とする学生を，このコースの選択から排除することになる。自己調整のコースが"救済的"と名付けられたり受けとめられたりしているのは，大学が，コースの履修単位としてやむを得ずやって認めているからである。単位取得の1つの方法は，研究技法はもちろん理論と研究を用意し，様々な学力レベルの学生を含めるまで，自己調整コースの範囲を広げることである。高学力の大学生が，大学院の準備のために自己調整のコースに入ったケースがある。この学生たちは，自分たちの学習スキルが今のコースの勉強には十分だと感じていたが，院生レベルで良い成績を修めるのにもっと習熟した勉強スキルが必要だと思っていたのである。

学習研究者は，自明の理だと信じていたのでプログラムの長所を公的に支持することをこれまで避けてきた。しかし難しい時期には，このやり方は効果がない。変化を促す優れた方法は，マスコミに取材されることを利用し，私たちのプレゼンテーションのスキルを高めることである。そのためには，様々なレベル（例えば，優れている，平均である，補習対象である）の生徒に対するプログラム効果を示す手持ちのデータがあるほうがよい。

変化を促すもう1つの方法は，学校の教育実践者の協同パートナーとなることである。学校と大学の専門家は，職業開発学校モデル（Griffin, 1996）のラインごとにパターン化されたプログラムを考え，実施する。学校を基盤にした協同は，すべてのレベルの所有権を与える。所有権は，プログラムの実施と継続に役立つのである。

最終的には，学校は，自己調整を正規の学習指導に統合する介入に対してより受容的になるであろう。特別追加のプログラムは，余分な時間がかかるので，わずかな学校だけしか用意できない。学習内容に自己調整を結びつけることは，自己調整スキルの応用を訓練場面を越えるところまで高めるはずである。ジマーマンら（Zimmerman et al., 1996）は，そのような訓練が中学でどのように実施できるかと高校教師がどのように正規カリキュラムの役を担えるかについて，1つのモデルを示してきた。

結 論

　私たちはこの第3作☆を完成させて，適用された教育場面における学習の自己調整モデルの導入の最初の進み具合に満足し，今後の展望に関心をもっている。この分野には，小学校から大学までのあらゆるレベルの有能な研究者と熱心な実践者がいる。これからの数年間で，自己調整介入モデルの範囲を，教育実践のさらなる課題を含めるまでに広げるために，取り組みが続くことを期待している。私たちは，生徒が自分の学習過程の調整を促進するのに必要な制度的改革の型を検討する政策課題に取り組むつもりである。

☆　序文に「本書は，学習場面での自己調整の考え方と原理の理論的法則，研究成果，実践的応用を読者に提供するシリーズの第3作である」とある。

文 献

⟨序文⟩

Schunk, D. H., & Zimmerman, B. J. (Eds.) 1994 *Self-regulation of learning and performance: Issues and educational applications*. Hillsdale, NJ: Erlbaum.

Zimmerman, B. J., & Schunk, D. H. (Eds.) 1989 *Self-regulated learning and academic achievement: Theory, research, and practice*. New York: Springer-Verlag.

⟨1章⟩

Ames, C. 1992 Achievement goals and the classroom motivational climate. In D. H. Schunk, & J. L. Meece (Eds.), *Student perceptions in the classroom*. Hillsdale, NJ: Erlbaum. Pp. 327-348.

Bandura, A. 1977 Self-efficacy: Toward a unifying theory of behavioral change. *Psychological Review*, **84**, 191-215.

Bandura, A. 1991 Self-regulation of motivation through anticipatory and self-reactive mechanisms. In R. A. Dienstbier (Ed.), *Perspectives on motivation: Nebraska symposium on motivation*. Vol. 38. Lincoln: University of Nebraska Press. Pp. 69-164.

Brown, A. L., Campione, J. C., & Day, J. D. 1981 Learning to learn: On training students to learn from tests. *Educational Researcher*, **10**, 14-21.

Caplan, N., Choy, M. H., & Whitmore, J. K. 1992 (February) Indochinese refugee families and academic achievement. *Scientific American*, Pp. 37-42.

Carver, C., & Scheier, M. 1981 *Attention and self-regulation: A control theory approach to human behavior*. New York: Springer-Verlag.

Corno, L. 1993 The best-laid plans: Modern conceptions of volition and educational research. *Educational Researcher*, **22**, 14-22.

Deci, E. L. 1975 *Intrinsic motivation*. New York: Plenum Press.

Deshler, D. D., & Schumaker, J. B. 1986 Learning strategies: An instructional alternative for low-achieving adolescents. *Exceptional Children*, **52**, 583-590.

Dweck, C. S. 1988 Motivational processes affecting learning. *American Psychologist*, **41**, 1040-1048.

Earley, P. C., Connolly, T., & Ekegren, C. 1989 Goals, strategy development and task performance: Some limits on the efficacy of goal-setting. *Journal of Applied Psychology*, **74**, 24-33.

Ericsson, A. K., & Charness, N. 1994 Expert performance: Its structure and acquisition. *American Psychologist*, **49**, 725-747.

Festinger, L. 1954 A theory of social comparison processes. *Human Relations*, **7**, 117-140.

Garcia, T., & Pintrich, P. R. 1994 Regulating motivation and cognition in the classroom: The role of self-schemas and self-regulatory strategies. In D. H. Schunk, & B. J. Zimmerman (Eds.), *Self-regulation of learning and Performance: Issues and educational applications*. Hillsdale, NJ: Erlbaum. Pp. 127-53.

Garfield, C. A., & Bennett, Z. H. 1985 *Peak performance: Mental training techniques of the world's greatest athletes*. New York: Warner Books.

Ghatala, E. S., Levin, J. R., Foorman, B. R., & Pressley, M. 1989 Improving children's regulation of their reading PREP time. *Contemporary Educational Psychology*, **14**, 49-66.

Heckhausen, H. 1991 *Motivation arid action* (P. K. Leppmann, Trans.). Berlin: Springer-Verlag.

Kuhl, J. 1985 Volitional mediators of cognitive behavior consistency: Self-regulatory processes and action versus state orientation. In J. Kuhl, & J. Beckman (Eds.), *Action control*. New York: Springer. Pp. 101-128.

Locke, E. A., & Latham, G. P. 1990 *A theory of goal setting and task Performance*. Englewood Cliffs, NJ: Prentice-Hall.

Luria, A. R. 1982 Language and cognition. New York: Wiley.
McKeachie, W. J., Pintrich, P. R., & Lin, T. G. 1985 Teaching learning strategies. *Educational Psychologist*, **20**, 153-160.
Meece, J. L., Wigfield, A., & Eccles, J. S. 1990 Predictors of math anxiety and its influence on young adolescents' course enrollment intentions and performance in mathematics. *Journal of Educational Psychology*, **82**, 60-70.
Meichenbaum, D. 1977 *Cognitive-behavior modification: An integrative approach.* New York: Plenum Press.
Newman, R. S. 1990 Children's help-seeking in the classroom: The role of motivational factors and attitudes. *Journal of Educational Psychology*, **82**, 71-80.
Newman, R. S. 1994 Academic help-seeking: A strategy of self-regulated learning. In D. H. Schunk, & B. J. Zimmerman (Eds.), *Self-regulation of learning and performance: Issues and educational applications.* Hillsdale, NJ: Erlbaum. Pp. 283-301.
Nicholls, J. 1984 Achievement motivation: Conceptions of ability, subjective experience, task choice, and performance. *Psychological Review*, **91**, 328-346.
Pintrich, P. R., & DeGroot, E. 1990 Motivational and self-regulated learning compo nents of classroom academic performance. *Journal of Educational Psychology*, **82**, 33-40.
Pressley, M. 1977 Imagery and children's learning: Putting the picture in developmental perspective. *Review of Educational Research*, **47**, 586-622.
Pressley, M., Borkowski, J., & Schneider, W. 1987 Cognitive strategies: Good strategy users coordinate metacognition and knowledge. *Annals of Child Development*, **4**, 89-129.
Pressley, M., & Levin, J. R. 1977 Task parameters affecting the efficacy of a visual imagery learning strategy in younger and older children. *Journal of Experimental Child Psychology*, **24**, 53-59.
Rosenthal, T. L., & Zimmerman, B. J. 1978 *Social learning and cognition.* New York: Academic Press.
Schunk, D. H. 1982 Verbal self-regulation as a facilitator of children's achievement and self-efficacy. *Human Learning*, **1**, 265-277.
Schunk, D. H. 1984 The self-efficacy perspective on achievement behavior. *Educational Psychologist*, **19**, 199-218.
Schunk, D. H., & Zimmerman, B. J. (Eds.) 1994 *Self-regulation of learning and performance: Issues and educational applications.* Hillsdale, NJ: Erlbaum.
Schunk, D. H., & Zimmerman, B. J. 1996 Modeling and self-efficacy influences on children's development of self-regulation. In K. Wentzel, & J. Juvonen (Eds.), *Social motivation: Understanding children's school adjustment.* New York: Cambridge University Press. Pp. 154-180.
Singer, R. N., & Cauraugh, J. H. 1985 The generalizability effect of learning strategies for categories of psychomotor skills. *Quest*, **37**, 103
Sokolov, A. N. 1975 *Inner speech and thought.* New York: Plenum Press.
Steinberg, L. 1996 *Beyond the classroom.* New York: Simon & Schuster.
Vygotsky, L. S. 1978 *Mind in society: The development of higher psychological processes.* Cambridge, MA: Harvard University Press.
Weiner, B. 1979 A theory of motivation for some classroom experiences. *Journal of Educational Psychology*, **71**, 3-25.
Winne, P. 1995 Inherent details in self-regulated learning. *Educational Psychologist*, **30**, 173-187.
Zimmerman, B. J. 1986 Development of self-regulated learning: Which are the key subprocesses? *Contemporary Educational Psychology*, **11**, 307-313.
Zimmerman, B. J. 1989 A social cognitive view of self-regulated academic learning. *Journal of Educational Psychology*, **81**, 329-339.
Zimmerman, B. J. 1994 Dimensions of academic self-regulation: A conceptual frame work for education. In D. H. Schunk, & B. J. Zimmerman (Eds.), *Self-regulation of learning and performance: Issues and educational applications.* Hillsdale, NJ: Erlbaum. Pp. 3-21.
Zimmerman, B. J. 1995 Self-efficacy and educational development. In A. Bandura(Ed.), *Self-efficacy in changing societies.* New York: Cambridge University Press. Pp. 202-231.
Zimmerman, B. J., & Bandura, A. 1994 Impact of self-regulatory influences on writing course attainment. *American Educational Research Journal*, **31**, 845-862.
Zimmerman, B. J., Bandura, A., & Martinez-Pons, M. 1992 Self-motivation for academic attainment: The role of self-efficacy beliefs and personal goal setting. *American Educational Research Journal*, **29**, 663-676.

Zimmerman, B. J., Bonner, S., & Kovach, R. 1996 *Developing self-regulated learners: Beyond achievement to self-efficacy.* Washington, DC: American Psychological Association.

Zimmerman, B. J., & Kitsantas, A. 1997 Developmental phases in self-regulation: Shifting from process to outcome goals. *Journal of Educational Psychology,* **89,** 29-36.

Zimmerman, B. J., & Martinez-Pons, M. 1986 Development of a structured interview for assessing students' use of self-regulated learning strategies. *American Educational Research Journal,* **23,** 614-628.

Zimmerman, B. J., & Martinez-Pons, M. 1992 Perceptions of efficacy and strategy use in the self-regulation of learning. In D. H. Schunk, & J. Meece (Eds.), *Student perceptions in the classroom: Causes and consequences.* Hillsdale, NJ: Erlbaum. Pp. 185-207.

Zimmerman, B. J., & Paulsen, A. S. 1995 Self-monitoring during collegiate studying: An invaluable tool for academic self-regulation. In P. Pintrich (Ed.), *New directions in college teaching and learning: Understanding self-regulated learning.* No. 63. Fall. San Francisco: Jossey-Bass. Pp. 13-27.

Zimmerman, B. J., & Ringle, J. 1981 Effects of model persistence and statements of confidence on children's self-efficacy and problem solving. *Journal of Educational Psychology,* **73,** 485-493.

Zimmerman, B. J., & Risemberg, R. 1997 Becoming a self-regulated writer: A social cognitive perspective. *Contemporary Educational Psychology,* **22,** 73-101.

Zimmerman, B. J., & Rocha, J. 1984 Influence of a model's verbal description of toy interactions on kindergarten children's associative learning. *Journal of Applied Developmental Psychology,* **5,** 281-291.

Zimmerman, B. J., & Rocha, J. 1987 Mode and type of toy elaboration strategy training on kindergartners' retention and transfer. *Journal of Applied Developmental Psychology,* **8,** 67-78.

Zimmerman, B. J., & Schunk, D. H. (Eds.) 1989 *Self-regulated learning and academic achievement: Theory, research, and practice.* New York: Springer-Verlag.

〈2章〉

Alexander, P. (in press) Stages and phases of domain learning: The dynamics of subject-matter knowledge, strategy knowledge, and motivation. In C. Weinstein, & B. McCoombs (Eds.), *Strategic learning: Skill, will, and self-regulation.* Hillsdale, NJ: Erlbaum.

Anderson, M. 1995 The writing life: The language of left and right. *Book World: Washington Post,* Pp. 1, 10.

Atwell, N. 1987 *In the middle: Reading, writing, and learning from adolescents.* Portsmouth, NH: Heinemann.

Beaugrande, R. de 1984 *Text production: Toward a science of composition.* Norwood, NJ: Ablex.

Burnham, S. 1994 *For writers only.* New York: Ballantine Books.

Collins, R. 1992 *Narrative writing of option II students: The effects of combining the whole-language techniques, writing process approach and strategy training.* Unpublished master's thesis, State University of New York, Buffalo.

Corno, L. 1992 Encouraging students to take responsibility for learning and performance. *Elementary School Journal,* **93,** 69-83.

Danoff, B., Harris, K. R., & Graham, S. 1993 Incorporating strategy instruction within the writing process in the regular classroom. *Journal of Reading Behavior,* **25,** 295-322.

De La Paz, S. 1997 Strategy instruction in planning: Teaching students with learning and writing disabilities to compose persuasive and expository essays. *Learning Disability Quarterly,* **20,** 227-248.

De La Paz, S., & Graham, S. 1997a Strategy instruction in planning: Effects on the writing performance and behavior of students with learning difficulties. *Exceptional Children,* **63,** 167-181.

De La Paz, S., & Graham, S. 1997b The effects of dictation and advanced planning instruction on the composing of students with writing and learning problems. *Journal of Educational Psychology,* **89,** 203-222.

Flower, L., & Hayes, J. 1980 The dynamics of composing: Making plans and juggling constraints. In L. Gregg, & R. Steinberg (Eds.), *Cognitive processes in writing.* Hillsdale, NJ: Erlbaum. Pp. 31-50.

Grabowski, J. 1996 Writing and speaking: Common grounds and differences toward a regulation theory of written language production. In M. Levy, & S. Ransdell (Eds.), *The science of writing: Theories, methods, individual differences, and applications.* Mahwah, NJ: Erlbaum. Pp. 73-92.

Graham, S. 1990 The role of production factors in learning disabled students' compositions. *Journal of Educational Psychology,* **82,** 781-791.

Graham, S. 1997 Executive control in the revising of students with writing and learning difficulties. *Journal of Educational Psychology*, 89, 223-234.

Graham, S., Berninger, V., Abbott, R., Abbott, S., & Whitaker, D. 1997 Role of mechanics in composing of elementary school students: A new methodological approach. *Journal of Educational Psychology*, 89, 170-182.

Graham, S., & Harris, K. R. 1988 Instructional recommendations for teaching writing to exceptional students, *Exceptional Children*, 54, 506-512.

Graham, S., & Harris, K. R. 1989a A components analysis of cognitive strategy instruction: Effects on learning disabled students' compositions and self-efficacy. *Journal of Educational Psychology*, 81, 353-361.

Graham, S., & Harris, K. R. 1989b Improving learning disabled students' skills at composing essays: Self-instructional strategy training. *Exceptional Children*, 56, 201-214.

Graham, S., & Harris, K. R. 1993 Self-regulated strategy development: Helping students with learning problems develop as writers. *Elementary School Journal*, 94, 169-181.

Graham, S., & Harris, K. R. 1994 The role and development of self-regulation in the writing process. In D. Schunk, & B. Zimmerman (Eds.), *Self-regulation of learning and performance: Issues and educational applications*. Hillsdale, NJ: Erlbaum. Pp. 203-228.

Graham, S., & Harris, K. R. 1996 Self-regulation and strategy instruction for students who find writing and learning challenging. In M. Levy, & S. Ransdell (Eds.), *The science of writing: Theories, methods, individual differences, and applications*. Mahwah, NJ: Erlbaum. Pp. 347-360.

Graham, S., & Harris, K. R. 1997a It can be taught, but it does not develop naturally: Myths and realities in writing instruction. *School Psychology Review*, 26, 414-424.

Graham, S., & Harris, K. R. 1997b Self-regulation and writing: Where do we go from here? *Contemporary Educational Psychology*, 22, 102-114.

Graham, S., Harris, K. R., MacArthur, C., & Schwartz, S. 1991 Writing and writing instruction with students with learning disabilities: A review of a program of research. *Learning Disability Quarterly*, 14, 89-114.

Graham, S., & MacArthur, C. 1988 Improving learning disabled students' skills at revising essays produced on a word processor: Self-instructional strategy training. *Journal of Special Education*, 22, 133-152.

Graham, S., MacArthur, C., & Schwartz, S. 1995 The effects of goal setting and procedural facilitation on the revising behavior and writing performance of students with writing and learning problems. *Journal of Educational Psychology*, 87, 230-240.

Graham, S., MacArthur, C., Schwartz, S., & Voth, T. 1992 improving the compositions of students with learning disabilities using a strategy involving product and process goal setting. *Exceptional Children*, 58, 322-335.

Hammill, D., & Larsen, S. 1988 Test of Written Language--2. Austin, TX: Pro-Ed.

Harris, K. R. 1982 Cognitive-behavior modification: Application with exceptional students. *Focus on Exceptional Children*, 15, 1-16.

Harris, K. R., & Graham, S. 1985 Improving learning disabled students' composition skills: Self-control strategy training. *Learning Disability Quarterly*, 8, 27-36.

Harris, K. R., & Graham, S. 1992 Self-regulated strategy development: A part of the writing process. In M. Pressley, K. Harris, & J. Guthrie (Eds.), *Promoting academic competence and literacy in school*. San Diego: Academic Press. Pp. 277-309.

Harris, K. R., & Graham, S. 1994 Constructivism: Principles, paradigms, and integration. *Journal of Special Education*, 28, 275-289.

Harris, K. R., & Graham, S. 1996 *Making the writing process work: Strategies for composition and self-regulation*. Cambridge, MA: Brookline Books.

Harris, K. R., Graham, S., Reid, R., McElroy, K., & Hamby, R. 1994 Self-monitoring of attention versus self-monitoring of performance: Replication and cross-task comparison studies, *Learning Disability Quarterly*, 17, 121-139.

Hayes, J. 1996 A new framework for understanding cognition and affect in writing. In M. Levy, & S. Ransdell (Eds.), *The science of writing: Theories, methods, individual differences, and applications*. Mahwah, NJ: Erlbaum. Pp. 1-28.

Hayes, J., & Flower, L. 1986 Writing research and the writer. *American Psychologist*, 41, 1106-1113.

Kazin, A. 1967 *The Paris Review: Writers at work*. New York: Viking.

Kellogg, R. 1996 A model of working memory in writing. In M. Levy, & S. Ransdell (Eds.), *The science of writing:*

Theories, methods, individual differences, and applications. Mahwah, NJ: Erlbaum. Pp. 57-72.

MacArthur, C., Schwartz, S., & Graham, S. 1991 Effects of a reciprocal peer revision strategy in special education classrooms. *Learning Disabilities Research and Practice*, **6**, 201-210.

MacArthur, C., Schwartz, S., Graham, S., Molloy, D., & Harris, K. 1996 Integration of strategy instruction into whole language classrooms: A case study. *Learning Disabilities and Practice*, **11**, 168-176.

McCutchen, D. 1988 "Functional automaticity" in children's writing: A problem of metacognitive control. *Written Communication*, **5**, 306-324.

McCutchen, D. (in press) A capacity theory of writing: Working memory in composition. *Educational Psychology Review*.

Plimpton, G. (Ed.) 1967 *Writers at work: The Paris Review interviews* (3rd series). New York: Viking Press.

Salomon, G., & Globerson, T. 1987 Skill may not be enough: The role of mindfulness in learning and transfer. *International Journal of Educational Research*, **11**, 623-637.

Sawyer, R., Graham, S., & Harris, K. R. 1992 Direct teaching, strategy instruction, and strategy instruction with explicit self-regulation: Effects on learning disabled students' compositions and self-efficacy. *Journal of Educational Psychology*, **84**, 340-352.

Scardamalia, M., & Bereiter, C. 1986 Written composition. In M. Wittrock (Ed.), *Handbook of research on teaching*. 3rd ed. New York: Macmillan. Pp. 778-803.

Sexton, M., Harris, K. R., & Graham, S. (in press) Self-regulated strategy development and the writing process: Effects on essay writing and attributions. *Exceptional Children*.

Stoddard, B., & MacArthur, C. 1993 A peer editor strategy: Guiding learning disabled students in response and revision. *Research in the Teaching of English*, **27**, 76-103.

Tanhouser, S. 1994 *Function over form: The relative efficacy of self-instructional strategy training alone and with procedural facilitation for adolescents with learning disabilities.* Unpublished doctoral dissertation, Johns Hopkins University, Baltimore, MD.

Tawney, J., & Gast, D. (Eds.) 1984 *Single subject research in special education*. Columbus, OH: Merrill.

Troia, G., Graham, S., & Harris, K.R. 1997 *Teaching students to plan mindfully: Effects on the writing performance and behavior of students with learning disabilities.* Manuscript submitted for publication.

Wong, B. 1994 Instructional parameters promoting transfer of learned strategies in students with learning disabilities. *Learning Disability Quarterly*, **17**, 100-119.

Zimmerman, B. 1989 A social cognitive view of self-regulated academic learning. *Journal of Educational Psychology*, **81**, 329-339.

Zimmerman, B., & Risemberg, R. 1997 Becoming a proficient writer: A self-regulatory perspective. *Contemporary Educational Psychology*, **22**, 73-101.

〈3章〉

Anderson, V. 1992 A teacher development project in transactional strategy instruction for teachers of severely reading-disabled adolescents. *Teaching and Teacher Education*, **8**, 391-403.

Anderson, V., & Roit, M. 1993 Planning and implementing collaborative strategy instruction for delayed readers in grades 6-10. *Elementary School Journal*, **94**, 121-137.

Bell, R. Q. 1968 A reinterpretation of the direction of effects in studies of socialization. *Psychological Review*, **75**, 81-95.

Borkowski, J. G., Carr, M., Rellinger, E. A., & Pressley, M. 1990 Self-regulated strategy use: Interdependence of metacognition, attributions, and self-esteem. In B. F. Jones (Ed.), *Dimensions of thinking: Review of research*. Hillsdale, NJ: Erlbaum. Pp. 53-92.

Brown, A. L., Bransford, J. D., Ferrara, R. A., & Campione, J. C. 1983 Learning, remembering, and understanding. In J. H. Flavell, & B. M. Markman (Eds.), *Handbook of child psychology: Vol. III. Cognitive development*. New York: Wiley. Pp. 77-166.

Brown, R., & Coy-Ogan, L. 1993 The evolution of transactional strategies instruction in one teacher's classroom. *Elementary School Journal*, **94**, 221-233.

Brown, R., Pressley, M., Van Meter, P., & Schuder, T. 1996 A quasi-experimental validation of transactional strategies instruction with low-achieving second grade readers. *Journal of Educational Psychology*, **88**, 18-37.

Cazden, C. B. 1988 *Classroom discourse: The language of teaching and learning*. Portsmouth, NH: Heinemann.

Collins, C. 1991 Reading instruction that increases thinking abilities. *Journal of Reading*, **34**, 510-516.

Duffy, G. G., Roehler, L. R., Sivan, E., Rackliffe, G., Book, C., Meloth, M., Vavrus, L. G., Wesselman, R., Putnam, J., & Bassiri, D. 1987 Effects of explaining the reasoning associated with using reading strategies. *Reading Research Quarterly*, **22**, 347-368.

Durkin, D. 1978 What classroom observations reveal about reading comprehension instruction. *Reading Research Quarterly*, **15**, 481-533.

Elbers, E. 1991 The development of competence and its social context. *Educational Psychology Review*, **3**, 73-94.

El-Dinary, P. B., Pressley, M., & Schuder, T. 1992 Becoming a strategies teacher: An observational and interview study of three teachers learning transactional strategies instruction. In C. Kinzer, & D. Leu (Eds.), *Forty-first yearbook of the National Reading Conference*. Chicago: National Reading Conference. Pp. 453-462.

Gaskins, I. W., Anderson, R. C., Pressley, M., Cunicelli, E. A., & Satlow, E. 1993 Six teachers' dialogue during cognitive process instruction. *Elementary School Journal*, **93**, 277-304.

Harris, K. R., & Pressley, M. 1991 The nature of cognitive strategy instruction: Interactive strategy construction. *Exceptional Children*, **57**, 392-404.

Hutchins, E. 1991 The social organization of distributed cognition. In L. Resnick, J. M. Levine, & S. D. Teasley (Eds.), *Perspectives on socially shared cognition*. Washington, DC: American Psychological Association. Pp. 283-307.

Iran-Nejad, A. 1990 Active and dynamic self-regulation of learning processes. *Review of Educational Research*, **60**, 573-602.

Mehan, H. 1979 *Social organization in the classroom*. Cambridge, MA: Harvard University Press.

O' Sullivan, J. T., & Pressley, M. 1984 Completeness of instruction and strategy transfer. *Journal of Experimental Child Psychology*, **38**, 275-288.

Pearl, R. 1982 LD children's attributions for success and failure: A replication with a labeled LD sample. *Learning Disability Quarterly*, **5**, 173-176.

Pressley, M., & Afflerbach, P. 1995 *Verbal protocols of reading: The nature of constructively responsive reading*. Hillsdale, NJ: Erlbaum.

Pressley, M., Borkowski, J. G., & Schneider, W. 1987 Cognitive strategies: Good strategy users coordinate meta-cognition and knowledge. In R. Vasta, & G. Whitehurst (Eds.), *Annals of child development*. Vol. 4. Greenwich, CT: JAI Press. Pp. 89-129.

Pressley, M., Borkowski, J. G., & Schneider, W. 1989 Good information processing: What it is and what education can do to promote it. *International Journal of Educational Research*, **13**, 866-878.

Pressley, M., El-Dinary, P. B., Gaskins, I., Schuder, T., Bergman, J. L., Almasi, J., & Brown, R. 1992 Beyond direct explanation: Transactional instruction of reading comprehension strategies. *Elementary School Journal*, **92**, 511-554.

Pressley, M., El-Dinary, P. B., Stein, S., Marks, M. B., & Brown, R. 1992 Good strategy instruction is motivating and interesting. In A. Renninger, S. Hidi, & A. Krapp (Eds.), *The role of interest in learning and development*. Hillsdale, NJ: Erlbaum. Pp. 333-358.

Pressley, M., Gaskins, I. W., Cunicelli, E. A., Bardick, N. J., Schaub-Matt, M., Lee, D. S., & Powell, N. 1991 Strategy instruction at Benchmark School: A faculty interview study. *Learning Disability Quarterly*, **14**, 19-48.

Pressley, M., Gaskins, I. W., Wile, D., Cunicelli, E. A., & Sheridan, J. 1991 Teaching literacy strategies across the curriculum: A case study at Benchmark School. In S. McCormick, & J. Zutell (Eds.), *Fortieth yearbook of the National Reading Conference*. Chicago: National Reading Conference. Pp. 219-228.

Pressley, M., Harris, K. R., & Marks, M. B. 1992 But good strategy instructors are constructivists! ! *Educational Psychology Review*, **4**, 1-32.

Pressley, M., Schuder, T., SAIL Faculty and Administration, Bergman, J. L., & El-Dinary, P. B. 1992 A researcher-educator collaborative interview study of transactional comprehension strategies instruction. *Journal of Educational Psychology*, **84**, 231-246.

Pressley, M., Wharton-McDonald, R., Mistretta-Hampson, J., & Echevarria, M. (in press). Literacy instruction in ten grade-4/-5 classrooms. *Scientific Studies of Reading*.

Rosenblatt, L. M. 1978 *The reader, the text, the poem: The transactional theory of the literary work*. Carbondale: Southern Illinois University Press.

Wittrock, M. C. 1990 Generative processes of comprehension. *Educational Psychologist*, **24**, 345-376.

Wittrock, M. C. 1992 Generative learning processes of the brain. *Educational Psychologist*, **27**, 531-542.

Wood, S. S., Bruner, J. S., & Ross, G. 1976 The role of tutoring in problem solving. *Journal of Child Psychology and Psychiatry*, **17**, 89-100.

Wyatt, D., Pressley, M., El-Dinary, P. B., Stein, S., Evans, P., & Brown, R. 1993 Comprehension strategies, worth and credibility monitoring, and evaluations: Cold and hot cognition when experts read professional articles that are important to them. *Learning and Individual Differences*, **5**, 49 -72.

〈4章〉

Ames, C. 1992 Classrooms: Goals, structures, and student motivation. *Journal of Educational Psychology*, **84**, 261-271.

Bandura, A. 1986 *Social foundations of thought and action: A social cognitive theory*. Englewood Cliffs, NJ: Prentice-Hall.

Borkowski, J. G., Carr, M., Rellinger, E., & Pressley, M. 1990 Self-regulated cognition: Interdependence of metacognition, attributions, and self-esteem. In B. F. Jones, & L. Idol (Eds.), *Dimensions of thinking and cognitive instruction*. Hillsdale, NJ: Erlbaum. Pp. 53-92.

Borkowski, J. G., Weyhing, R., & Carr, M. 1988 Effects of attributional retraining on strategy-based reading comprehension of learning-disabled students. *Journal of Educational Psychology*, **80**, 46-53.

Brown, A. L., Bransford, J. D., Ferrara, R. A., & Campione, J. C. 1983 Learning, remembering, and understanding. In J. H. Flavell, & E. M. Markman (Eds.), *Handbook of child psychology: Cognitive development*. Vol. 3. New York Wiley. Pp. 77-166.

Burrell, K., Tao, L., Simpson, M., & Mendez-Berrueta, H. 1997 How do we know what we are preparing our students for?: A reality check of one university's academic literacy demands. *Research and Teaching in Developmental Education*, **13**, 55-70.

Butler, D., & Winne, P. 1995 Feedback and self-regulated learning: A theoretical synthesis. *Review of Educational Research*, **65**, 245-281.

Calderhead, J. 1996 Teachers: Beliefs and knowledge. In D. Berliner, & R. Calfee (Eds.), *Handbook of educational psychology*. New York: Macmillan. Pp. 709-725.

Corno, L. 1986 The metacognitive control components of self-regulated learning. *Contemporary Educational Psychology*, **11**, 333-346.

Corno, L., & Snow, R. 1986 Adapting teaching to individual differences among learners. In M. Wittrock (Ed.), *Handbook of research on teaching and learning*. New York: Macmillan. Pp. 605-629.

Covington, M.V. 1992 *Making the grade: A self-worth perspective on motivation and school reform*. New York: Cambridge University Press.

Cox, B. 1997 The rediscovery of the active learner in adaptive contexts: A developmental-historical analysis of transfer of training. *Educational Psychologist*, **32**, 41-55.

Dweck, C. S., & Leggett, E. L. 1988 A social-cognitive approach to motivation and personality. *Psychological Review*, **95**, 256-273.

Flavell, J. H. 1979 Metacognition and cognitive monitoring: A new area of cognitive- developmental inquiry. *American Psychologist*, **34**, 906-911.

Foersterling, F. 1985 Attributional retraining: A review. *Psychological Bulletin*, **98**, 495-512.

Garcia, T., & Pintrich, P. R. 1994 Regulating motivation and cognition in the classroom: The role of self-schemas and self-regulatory strategies. In D. H. Schunk, & B. J. Zimmerman (Eds.), *Self-regulation of learning and performance: Issues and educational applications*. Hillsdale, NJ: Erlbaum. Pp. 127-153.

Gaskins, I., & Elliot, T. 1991 *Implementing cognitive strategy training across the school: The Benchmark manual for teachers*. Cambridge, MA: Brookline Books.

Hattie, J., Biggs, J., & Purdie, N. 1996 Effects of learning skills interventions on student learning: A meta-analysis. *Review of Educational Research*, **66**, 99-136.

Hidi, S. 1990 Interest and its contribution as a mental resource for learning. *Review of Educational Research*, **60**, 549-571.

Hill, K., & Wigfield, A. 1984 Test anxiety: A major educational problem and what can be done about it. *Elementary School Journal*, **85**, 105-126.

Hofer, B., & Pintrich, P. 1997 The development of epistemological theories: Beliefs about knowledge and knowing and their relation to learning. *Review of Educational Research*, **67**, 88-140.

Hofer, B., Yu, S., & Pintrich, P. R. 1997 (August) *Facilitating college students motivation and self-regulated learning*. Paper presented in a symposium on "Learning strategies: Conceptual and methodological issues" at the European Association for Research on Learning and Instruction, Athens, Greece.

Maehr, M., & Midgley, C. 1991 Enhancing student motivation: A schoolwide approach. *Educational Psychologist*, **26**, 399-427.

Matlin, M. 1994 *Cognition*. New York: Holt, Rinehart & Winston.

McKeachie, W. J., Pintrich, P. R., & Lin, Y. G. 1985 Teaching learning strategies. *Educational Psychologist*, **20**, 153-160.

Newman, R. S. 1994 Adaptive help-seeking: A strategy of self-regulating learning. In D. H. Schunk, & B. J. Zimmerman (Eds.), *Self-regulation of learning and performance: Issues and educational applications*. Hillsdale, NJ: Erlbaum. Pp. 283-301.

Paris, S. G., Lipson, M, Y., & Wixson, K. K. 1983 Becoming a strategic reader, *Contemporary Educational Psychology*, **8**, 293-316.

Paris, S. G., & Winograd, P. 1990 How metacognition can promote academic learning and instruction. In B. F. Jones, & L. Idol (Eds.), *Dimensions of thinking and coitive instruction*. Hillsdale, NJ: Erlbaum. Pp. 15-51.

Pauk, W. 1993 *How to study in college*. Boston: Houghton-Mifflin.

Pintrich, P. R. 1989 The dynamic interplay of student motivation and cognition in the college classroom. In C. Ames, & M. L. Maehr (Eds.), *Advances in motivation and achievement: Motivation-enhancing environments*. Vol. 6. Greenwich, CT: JAI Press. Pp. 117-160.

Pintrich, P. R. 1990 Implications of psychological research on student learning and college teaching for teacher education. In W. Houston (Ed.), *Handbook of research on teacher education*. New York: Macmillan. Pp. 826-857.

Pintrich, P. R. 1994 Continuities and discontinuities: Future directions for research in educational psychology. *Educational Psychologist*, **29**, 137-148.

Pintrich, P. R., & De Groot, E. V. 1990 Motivational and self-regulated learning components of classroom academic performance. *Journal of Educational Psychology*, **82**, 33-40.

Pintrich, P. R., & Garcia, T. 1991 Student goal orientation and self-regulation in the college classroom. In M. L. Maehr, & P. R. Pintrich (Eds.), *Advances in motivation and achievement: Goals and self-regulatory processes*. Vol. 7. Greenwich, CT: JAI Press. Pp. 371-402.

Pintrich, P. R., Marx, R., & Boyle, R. 1993 Beyond cold conceptual change: The role of motivational beliefs and classroom contextual factors in the process of conceptual change. *Review of Educational Research*, **63**, 167-199.

Pintrich, P. R., McKeachie, W. J., & Lin, Y. G. 1987 Teaching a course in learning to learn. *Teaching of Psychology*, **14**, 81-86.

Pintrich, P. R., & Schrauben, B. 1992 Students' motivational beliefs and their cognitive engagement in classroom tasks. In D. Schunk, & J. Meece (Eds.), *Student perceptions in the classroom: Causes and consequences*. Hillsdale, NJ: Erlbaum. Pp. 149-183.

Pintrich, P. R., & Schunk, D. H. 1996 *Motivation in education: Theory, research and applications*. Englewood Cliffs, NJ: Merrill Prentice-Hall.

Pintrich, P. R., Smith, D. A. F., Garcia, T., & McKeachie, W. J. 1993 Predictive validity and reliability of the Motivated Strategies for Learning Questionnaire (MSLQ). *Educational and Psychological Measurement*, **53**, 801-813.

Pintrich, P. R., Wolters, C., & Baxter, G. (in press) Assessing metacognition and self-regulated learning. In G. Schraw (Ed.), *Issues in the measurement of metacognition*. Lincoln, NE: University of Nebraska Press.

Pressley, M., Borkowski, J., & Schneider, W. 1987 Cognitive strategies: Good strategy users coordinate metacognition and knowledge. In R. Vasta, & G. Whitehurst (Eds.), *Annals of child development*. Vol. 5. Greenwich, CT: JAI Press. Pp. 89-129.

Pressley, M., Borkowski, J., & Schneider, W. 1989 Good information processing: What it is and what education can do to promote it. *International Journal of Educational Research*, **13**, 857-867.

Pressley, M., Harris, K., & Marks, M. 1992 But good strategy instructors are constructivists! *Educational Psychology Review*, **4**, 3-31.

Pressley, M., & Woloshyn, V. 1995 *Cognitive strategy instruction that really improves children's academic performance*. Cambridge, MA: Brookline Books.

Salomon, G., & Perkins, D. 1989 Rocky roads to transfer: Rethinking mechanisms of a neglected phenomenon. *Educational*

Psychologist, 24, 113-142.
Sansone, C., Weir, C., Harpster, L., & Morgan, C. 1992 Once a boring task, always a boring task? The role of interest as a self-regulatory mechanism. *Journal of Personality and Social Psychology*, 63, 379-390.
Schiefele, U. 1991 Interest, learning, and motivation. *Educational Psychologist*, 26, 299-323.
Schneider, W., & Pressley, M. 1989 *Memory development between 2 and 20.* New York: Springer-Verlag.
Schommer, M. 1993 Epistemological development and academic performance among secondary students. *Journal of Educational Psychology*, 85 (3), 406-411.
Schunk, D. H. 1991 Self-efficacy and academic motivation. *Educational Psychologist*, 26, 207-231.
Schunk, D. H. 1994 Self-regulation of self-efficacy and attributions in academic settings. In D. H. Schunk, & B. J. Zimmerman (Eds.), *Self-regulation of learning and performance: Issues and educational applications*. Hillsdale, NJ: Erlbaum. Pp. 75-99.
Schunk, D. H., & Zimmerman, B. J. 1994a Self-regulation in education: Retrospect and prospect. In D. H. Schunk, & B. J. Zimmerman (Eds.), *Self-regulation of learning and performance: Issues and educational applications*. Hillsdale, NJ: Erlbaum. Pp. 305-314.
Schunk, D. H., & Zimmerman, B. J. 1994b *Self-regulation of learning and performance:Issues and educational applications.* Hillsdale, NJ: Erlbaum.
Simpson, M., Hynd, C., Nist, S., & Burrell, K. 1997 College academic assistance programs and practices. *Educational Psychology Review*, 9, 39-87.
Snow, R., Corno, L., & Jackson, D. 1996 Individual differences in affective and conative functions. In D. Berliner, & R. Calfee (Eds.), *Handbook of educational psychology*. New York: Macmillan. Pp. 43-310.
Weiner, B. 1986 *An attributional theory of motivation and emotion.* New York: Springer- Verlag.
Weinstein, C. E. 1994a Strategic learning/strategic teaching: Flip sides of a coin. In P. R. Pintrich, D. R. Brown, & C. F. Weinstein (Eds.), *Student motivation, cognition, and learning*. Hillsdale, NJ: Erlbaum. Pp. 257-273.
Weinstein, C. E. 1994b Students at risk for academic failure: Learning to learn classes. In K. W. Prichard, & R. M. Sawyer (Eds.), *Handbook of college teaching: Theory and applications*. Westport, CT: Greenwood Press. Pp. 375-385.
Weinstein, C. E., & Mayer, R. 1986 The teaching of learning strategies. In M. Wittrock (Ed.), *Handbook of research on teaching and learning*. New York: Macmillan. Pp. 315-327.
Weinstein, C. E., & Underwood, V. L. 1985 Learning strategies: The how of learning. In J. Segal, S. Chipman, & R. Glaser (Eds.), *Thinking and learning skills: Relating instruction to research.* Vol. 1 . Hillsdale, NJ: Erlbaum. Pp. 241-258.
Wigfield, A., Eccles, J., & Pintrich, P. R. 1996 Development between the ages of 11 and 25. In D. Berliner, & R. Calfee (Eds.), *Handbook of educational psychology*. New York: Macmillan. Pp. 148-185.
Winne, P. 1996 A metacognitive view of individual differences in self-regulated learning. *Learning and Individual Differences*, 8, 327-353.
Wolters, C., Yu, S., & Pintrich, P. R. 1996 The relation between goal orientation and students' motivational beliefs and self-regulated learning. *Learning and Individual Differences*, 8, 211-238.
Zimmerman, B. J. 1989 A social cognitive view of self-regulated academic learning. *Journal of Educational Psychology*, 81, 329-339.
Zimmerman, B. J., Greenberg, D., & Weinstein, C. E. 1994 Self-regulating academic study time: A strategy approach. In D. H. Schunk, & B. J. Zimmerman (Eds.), *Self-regulation of learning and performance:Issues and educational applications*. Hillsdale, NJ: Erlbaum. Pp. 181-199.
Zimmerman, B. J., & Martinez-Pons, M. 1986 Development of a structured interview for assessing student use of self-regulated learning strategies. *American Educational Research Journal*, 23, 614 -628.

〈5章〉

Bandura, A. 1986 *Social foundations of thought and action: A social cognitive theory.* Englewood Cliffs, NJ: Prentice-Hall.
Cohen, J. 1977 *Statistical power analysis for the behavioral sciences.* New York: Academic Press.
Corno, L. 1986 The metacognitive control components of self-regulated learning. *Contemporary Educational Psychology*, 11, 333-346.
Delclos, V. R., & Harrington, C. 1991 Effects of strategy monitoring and proactive instruction on children's problem-solving performance. *Journal of Educational Psychology*, 83, 35-42.

Diener, C. I., & Dweck, C. S. 1978 An analysis of learned helplessness: Continuous changes in performance, strategy, and achievement cognitions following failure. *Journal of Personality and Social Psychology*, **36**, 451-462.

DiGangi, S. A., Maag, J. W., & Rutherford, R. B. 1991 Self-graphing of on-task behavior: Enhancing the reactive effects of self-monitoring on on-task behavior and academic performance. *Learning Disability Quarterly*, **14**, 221-230.

Elliott, E. S., & Dweck, C. S. 1988 Goals: An approach to motivation and achievement. *Journal of Personality and Social Psychology*, **54**, 5-12.

Ellis, E. S., Sabornie, E. J., & Marshall, K. J. 1989 Teaching learning strategies to learning disabled students in postsecondary settings. *Academic Therapy*, **24**, 491-501.

Harris, K. R. 1986 Self-monitoring of attentional behavior versus self-monitoring of productivity: Effects on on-task behavior and academic response rate among learning disabled children. *Journal of Applied Behavior Modification*, **10**, 235-254.

Heins, E. D., Lloyd, J. W., & Hallahan, D. P. 1986 Cued and noncued self-recording of attention to task. *Behavior Modification*, **10**, 235-254.

Kuhl, J. 1985 Volitional aspects of achievement motivation and learned helplessness: Self-regulatory processes and action versus state orientation. In J. Kuhl, & J. Beckman (Eds.), *Action control*. New York: Springer. Pp. 101-128.

Lan, W. Y. 1996 The effects of self-monitoring on students' course performance, use of learning strategies, attitude, self-judgment ability, and knowledge representation. *Journal of Experimental Education*, **64**, 101-115.

Lan, W. Y., Bradley, L., & Parr, G. 1993 The effects of a self-monitoring process on college students' learning in an introductory statistics course. *Journal of Experimental Education*, **62**, 26-40.

Lloyd, J. W., Bateman, D. F., Landrum, T. J., & Hallahan, D. P. 1989 Self-recording of attention versus productivity. *Journal of Applied Behavior Analysis*, **22**, 315-323.

Maag, J. W., Rutherford, R. B., & DiGangi, S. A. 1992 Effects of self-monitoring and contingent reinforcement on on-task behavior and academic productivity of learning disabled students: A social validation study. *Psychology in the Schools*, **29**, 157-172.

Mace, F. C., & Kratochwill, T. R. 1988 Self-monitoring: Application and issues. In J. Witt, S. Elliott, & F. Gresham (Eds.), *Handbook of behavioral therapy in education*. New York: Pergamon Press. Pp. 489-502.

Malone, L. D., & Mastropieri, M. A. 1992 Reading comprehension instruction: Summarization and self-monitoring training for students' with learning disabilities. *Exceptional Children*, **58**, 270-279.

McCurdy, B. L., & Shapiro, E. S. 1992 A comparison of teacher-, peer-, and self-monitoring with curriculum-based measurement in reading among students with learning disabilities. *Journal of Special Education*, **26**, 162-180.

McKeachie, W. J., Pintrich, P. R., & Lin, Y. G. 1985 Teaching learning strategies. *Educational Psychologist*, **20**, 153-160.

Meece, J. 1991 The classroom context and children's motivational goals. In M. Maehr, & P. Pintrich (Eds.), *Advances in achievement motivation research*. Greenwich, CT: JAI Press. Pp. 261-285.

Morrow, L. W., Burke, J. G., & Buel, B. J. 1985 Effects of a self-recording procedure on the attending to task behavior and academic productivity of adolescents with multiple handicaps. *Mental Retardation*, **23**, 137-141.

Nicholls, J. G. 1984 Achievement motivation: Conceptions of ability, subjective experience, task choice, and performance. *Psychological Review*, **91**, 328 346.

Pagano, R. P. 1994 *Understanding statistics in the behavioral sciences*. St. Paul, MN: West.

Pearl, R., Bryan, T., & Herzog, A. 1983 Learning disabled children's strategy analyses under high and low success conditions. *Learning Disability Quarterly*, **6**, 67-74.

Pintrich, P. R., & De Groot, E. V. 1990 Motivational and self-regulated learning components of classroom academic performance. *Journal of Educational Psychology*, **82**, 33-40.

Pintrich, P. R., McKeachie, W. J., & Lin, Y. G. 1987 Teaching a course in learning to learn. *Teaching of Psychology*, **14**, 81-86.

Pressley, M., & Ghatala, E. S. 1990 Self-regulated learning: Monitoring learning from text. *Educational Psychologist*, **25**, 19-33.

Sagotsky, G., Patterson, C. J., & Lepper, M. R. 1978 Training children's self-control: A field experiment in self-monitoring and goal setting in the classroom. *Journal of Experimental Child Psychology*, **25**, 242-253.

Schunk, D. H. 1983 Progress of self-monitoring: Effects on children's self-efficacy and achievement. *Journal of Experimental Education*, **51**, 89-93.

Schunk, D. H. 1996 *Learning theories: An educational perspective*. New York: Merill/Macmillan.
Shapiro, E. S. 1984 Self-monitoring procedures. In T H. Ollendick & M. Hersen (Eds.), *Child behavior assessment: Principles and procedures*. New York: Pergamon Press. Pp. 148-165.
Stahl, N. A., Brozo, W. G., Smith, B. D., & Henk, W. A. 1991 Effects of teaching generative vocabulary strategies in the college developmental reading program. *Journal of Research and Development in Education*, **24**, 24-32.
Thoresen, C. E., & Mahoney, M. J. 1974 *Behavioral self-control*. New York: Holt, Rinehart & Winston.
Winne, P. H. 1995 Inherent details in self-regulated learning. *Educational Psychologist*, **30**, 173-187.
Wood, E., Fler, C., & Willoughby, T. 1992 Elaborative interrogation applied to small and large group contexts. *Applied Cognitive Psychology*, **6**, 361-366.
Zimmerman, B. J. 1989a Models of self-regulated learning and academic achievement. In B. J. Zimmerman, & D. H. Schunk (Eds.), *Self-regulated learning and academic achievement: Theory, research, and practice*. New York: Springer-Verlag. Pp. 1-26.
Zimmerman, B. J. 1989b A social cognitive view of self-regulated academic learning. *Journal of Educational Psychology*, **81**, 329-339.
Zimmerman, B. J. 1990 Self-regulated learning and academic achievement: An overview. *Educational Psychologist*, **25**, 3-17.
Zimmerman, B. J., & Martinez-Pons, M. 1986 Development of a structured interview for assessing student use of self-regulated learning strategies. *American Educational Research Journal*, **23**, 614-628.
Zimmerman, B. J., & Martinez-Pons, M. 1988 Construct validation of a strategy model of student self-regulated learning. *Journal of Educational Psychology*, **80**, 284-290.
Zimmerman, B. J., & Martinez-Pons, M. 1990 Student differences in self-regulated learning: Relating grade, sex, and giftedness to self-efficacy and strategy use. *Journal of Educational Psychology*, **82**, 51-59.
Zimmerman, B. J., & Ringle, J. 1981 Effects of model persistence and statements of confidence on children's efficacy and problem solving. *Journal of Educational Psychology*, **73**, 485-493.

〈6章〉

Ames, C. 1992 Classroom goals, structures, and student motivation. *Journal of Educational Psychology*, **84**, 261-271.
Anderson, J. R. 1991 The adaptive nature of human categorization. *Psychological Review*, **98**, 409-429.
Austin, J. T., & Vancouver, J. B. 1996 Goal constructs in psychology: Structure, process, and content. *Psychological Bulletin*, **120**, 338-375.
Butler, D. L., & Winne, P. H. 1995 Feedback and self-regulated learning: A theoretical synthesis. *Review of Educational Research*, **65**, 245-281.
Dempster, F. N. 1989 Spacing effects and their implications for theory and practice. *Educational Psychology Review*, **1**, 309-330.
Eisenberger, R. 1992 Learned industriousness. *Psychological Review*, **99**, 248-267.
Eisenberger, R., Masterson, F. A., & McDermitt, M. 1982 Effects of task variety on generalized effort. *Journal of Educational Psychology*, **74**, 499-506.
Ericsson, K. A., Krampe, R. T., & Tesch-Romer, C. 1993 The role of deliberate practice in the acquisition of expert performance. *Psychological Review*, **100**, 363-406.
Field, D., & Winne, P. H. 1997 *STUDY: An environment for authoring and presenting adaptive learning tutorials* (Version 3.2) [Computer program]. Burnaby, BC: Simon Fraser University.
Foos, P. W., & Fisher, R. P. 1988 Using tests as learning opportunities. *Journal of Educational Psychology*, **80**, 179-183.
Glover, J. A. 1989 The testing phenomenon: Not gone but nearly forgotten. *Journal of Educational Psychology*, **81**, 392-399.
Guzdial, M., Berger, C., Jones, T., Horney, M., Anderson-Inman, L., Winne, P. H., & Nesbit, J. C. 1996 *Analyzing student use of educational software with event recordings*. Manuscript submitted for publication.
Hativa, N., & Lesgold, A. 1996 Situational effects in classroom technology implementations: Unfulfilled expectations and unexpected outcomes. In S. Kerr (Ed.), *Ninety-fifth yearbook of the National Society for the Study of Education: Part II. Technology and the future of schooling*. Chicago: University of Chicago Press. Pp. 131-171.
Herman, J. L. 1994 Evaluating the effects of technology in school reform. In B. Means (Ed.), *Technology and educational*

reform. San Francisco: Jossey-Bass. Pp. 133-167.

Howard-Rose, D., & Winne, P. H. 1993 Measuring component and sets of cognitive processes in self-regulated learning. *Journal of Educational Psychology*, 85, 591-604.

King, A. 1991 Effects of training in strategic questioning on children's problem-solving performance. *Journal of Educational Psychology*, **83**, 307-317.

King, A. 1992 Comparison of self-questioning, summarizing, and notetaking-review as strategies for learning from lectures. *American Educational Research Journal*, **29**, 303-323.

Kluger, A. N., & DeNisi, A. 1996 The effects of feedback interventions on performance: A historical review, a meta-analysis, and a preliminary feedback intervention theory. *Psychological Bulletin*, **119**, 254-284.

McKoon, G., & Ratcliff, R. 1992 Inference during reading. *Psychological Review*, **99**, 440?466.

Miller, P. H., & Seier, W. L. 1994 Strategy utilization deficiencies in children: When, where, and why. In H. W. Reese (Ed.), *Advances in child development and behavior*. Vol. 25. San Diego: Academic Press. Pp. 107-156.

Morgan, M. 1985 Self-monitoring of attained subgoals in private study. *Journal of Educational Psychology*, **77**, 623-630.

Papert, S. 1980 *Mindstorms: Children, computers, and powerful ideas*. New York: Basic Books.

Perry, N. E. 1997 *Young children's self-regulated learning and contexts that support it*. Manuscript submitted for publication.

Pintrich, P. R., Marx, R. W., & Boyle, R. A. 1993 Beyond cold conceptual change: The role of motivational beliefs and classroom contextual factors in the process of conceptual change. *Review of Educational Research*, **63**, 167-199.

Pintrich, P. R., Wolters, C. A., & Baxter, G. P. (in press) Assessing metacognition and self-regulated learning. In G. Schraw (Ed.), *Issues in the measurement of metacognition*. Lincoln, NE: Buros/University of Nebraska Press.

Pressley, M. 1995 More about the development of self-regulation: Complex, long-term, and thoroughly social. *Educational Psychologist*, **31**, 207-212.

Pressley, M., & Afflerbach, P. 1995 *Verbal protocols of reading: The nature of constructively responsive reading*. Hillsdale, NJ: Erlbaum.

Rumelhart, D. E., & Norman, D. A. 1978 Accretion, tuning, and restructuring: Three modes of learning. In J. W. Cotton, & R. Klatzky (Eds.), *Semantic factors in cognition*. Hillsdale, NJ: Erlbaum. Pp. 37-53.

Salomon, G., Globerson, T., & Guterman, E. 1989 The computer as a zone of proximal development: internalizing reading-related metacognitions from a reading partner. *Journal of Educational Psychology*, **81**, 620-672.

Salomon, G., & Perkins, D. N. 1989 Rocky roads to transfer: Rethinking mechanisms of a neglected phenomenon. *Educational Psychologist*, **24**, 113-142.

Salomon, G., & Perkins, D. 1996 Learning in Wonderland: What do computers really offer education? In S. Kerr (Ed.), *Ninety-fifth yearbook of the National Society for the Study of Education: Part II. Technology and the future of schooling*. Chicago: University of Chicago. Pp. 111-130.

Schommer, M. 1994 Synthesizing epistemological belief research: Tentative understandings and provocative conclusions. *Educational Psychology Review*, **6**, 293-319.

Schank, R. 1984 *The cognitive computer*. Reading, MA: Addison-Wesley.

Schunk, D. H. 1996 Goal and self-evaluative influences during children's cognitive skill learning. *American Educational Research Journal*, **33**, 359-382.

Schunk, D. H., & Zimmerman, B. J. (Eds.) 1994 *Self-regulation of learning and performance: issues and applications*. Hillsdale, NJ: Erlbaum.

Snow, R. E. 1996 Self-regulation as meta-conation? *Learning and Individual Differences*, **8**, 216-267.

Sweller, J. 1989 Cognitive technology: Some procedures for facilitating learning and problem solving in mathematics and science. *Journal of Educational Psychology*, **81**, 457-466.

Weinstein, C. E. 1996 Self-regulation: A commentary on directions for future research. *Learning and individual Differences*, **8**, 269-274.

Winne, P. H. 1989 Theories of instruction and of intelligence for designing artificially intelligent tutoring systems. *Educational Psychologist*, **24**, 229-259.

Winne, P. H. 1992 State-of-the-art instructional computing systems that afford instruction and bootstrap research. In M. Jones, & P. H. Winne (Eds.), *Foundations and frontiers of adaptive learning environments*. Berlin: Springer-Verlag. Pp. 349-380.

Winne, P. H. 1993 A landscape of issues in evaluating adaptive learning systems. *Journal of Artificial Intelligence in Education,* 4, 309-332.
Winne, P. H. 1995 Inherent details in self-regulated learning. *Educational Psychologist,* 30, 173-187.
Winne, P. H. 1996a A metacognitive view of individual differences in self-regulated learning. *Learning and Individual Differences,* 8, 327-353.
Winne, P. H. 1996b (June) *Children's decision making skills and the development of self-regulated learning.* Paper presented at the meeting of the Canadian Association for Educational Psychology, St. Catharines, Ontario.
Winne, P. H. 1997 Experimenting to bootstrap self-regulated learning. *Journal of Educational Psychology,* 89, 397-410.
Winne, P. H., Gupta, L., & Nesbit, J. C. 1994 Exploring individual differences in studying strategies using graph theoretic statistics. *Alberta Journal of Educational Research,* 40, 177-193.
Winne, P. H., & Hadwin, A. F. 1997 Studying as self-regulated learning. In D. J. Hacker, J. Dunlosky, & A. C. Graesser (Eds.), *Metacognition in educational theory and practice.* Hillsdale, NJ: Erlbaum. Pp. 279-306.
Winne, P. H., & Marx, R. W. 1982 Students' and teachers' views of thinking processes for classroom learning. *Elementary School Journal,* 82, 493-518.
Winne, P. H., & Marx, R. W. 1989 A cognitive processing analysis of motivation within classroom tasks. In C. Ames & R. Ames (Eds.), *Research on motivation in education.* Vol. 3. Orlando, FL: Academic Press. Pp. 223-257.
Zellermayer, M., Salomon, G., Globerson, T., & Givon, T. 1991 Enhancing writing- related metacognitions through a computerized writing partner. *American Educational Research Journal,* 28, 373-391.
Zimmerman, B. J., & Schunk, D. H. (Eds.) 1989 *Self-regulated learning and academic achievement: Theory, research, and practice.* New York: Springer-Verlag.

〈7章〉

Bandura, A. 1977 *Social learning theory.* Englewood Cliffs, NJ: Prentice-Hall.
Bandura, A. 1986 *Social foundations of thought and action: A social cognitive theory.* Englewood Cliffs, NJ: Prentice-Hall.
Bandura, A. 1993 Perceived self-efficacy in cognitive development and functioning. *Educational Psychologist,* 28, 117-148.
Bandura, A. 1997 *Self-efficacy: The exercise of control.* New York: Freeman.
Bouffard-Bouchard, T., Parent, S., & Larivee, S. 1991 Influence of self-efficacy on self-regulation and performance among junior and senior high-school age students. *International Journal of Behavioural Development,* 14, 153-164.
Brown, J. S., & Burton, R. R. 1978 Diagnostic models for procedural bugs in basic mathematical skills. *Cognitive Science,* 2, 155-192.
Chen, C., & Stevenson, H. W. 1995 Motivation and mathematics achievement: A comparative study of Asian-American, Caucasian-American, and East Asian high school students. *Child Development,* 66, 1215-1234.
Denney, D. R. 1975 The effects of exemplary and cognitive models and self-rehearsal on children's interrogative strategies. *Journal of Experimental Child Psychology,* 19, 476-488.
Denney, N. W., & Turner, M. C. 1979 Facilitating cognitive performance in children: A comparison of strategy modeling and strategy modeling with overt self-verbalization. *Journal of Experimental Child Psychology,* 28, 119-131.
Dowrick, P. W. 1983 Self-modeling. In P. W. Dowrick, & S. J. Biggs (Eds.), *Using video: Psychological and social applications.* Chichester, UK: Wiley. Pp. 105-124.
Fuligni, A. J., & Stevenson, H. W. 1995 Time use and mathematics achievement among American, Chinese, and Japanese high school students. *Child Development,* 66, 830-842.
Geary, D. C. 1995 Reflections of evolution and culture in children's cognition: Implications for mathematical development and instruction. *American Psychologist,* 50, 24-37.
Geary, D. C. 1996 International differences in mathematical achievement: Their nature, causes, and consequences. *Current Directions in Psychological Science,* 5, 133-137.
Kanfer, F. H., & Gaelick, L. 1986 Self-management methods. In F. H. Kanfer & A. P. Goldstein (Eds.), *Helping people change: A textbook of methods.* 3rd ed. New York: Pergamon Press. Pp. 283-345.
Kloosterman, P. 1988 Self-confidence and motivation in mathematics. *Journal of Educational Psychology,* 80, 345-351.
Mace, F. C., Belfiore, P. J., & Shea, M. C. 1989 Operant theory and research on self-regulation. In B. J. Zimmerman, & D. H. Schunk (Eds.), *Self-regulated learning and academic achievement: Theory, research, and practice.* New York: Springer-Verlag. Pp. 27-50.

McCombs, B. L. 1989 Self-regulated learning and academic achievement: A phenomenological view. In B. J. Zimmerman, & D. H. Schunk (Eds.), *Self-regulated learning and academic achievement: Theory, research, and practice*. New York: Springer-Verlag. Pp. 51-82.

Meece, J. L., & Courtney, D. P. 1992 Gender differences in students' perceptions: Consequences for achievement-related choices. In D. H. Schunk, & J. L. Meece (Eds.), *Student perceptions in the classroom*. Hillsdale, NJ: Erlbaum. Pp. 209-228.

Meichenbaum, D. 1977 *Cognitive behavior modification: An integrative approach*. New York: Plenum Press.

National Council of Teachers of Mathematics. 1989 *Curriculum and evaluation standards for school mathematics*. Reston, VA: Author.

Newman, R. S. 1994 Adaptive help seeking: A strategy of self-regulated learning. In D. H. Schunk, & B. J. Zimmerman (Eds.), *Self-regulation of learning and performance: Issues and educational applications*. Hillsdale, NJ: Erlbaum. Pp. 283-301.

Pajares, F., & Kranzler, J. 1995 Self-efficacy beliefs and general mental ability in mathematical problem-solving. *Contemporary Educational Psychology*, **20**, 426-443.

Pajares, F., & Miller, M. D. 1994 Role of self-efficacy and self-concept beliefs in mathematical problem solving: A path analysis. *Journal of Educational Psychology*, **86**, 193-203.

Pintrich, P. R., & De Groot, E. V. 1990 Motivational and self-regulated learning components of classroom academic performance. *Journal of Educational Psychology*, **82**, 33-40.

Pintrich, P. R., & Schrauben, B. 1992 Students' motivational beliefs and their cognitive engagement in classroom academic tasks. In D. H. Schunk, & J. L. Meece (Eds.), *Student perceptions in the classroom*. Hillsdale, NJ: Erlbaum. Pp. 149-183.

Pressley, M., Woloshyn, V., Lysynchuk, L. M., Martin, V., Wood, E., & Willoughby, T. 1990 A primer of research on cognitive strategy instruction: The important issues and how to address them. *Educational Psychology Review*, **2**, 1-58.

Rosenthal, T. L., & Zimmerman, B. J. 1978 *Social learning and cognition*. New York: Academic Press.

Salomon, G. 1984 Television is "easy" and print is "tough": The differential investment of mental effort in learning as a function of perceptions and attributions. *Journal of Educational Psychology*, **76**, 647-658.

Schunk, D. H. 1981 Modeling and attributional effects on children's achievement: A self-efficacy analysis. *Journal of Educational Psychology*, **73**, 93-105.

Schunk, D. H. 1982 Verbal self-regulation as a facilitator of children's achievement and self-efficacy. *Human Learning*, **1**, 265-277.

Schunk, D. H. 1983 Progress self-monitoring: Effects on children's self-efficacy and achievement. *Journal of Experimental Education*, **51**, 89-93.

Schunk, D. H. 1987 Peer models and children's behavioral change. *Review of Educational Research*, **57**, 149-174.

Schunk, D. H. 1989 Self-efficacy and achievement behaviors. *Educational Psychology Review*, **1**, 173-208.

Schunk, D. H. 1994 Self-regulation of self-efficacy and attributions in academic settings. In D. H. Schunk, & B. J. Zimmerman (Eds.), *Self-regulation of learning and performance: Issues and educational applications*. Hillsdale, NJ: Erlbaum. Pp. 75-99.

Schunk, D. H. 1996 Goal and self-evaluative influences during children's cognitive skill learning. *American Educational Research Journal*, **33**, 359-382.

Schunk, D. H., & Cox, P. D. 1986 Strategy training and attributional feedback with learning disabled students. *Journal of Educational Psychology*, **78**, 201-209.

Schunk, D. H., & Gunn, T. P. 1985 Modeled importance of task strategies and achievement beliefs: Effect on self-efficacy and skill development. *Journal of Early Adolescence*, **5**, 247-258.

Schunk, D. H., & Gunn, T. P. 1986 Self-efficacy and skill development: Influence of task strategies and attributions. *Journal of Educational Research*, **79**, 238-244.

Schunk, D. H., & Hanson, A. R. 1985 Peer models: Influence on children's self-efficacy and achievement. *Journal of Educational Psychology*, **77**, 313-322.

Schunk, D. H., & Hanson, A. R. 1989a Influence of peer-model attributes on children's beliefs and learning. *Journal of Educational Psychology*, **81**, 431-434.

Schunk, D. H., & Hanson, A. R. 1989b Self-modeling and children's cognitive skill learning. *Journal of Educational Psychology*, **81**, 155-163.

Schunk, D. H., Hanson, A. R., & Cox, P. D. 1987 Peer model attributes and children's achievement behaviors. *Journal of Educational Psychology*, **79**, 54-61.

Schunk, D. H., & Zimmerman, B. J. 1997 Social origins of self-regulatory competence. *Educational Psychologist*, **32**, 195-208.

Shell, D. F., Murphy, C. C., & Bruning, R. H. 1989 Self-efficacy and outcome expectancy mechanisms in reading and writing achievement. *Journal of Educational Psychology*, **81**, 91-100.

Steen, L. A. 1987 Mathematics education: A predictor of scientific competitiveness. *Science*, **237**, 251-252, 302.

Stevenson, H. W., Chen, C., & Lee, S. 1993 Mathematics achievement of Chinese, Japanese, and American children: Ten years later. *Science*, **259**, 53-58.

Stigler, J. W., Lee, S., & Stevenson, H. W. 1987 Mathematics classrooms in Japan, Taiwan, and the United States. *Child Development*, **58**, 1272-1285.

Stipek, D. J., & Gralinski, J. H. 1991 Gender differences in children's achievement-related beliefs and emotional responses to success and failure in mathematics. *Journal of Educational Psychology*, **83**, 361-371.

Uttal, D. H., Lummis, M., & Stevenson, H. W. 1988 Low and high mathematics achievement in Japanese, Chinese, and American elementary-school children. *Developmental Psychology*, **24**, 335-342.

Weiner, B. 1992 *Human motivation: Metaphors, theories, and research*. Newbury Park, CA: Sage.

Whang, P. A., & Hancock, G. R. 1994 Motivation and mathematics achievement: Comparisons between Asian-American and non-Asian students. *Contemporary Educational Psychology*, **19**, 302-322.

Zimmerman, B. J. 1989 A social cognitive view of self-regulated academic learning. *Journal of Educational Psychology*, **81**, 329-339.

Zimmerman, B. J. 1990 Self-regulating academic learning and achievement: The emergence of a social cognitive perspective. *Educational Psychology Review*, **2**, 173-201.

Zimmerman, B. J. 1994 Dimensions of academic self-regulation: A conceptual frame-work for education. In D. H. Schunk, & B. J. Zimmerman (Eds.), *Self-regulation of learning and performance: Issues and educational applications*. Hillsdale, NJ: Erlbaum. Pp. 3-21.

Zimmerman, B. J. 1995 Self-efficacy and educational development. In A. Bandura (Ed.), *Self-efficacy in changing societies*. New York: Cambridge University Press. Pp. 202-231.

Zimmerman, B. J., & Bell, J. A. 1972 Observer verbalization and abstraction in vicarious rule learning, generalization, and retention. *Developmental Psychology*, **7**, 227-231.

Zimmerman, B. J., Bonner, S., & Kovach, R. 1996 *Developing self-regulated learners: Beyond achievement to self-efficacy*. Washington, DC: American Psychological Association.

Zimmerman, B. J., & Kitsantas, A. 1996 Self-regulated learning of a motoric skill: The role of goal setting and self-monitoring. *Journal of Applied Sport Psychology*, **8**, 60-75.

Zimmerman, B. J., & Martinez-Pons, M. 1992 Perceptions of efficacy and strategy use in the self-regulation of learning. In D. H. Schunk, & J. L. Meece (Eds.), *Student perceptions in the classroom*. Hillsdale, NJ: Erlbaum. Pp. 185-207.

Zimmerman, B. J., & Ringle, J. 1981 Effects of model persistence and statements of confidence on children's self-efficacy and problem solving. *Journal of Educational Psychology*, **73**, 485-493.

〈8章〉

Alexander, P. A., & Judy, J. E. 1988 The interaction of domain-specific and strategic knowledge in academic performance. *Review of Educational Research*, **58**, 375-404.

Baker, L. 1984 Children's effective use of multiple standards for evaluating their comprehension. *Journal of Educational Psychology*, **76**, 588-597.

Baker, L., & Brown, A. L. 1984 Cognitive monitoring in reading. In J. Flood (Ed.), *Understanding reading comprehension: Cognition, language, arid the structure of prose*. Newark, DE: International Reading Association. Pp. 21-44.

Bandura, A. 1993 Perceived self-efficacy in cognitive development and functioning. *Educational Psychologist*, **28**, 117-148.

Bereiter, C., & Bird, M. 1985 Use of thinking aloud in identification and teaching of reading comprehension strategies. *Cognition and Instruction*, **2**, 131-156.

Borkowski, J. G. 1992 Metacognitive theory: A framework for teaching literacy, writing, and math skills. *Journal of Learning Disabilities*, **25**, 253-257.

Borkowski, J. G., Estrada, M. T., Milstead, M., & Hale, C. A. 1989 General problem- solving skills: Relations between metacognition and strategic processing. *Learning Disability Quarterly*, **12**, 57-70.
Borkowski, J. G., & Muthukrishna, N. 1992 Moving metacognition into the classroom: "Working models" and effective strategy teaching. In M. Pressley, K. R. Harris, & J. T. Guthrie (Eds.), *Promoting academic competence and literacy in school*. Toronto, Ontario: Academic Press. Pp. 477-501.
Borkowski, J. G., Weyhing, R. S., & Turner, L. A. 1986 Attributional retraining and the teaching of strategies. *Exceptional Children*, **53**, 130-137.
Brown, A. L. 1978 Knowing when, where and how to remember: A problem of metacognition. In R. Glaser (Ed.), *Advances in instructional psychology*. Hillsdale, NJ: Erlbaum. Pp. 77-165.
Brown, A. L. 1980 Metacognitive development and reading. In R. J. Spiro, B. C. Bruce, & w. F. Brewer (Eds.), *Theoretical issues in reading comprehension: Perspectives from cognitive psychology, linguistics, artificial intelligence, and education*. Hillsdale, NJ: Erlbaum. Pp. 453-481.
Brown, A. L., Campione, J. C., & Day, J. D. 1981 Learning to learn: On training students to learn from texts. *Educational Researcher*, **10** (2), 14-21.
Bursuck, W. D., & Jayanthi, M. 1993 Strategy instruction: Programming for independent skill usage. In S. A., Vogel & P. B. Adelman (Eds.), *Success for college students with learning disabilities*. New York: Springer-Verlag. Pp. 177-205.
Butler, D. L. 1992 Promoting strategic learning by learning disabled adults and adolescents. *Exceptionality Education Canada*, **2**, 109-128.
Butler, D. L. 1993 *Promoting strategic learning by adults with learning disabilities: An alternative approach*. Unpublished doctoral dissertation, Simon Fraser University, Burnaby, British Columbia.
Butler, D. L. 1994 From learning strategies to strategic learning: Promoting self-regulated learning by post secondary students with learning disabilities. *Canadian Journal of Special Education*, **4**, 69-101.
Butler, D. L. 1995 Promoting strategic learning by post secondary students with learning disabilities. *Journal of Learning Disabilities*, **28**, 170-190.
Butler, D. L. 1996 (April) *The strategic content learning approach to promoting self-regulated learning*. Paper presented at the annual meeting of the American Educational Research Association, New York.
Butler, D. L. 1997a (March) *The roles of goal setting and self-monitoring in students' self-regulated engagement in tasks*. Paper presented at the annual meeting of the American Educational Research Association, Chicago.
Butler, D. L. 1997b *The strategic content learning approach to promoting self-regulated learning: A summary of three studies*. Manuscript submitted for publication.
Butler, D. L. (in press-a) In search of the architect of learning: A commentary on scaffolding as a metaphor for instructional interactions. *Journal of Learning Disabilities*.
Butler, D. L. (in press-b) Metacognition and learning disabilities. In B. Y. L. Wong (Ed.), *Learning about learning disabilities*. 2nd ed. New York: Academic Press.
Butler, D. L. (in press-c) Promoting strategic content learning by adolescents with learning disabilities. *Exceptionality Education Canada*.
Butler, D. L., Elaschuk, C., & Poole, S. 1997 *Strategic content learning in postsecondary settings: A summary of three studies*. Unpublished technical report.
Butler, D. L., & Winne, P. H. 1995 Feedback and self-regulated learning: A theoretical synthesis. *Review of Educational Research*, **65**, 245-281.
Campione, J. C., Brown, A. L., & Connell, M. L. 1988 Metacognition: On the importance of understanding what you are doing. In R. I. Charles, & E. A. Silver (Eds.), *The teaching and assessing of mathematical problem solving*. Vol. 3. Hillsdale, NJ: Erlbaum. Pp. 93-114.
Carver, C. S., & Scheier, M. F. 1990 Origins and functions of positive and negative affect: A control-process view. *Psychological Review*, **97**, 19-35.
Corno, L. 1993 The best laid plans: Modern conceptions of volition and educational research. *Educational Researcher*, **22** (2), 14-22.
Deshler, D. D., Schumaker, J, B., Alley, G. R., Warner, M. M., & Clark, F. L. 1982 Learning disabilities in adolescent and young adult populations: Research implications. *Focus on Exceptional Children*, **15** (1), 1-12.
Dole, J. A., Duffy, G. G., Roehler, L. R., & Pearson, P. D. 1991 Moving from the old to the new: Research on reading

comprehension instruction. *Review of Educational Research*, **61** , 239-264.

Dweck, C. S. 1986 Motivational processes affecting learning. *American Psychologist*, **41**, 1040-1048.

Ellis, E. S. 1993 Integrative strategy instruction: A potential model for teaching content area subjects to adolescents with learning disabilities. *Journal of Learning Disabilities*, **26**, 358-383, 398.

Ellis, E. S. 1994 An instructional model for integrating content-area instruction with cognitive strategy instruction. *Reading and Writing Quarterly: Overcoming Learning Difficulties*, **10**, 63-90.

Englert, C. S., Raphael, T. E., Anderson, L. M., Anthony, H. M., & Stevens, D. D. 1991 Making strategies and self-talk visible: Writing instruction in regular and special education classrooms. *American Educational Research Journal*, **28**, 337-372.

Englert, C. S., Raphael, T. E., Anderson, L. M., Gregg, S. L., & Anthony, H. M. 1989 Exposition: Reading, writing, and the metacognitive knowledge of learning disabled students. *Learning Disabilities Research*, **5**, 5-24.

Gerber, P. J., & Reiff, H. B. 1991 *Speaking for themselves: Ethnographic interviews with adults with learning disabilities*. Ann Arbor: University of Michigan Press.

Graham, S., & Harris, K. R. 1989 Components analysis of cognitive strategy instruction: Effects on learning disabled students' compositions and self-efficacy. *Journal of Educational Psychology*, **81** , 353-361.

Graham, S., Schwartz, S. S., & MacArthur, C. A. 1993 Knowledge of writing and the composing process, attitude toward writing, and self-efficacy for students with and without learning disabilities. *Journal of Learning Disabilities*, **26**, 237-249.

Harris, K. R., & Graham, S. 1996 *Making the writing process work: Strategies for composition and self-regulation*. Cambridge, MA: Brookline Books.

Harris, K. R., & Pressley, M. 1991 The nature of cognitive strategy instruction: Interactive strategy construction. *Exceptional Children*, **57**, 392-404.

Jacobs, J. E., & Paris, S. G. 1987 Children's metacognition about reading: Issues in definition, measurement, and instruction. *Educational Psychologist*, **22**, 255-278.

Kamann, M. P., & Butler, D. L. 1996 (April) *Strategic content learning: An analysis of instructional features*. Paper presented at the annual meeting of the American Educational Research Association, New York.

MacLeod, W. B., Butler, D. L., & Syer, K. D. 1996 (April) *Beyond achievement data: Assessing changes in metacognition and strategic learning*. Paper presented at the annual meeting of the American Educational Research Association, New York.

Merriam, S. B. 1988 *Case study research in education: A qualitative approach*. San Francisco: Jossey-Bass.

Miles, M. B., & Huberman, A. M. 1994 *Qualitative data analysis: An expanded sourcebook*. 2nd ed. Thousand Oaks, CA: Sage.

Montague, M., Maddux, C. D., & Dereshiwsky, M. I. 1990 Story grammar and comprehension and production of narrative prose by students with learning disabilities. *Journal of Learning Disabilities*, **23**, 190-197.

Palincsar, A. S., & Brown, A. L. 1984 Reciprocal teaching of comprehension-fostering and comprehension-monitoring activities. *Cognition and Instruction*, **1**, 117-175.

Paris, S. G., & Byrnes, J. P. 1989 The constructivist approach to self-regulation and learning in the classroom. In B. J. Zimmerman, & D. H. Schunk, (Eds.), *Self-regulated learning and academic achievement: Theory, research, and practice*. New York: Springer-Verlag. Pp. 169-200.

Paris, S. G., Wixson, K. K., & Palincsar, A. S. 1986 Instructional approaches to reading comprehension. *Review of Research in Education*, **13**, 91-128.

Policastro, M. M. 1993 Assessing and developing metacognitive attributes in college students with learning disabilities. In S. A. Vogel, & P. B. Adelman (Eds.), *Success for college students with learning disabilities*. New York: Springer-Verlag. Pp. 151-176.

Pressley, M. 1986 The relevance of the good strategy user model to the teaching of mathematics. *Educational Psychologist*, **21** (1-2), 139-161.

Pressley, M., El-Dinary, P. B., Brown, R., Schuder, T., Bergman, J. L., York, M., & Gaskins, I. W. 1995 A transactional strategies instruction Christmas carol. In A. McKeough, J. Lupart, & A. Marini (Eds.), *Teaching for transfer: Fostering generalization in learning*. Mahwah, NJ: Erlbaum. Pp. 177-213.

Pressley, M., El-Dinary, P. B., Gaskins, I. W., Schuder, T., Bergman, J. L., Almasi, J., & Brown, R. 1992 Beyond direct explanation: Transactional instruction of reading comprehension strategies. *Elementary School Journal*, **92**, 513-555.

Pressley, M., Ghatala, E. S., Woloshyn, V., & Pirie, J. 1990 Sometimes adults miss the main ideas and do not realize it: Confidence in responses to short-answer and multiple-choice comprehension questions. *Reading Research Quarterly*, **25**, 232-249.

Reeve, R. A., & Brown, A. L. 1985 Metacognition reconsidered: Implications for intervention research. *Journal of Abnormal Child Psychology*, **13**, 343-356.

Salomon, G., & Perkins, D. E. 1989 Rocky roads to transfer: Rethinking mechanisms of a neglected phenomenon. *Educational Psychologist*, **24**, 113-142.

Sawyer, R. J., Graham, S., & Harris, K. R. 1992 Direct teaching, strategy instruction, and strategy instruction with explicit self-regulation: Effects on the composition skills and self-efficacy of students with learning disabilities. *Journal of Educational Psychology*, **84**, 340-352.

Schommer, M. 1990 Effects of beliefs about the nature of knowledge on comprehension. *Journal of Educational Psychology*, **82**, 498-504.

Schommer, M. 1993 Epistemological development and academic performance among secondary students. *Journal of Educational Psychology*, **85**, 406-411.

Schumaker, J. B., & Deshler, D. D. 1992 Validation of learning strategy interventions for students with learning disabilities: Results of a programmatic research effort. In B. Y. L. Wong (Ed.), *Contemporary intervention research in learning disabilities: An international perspective*. New York: Springer-Verlag. Pp. 22-46.

Schunk, D. H. 1994 Self-regulation of self-efficacy and attributions in academic settings. In D. H. Schunk, & B. J. Zimmerman (Eds.), *Self-regulation of learning and performance: Issues and educational applications*. Hillsdale, NJ: Erlbaum. Pp. 75-99.

Schunk, D. H. 1996 Goal and self-evaluative influences during children's cognitive skill learning. *American Educational Research Journal*, **33**, 359-382.

Schunk, D. H., & Cox, P. D. 1986 Strategy training and attributional feedback with learning disabled students. *Journal of Educational Psychology*, **78**, 201-209.

Stone, C. A. (in press) The metaphor of scaffolding: Its utility for the field of learning disabilities. *Journal of Learning Disabilities*.

Swanson, H. L. 1990 Instruction derived from the strategy deficit model: Overview of principles and procedures. In T. Scruggs, & B. Y. L. Wong (Eds.), *Intervention research in learning disabilities*. New York: Springer-Verlag. Pp. 34-65.

Torgesen, J. K. 1977 The role of non-specific factors in the task performance of learning disabled children: A theoretical assessment. *Journal of Learning Disabilities*, **10**, 27-34.

Vogel, S. A., & Adelman, P. B. 1990 Intervention effectiveness at the postsecondary level for the learning disabled. In T. Scruggs, & B. Y. L. Wong (Eds.), *Intervention research in learning disabilities*. New York: Springer-Verlag. Pp. 329-344.

Winne, P. H., & Marx, R. W. 1982 Students' and teachers' views of thinking processes for classroom learning. *Elementary School Journal*, **82**, 493-518.

Wong, B. Y. L. 1991a (August) *On the thorny issue of transfer in learning disabilities interventions: Towards a three-prong solution*. Invited address presented at the Fourth European Conference for Research on Learning and Instruction, University of Turku, Turku, Finland.

Wong, B. Y. L. 1991b The relevance of metacognition to learning disabilities. In B. Y. L. Wong (Ed.), *Learning about learning disabilities*. New York: Academic Press. Pp. 231-256.

Wong, B. Y. L. 1992 On cognitive process-based instruction: An introduction. *Journal of Learning Disabilities*, **25**, 150-152, 172.

Wong, B. Y. L., Butler, D. L., Ficzere, S., & Kuperis, S. 1996 Teaching low achievers and students with learning disabilities to plan, write, and revise opinion essays. *Journal of Learning Disabilities*, **29**, 197-212.

Yin, R. K. 1994 *Case study research: Design and methods*. 2nd ed. Thousand Oaks, CA; Sage.

Zimmerman, B. J. 1989 A social-cognitive view of self-regulated learning. *Journal of Educational Psychology*, **81**, 329-339.

Zimmerman, B. J. 1994 Dimensions of academic self-regulation: A conceptual frame-work for education. In D. H. Schunk, & B. J. Zimmerman (Eds.), *Self-regulation of learning and performance: Issues and educational applications*. Hillsdale, NJ: Erlbaum. Pp. 3-21.

〈9장〉

Annie, E. Casey Foundation. 1996 *Kids count*. Baltimore: Author.
Bandura, A., Barbaranelli, C., Caprara, G. V., & Pastorelli, C. 1996 Multifaceted impact of self-efficacy beliefs on academic functioning. *Child Development*, 67, 1206-1222.
Belfiore, P. J., Browder, D. M., & Mace, F. C. 1989 Effects of experimenter surveillance on reactive self-monitoring. *Research in Developmental Disabilities*, 10, 171-182.
Belfiore, P. J., & Hutchinson, J. M. 1998 Enhancing academic achievement through related routines: A functional approach. In T. S. Watson, & F. Gresham (Eds.), *Child behavior therapy: Ecological considerations in assessment, treatment, and evaluation*. New York: Plenum Press. Pp. 84-98.
Belfiore, P. J., Lee, D. L., Vargas, A. U., & Skinner, C. H. 1997 Effects of high-preference, single-digit mathematics problem completion on multiple-digit mathematics problem performance. *Journal of Applied Behavior Analysis*, 30, 327-330.
Brigham, T. 1982 Self-management: A radical behavioral perspective. In P. Karoly, & F. H. Kanfer (Eds.), *Self-management and behavior change: From theory to practice*. New York: Pergamon Press. Pp. 32-59.
Children's Defense Fund. 1996 *Every day in America*. Washington, DC: Author.
Cooper, J. O., Heron, T. E., & Heward, W. L. 1987 *Applied behavior analysis*. New York: Macmillan.
Grskovic, J., Montgomery-Grimes, D., Hall, A., Morphew, J., Belfiore, P., & Zentall, S. 1994 (May) *The effects of active response delay training on the frequency and duration of time-outs for students with emotional disabilities*. Paper presented at the annual conference of the Association for Behavior Analysis, Atlanta.
Hughes, C., & Lloyd, J. W. 1993 An analysis of self-management. *Journal of Behavioral Education*, 3, 405-426.
Iannone, R. 1994 Chaos theory and its implications for curriculum and teaching. *Education*, 15, 541-547.
Jones, J. E., & Davenport, M. 1996 Self-regulation in Japanese and American art education. *Art Education*, 49, 60-65.
Kauffman, J. M. 1997 *Characteristics of emotional and behavioral disorders of children and youths*. Upper Saddle River, NJ: Prentice-Hall.
Lee, C., & Tindal, G. A. 1994 Self-recording and goal-setting: Effects on on-task and math productivity of low-achieving Korean elementary school students. *Journal of Behavioral Education*, 4, 459-480.
Lloyd, J. W., Bateman, D. F., Landrum, T. J., & Hallahan, D. P. 1989 Self-recording of attention versus productivity. *Journal of Applied Behavior Analysis*, 22, 315-324.
Maag, j. W., Reid, R., & DiGangi, S. A. 1993 Differential effects of self-monitoring attention, accuracy, and productivity. *Journal of Applied Behavior Analysis*, 26, 329-344.
Mace, F. C., Belfiore, P. J., & Shea, M. C. 1989 Operant theory and research on self-regulation. In B. J. Zimmerman, & D. H. Schunk (Eds.), *Self-regulated learning and academic achievement: Theory, research, and practice*. New York: Springer-Verlag. Pp. 27-50.
Mace, F. C., & Kratochwill, T. R. 1988 Self-monitoring: Application and issues. In J. Witt, S. Elliot, & F. Gresham (Eds.), *Handbook of behavior therapy in education*. New York: Pergamon Press. Pp. 489-502.
Martin, K. F., & Manno, C. 1995 Use of a check-off system to improve middle school students' story compositions. *Journal of Learning Disabilities*, 28, 139-149.
National Center for Educational Statistics. 1996a *The condition of education*. Washington, DC: Author.
National Center for Educational Statistics. 1996b *The digest of education statistics*. Washington, DC: Author.
Olympia, D. E., Sheridan, S. M., Jenson, W. R., & Andrews, D. 1994 Using student-managed interventions to increase homework completion and accuracy. *Journal of Applied Behavior Analysis*, 27, 85-100.
Pirsig, R. M. 1974 *Zen and the art of motorcycle maintenance*. New York: Bantam.
Pirsig, R. M. 1991 *Lila*. New York: Bantam.
Reid, R., & Harris, K. R. 1993 Self-monitoring of attention versus self-monitoring of performance: Effects on attention and academic performance. *Exceptional Children*, 60, 29-40.
Schickedanz, J. A. 1994 Helping children develop self-control. *Childhood Education*, 70, 274-278.
Seabaugh, G. O., & Schumaker, J. B. 1994 The effects of self-regulation training on the academic productivity of secondary students with learning problems. *Journal of Behavioral Education*, 4, 109-133.
Serna, L. A., & Lau-Smith, J. A. 1995 Learning with purpose: Self-determination skills for students who are at risk for school and community failure. *Intervention in School and Clinic*, 30, 142-146.

Skinner, B. F. 1953 *Science and human behavior.* New York: Free Press.
Sweeney, W. J., Salva, E., Cooper, J. O., & Talbert-Johnson, C. 1993 Using self-evaluation to improve difficult-to-read handwriting of secondary students. *Journal of Behavioral Education*, **3**, 427-444.
Testerman, J. 1996 Holding at-risk students: The secret is one-on-one. *Phi Delta Kappan*, **77**, 364-365.
Webber, J., Scheuermann, B., McCall, C., & Coleman, M. 1993 Research on self-monitoring as a behavior management technique in special education classrooms: A descriptive review. *Remedial and Special Education*, **14**, 38 -56.

〈10章〉

Aronson, E. 1979 *The jigsaw classroom.* Beverly Hills, CA: Sage.
Berk, L. E. 1992 Children's private speech: An overview of theory and the status of research. In L. E. Berk, & R. Diaz (Eds.), *Private speech: From social interaction to self-regulation.* Hillsdale, NJ: Erlbaum. Pp. 17-54.
Biemiller, A. 1993 Lake Wobegon revisited: On diversity and education. *Educational Researcher*, **22** (9), 7-12.
Biemiller, A., & Meichenbaum, D. (in press) The consequences of negative scaffolding for students who learn slowly: A commentary on C. Addison Stone's "The metaphor of scaffolding: Its utility for the field of learning disabilities." *Journal of Learning Disabilities.*
Biemiller, A., & Richards, M. 1986 *Project Thrive: Vol. 2. Individualized intervention to foster social, emotional, and self-related functions in primary programs.* Toronto, Ontario: Ministry of Education.
Biemiller, A., Shany, M., Inglis, A., & Meichenbaum, D. 1993(August) *Enhancing self direction in "less able" learners.* Paper presented as part of an invited symposium on Issues and Directions in Research on Children's Self-Regulated Learning and Development at the annual conference of the American Psychological Association, Toronto, Ontario, Canada.
Bivens, J. A., & Berk, L. E. 1990 A longitudinal study of the development of elementary school children's private speech. *Merrill-Palmer Quarterly*, **36**, 443-463.
Brown, A., & Campione, J. 1994 Guided discovery in a community of learners. In K. McGilly (Ed.), *Classroom lessons: Integrating cognitive theory and classroom practice.* Cambridge, MA: MIT Press. Pp. 229-272.
Brown, A. L., & Palincsar, A. S. 1989 Guided, cooperative learning and individual knowledge acquisition. In L. B. Resnick (Ed.), *Knowing, learning, and instruction: Essays in honor of Robert Glaser.* Hillsdale, NJ: Erlbaum. Pp. 393-451.
Brown, R., Pressley, M., Van Meter, P., & Schuder, T. 1996 A quasi-experimental validation of transactional strategies instruction with low-achieving second-grade readers. *Journal of Educational Psychology*, **88**, 18-37.
Bruer, J. T. 1993 *Schools for thought: A science of learning in the classroom.* Cambridge, MA: MIT Press.
Case, R. 1985 *Intellectual development: Birth to adulthood.* Orlando, FL: Academic Press.
Case, R. 1992 *The mind's staircase: Exploring the conceptual underpinnings of children's thought and knowledge.* Hillsdale, NJ: Erlbaum.
Deshler, D. D., & Schumaker, J. B. 1988 An instructional model for teaching students how to learn. In J. L. Graden, J. E. Zins, & M. J. Curtis (Eds.), *Alternative educational delivery systems: Enhancing instructional options for all students.* Washington, DC: National Association of School Psychologists. Pp. 391-411.
Diaz, R. M. 1992 Methodological concerns in the study of private speech. In L. E. Berk & R. Diaz (Eds.), *Private speech: From social interaction to self-regulation.* Hillsdale, NJ: Erlbaum. Pp. 55-81.
Diaz, R. F., Neal, C. J., & Amaya-Williams, M. 1990 the social origins of self-regulation. In L. C. Moll (Ed.), *Vygotsky and education: Instructional implications of sociohistorical psychology.* New York: Cambridge University Press. Pp. 127-154.
Goodlad, S., & Hirst, B. 1989 *Peer tutoring: A guide to learning by teaching.* London: Kogan Page.
Goodlad, S., & Hirst, B. 1990 *Explorations in peer tutoring.* London: Blackwell Education.
Gutentag, R. E. 1984 The mental effort requirement of cumulative rehearsal: A developmental study. *Journal of Experimental Child Psychology*, **37**, 92-106.
Gutentag, R. E., Ornstein, P. A., & Siemens, I. 1987 Children's spontaneous rehearsal: Transitions in strategy acquisition. *Cognitive Development*, **2**, 307-326.
Gutierrez, R., & Slavin, R. E. 1992 Achievement effects of the nongraded elementary school: A best evidence synthesis. *Review of Educational Research*, **62**, 333-376.
Halford, G. S., Wilson, W. H., & Phillips, S. (in press) Processing capacity defined by relational complexity: Implications for

comparative, developmental, and cognitive psychology. *Behavioral and Brain Sciences*.

Henderson, R. W., & Cunningham, L. 1994 Creating interactive socio-cultural environments for self-regulated learning. In D. H. Schunk ,& B. J. Zimmerman (Eds.), *Self-regulation of learning and performance: Issues and educational applications*. Hillsdale, NJ: Erlbaum. Pp. 255-282.

Inglis, A., & Biemiller, A. 1997 *Fostering self-direction in grade four tutors: A cross-age tutoring program*. Manuscript submitted for publication.

Johnson, D. W., & Johnson, R. T. 1975 *Learning together and alone*. Englewood Cliffs, NJ: Prentice-Hall.

Kopp, C. B. 1982 Antecedents of self-regulation: A developmental perspective. *Developmental Psychology*, **18**, 199-214.

Mavrogenes, N. A., & Galen, N. D. 1978 Cross-age tutoring: Why and how? *Journal of Reading*, **22** (4), 344-353.

McGilly, K. 1994 *Classroom lessons: Integrating cognitive theory and classroom practice*. Cambridge, MA: MIT Press.

Meichenbaum, D. 1984 Teaching thinking: A cognitive-behavioral perspective. In S. F. Chipman, J. W. Segal, & R. Glaser (Eds.), *Thinking and learning skills: Vol. 2. Research and open questions*. Hillsdale, NJ: Erlbaum. Pp. 407-426.

Meichenbaum, D., & Biemiller, A. 1992 In M. Pressley, K. Harris, & J. Guthrie (Eds.), *Promoting academic competence and literacy in school*. New York: Academic Press. Pp. 3-56.

Meichenbaum, D., Burland, S., Gruson, L., & Cameron, R. 1985 Metacognitive assessment. In S. R. Yuson (Ed.), *The growth of reflection in children*. New York: Academic Press. Pp. 3-30.

Mosteller, F., Light, R. J., & Sachs, J. A. 1996 Sustained inquiry in education: Lessons from skill grouping and class size. *Harvard Educational Review*, **66**, 797-842.

Paas, F. G. W. C., & Van Merrienboer, J. J. G. 1994 Variability of worked examples and transfer of geometrical problem-solving skills: A cognitive load approach. *Journal of Educational Psychology*, **86**, 122-133.

Palincsar, A. S., & Brown, A. L. 1984 Reciprocal teaching of comprehension-fostering and comprehension-monitoring activities. *Cognitive instruction*, **1**, 117-175.

Pressley, M., Cariglia-Bull, T., Deane, S., & Schneider, W. 1987 Short-term memory, verbal competence, and age as predictors of imagery instructional effectiveness. *Journal of Experimental Child Psychology*, **43**, 194-211.

Pressley, M., El-Dinary, P. B., Gaskins, I., Schuder, T., Bergman, J. L., Almasi, J., & Brown, R. 1992 Beyond direct explanation: Transactional instruction of reading comprehension strategies. *Elementary School Journal*, **92**, 513-555.

Pressley, M., Harris, K. R., & Guthrie, J. T. (Eds.) 1992 *Promoting academic competence and literacy in school*. New York: Academic Press.

Pressley, M., & Woloshyn, V. 1995 *Cognitive strategy instruction that really improves children's academic performance*. 2nd ed. Cambridge, MA: Brookline Books.

Pressley, M., Woloshyn, V., Lysynchuk, L. M., Martin, V., Wood, E., & Willoughby, T. 1990 A primer of research on cognitive strategy instruction: The important issues and how to address them. *Educational Psychology Review*, **2** (1), 1 - 58.

Rekrut, M. D. 1994 Peer and cross-age tutoring: The lessons of research. *Journal of Reading*, **37** (5), 356-362.

Schunk, D. H., & Zimmerman, B. J. (Eds.) 1994 *Self-regulation of learning and performance: Issues and educational applications*. Hillsdale, NJ: Erlbaum.

Shany, M., & Biemiller, A. 1995 Assisted reading practice: Effects on performance for poor readers in grades 3 and 4. *Reading Research Quarterly*, **30**, 382-395.

Slavin, R. E. 1987 Ability grouping and student achievement in elementary schools: A best evidence synthesis. *Review of Educational Research*, **57**, 293-336.

Stone, C. A. (in press) The metaphor of scaffolding: Its utility for the field of learning disabilities. *Journal of Learning Disabilities*.

Vygotsky, L. S. 1978 *Mind in society: The development of higher psychological processes*. Cambridge, MA: Harvard University Press.

Vygotsky, L. S. 1987 Thinking and speech. In R. W. Rieber, & A. S. Carton (Eds.), *The collected works of L. S. Vygotsky: Vol. 1. Problems of general psychology*. New York: Plenum Press. Pp. 39-288.

Wertsch, J. V. 1991 Meaning in a sociocultural approach to mind. In A. McKeough, & J. L. Lupart (Eds.), *Toward the practice of theory-based instruction*. Hillsdale, NJ: Erlbaum. Pp. 31-49.

Wertsch, J. 1993 Commentary. *Human Development*, **36**, 168-171.

Wertsch, J. V., Minick, N., & Arns, F. J. 1984 The creation of context in joint problem-solving. In B. Rogoff,& J. Lave

(Eds.), *Everyday cognition: Its development in social context.* Cambridge, MA: Harvard University Press. Pp. 151-171.
Wood, D. 1988 *How children think and learn.* London: Basil Blackwell.
Zimmerman, B. J. 1994 Dimensions of academic self-regulation: A conceptual frame-work for education. In D. H. Schunk, & B. J. Zimmerman (Eds.), *Self-regulation of learning and performance: Issues and educational applications.* Hillsdale, NJ: Erlbaum. Pp. 3-21.
Zimmerman, B. J., & Schunk, D. H. (Eds.) 1989 *Self-regulated learning and academic achievement: Theory, research, and practice.* Hillsdale, NJ: Erlbaum.
Zivin, G. (Ed.) 1979 *The development of self-regulation through private speech.* New York: Wiley.

〈11章〉

Bandura, A. 1986 *Social foundations of thought and action: A social cognitive theory.* Englewood Cliffs, NJ: Prentice-Hall.
Bork, A. 1985 *Personal computers for education.* New York: Harper & Row.
Brody, G. H., Stoneman, Z., & Flor, D. 1996 Parental religiosity: Family processes and youth competence in rural, two-parent African American families. *Developmental Psychology, 32,* 696-706.
Clements, D. H. 1995 Teaching creativity with computers. *Educational Psychology Review, 7,* 141-161.
Cohen, E. G. 1994 Restructuring the classroom: Conditions for productive small groups. *Review of Educational Research, 64,* 1-35.
Fuligni, A. J. 1997 The academic achievement of adolescents from immigrant families: The roles of family background, attitudes, and behavior. *Child Development, 68,* 351-363.
Ghatala, E., Levin, J. R., Foorman, B. R., & Pressley, M. 1989 Improving children's regulation of their reading PREP time. *Contemporary Educational Psychology, 14,* 49-66.
Glenberg, A. M., Wilkinson, A. C., & Epstein, W. 1982 The illusion of knowing: Failure in the assessment of comprehension. *Memory and Cognition, 10,* 597-602.
Graham, S., & Harris, K. R. 1989a Components analysis of cognitive strategy instruction: Effects on learning disabled students' compositions and self-efficacy. *Journal of Educational Psychology, 81,* 353-361.
Graham, S., & Harris, K. R. 1989b Improving learning disabled students' skills at composing essays: Self-instructional strategy training. *Exceptional Children, 56,* 201-214.
Griffin, G. A. 1996 Realizing community in schools through inquiry. In D. R. Dillon(Ed.), *Cultivating collaboration: Proceedings from the first Professional Development Schools Conference.* West Lafayette, IN: Purdue University School of Education. Pp. 15-39.
Hirschbuhl, J. J. 1992 Multimedia: Why invest? *Interactive Learning International, 8,* 321-323.
Holroyd, K. A., Penzien, D. B., Hursey, K. G., Tobin, D. L., Rogers, L., Holm, J. E., Marcille, P. J., Hall, J. R., & Chila, A. G. 1984 Change mechanism in EMG biofeedback training: Cognitive changes underlying improvements in tension headache. *Journal of Consulting and Clinical Psychology, 52,* 1039-1053.
Kozma, R. B. 1991 Learning with media. *Review of Educational Research, 61,* 179-211.
Meece, J. L., Blumenfeld, P. C., & Hoyle, R. H. 1988 Students' goal orientations and cognitive engagement in classroom activities. *Journal of Educational Psychology, 80,* 514-523.
Palincsar, A. S., & Brown, A. L. 1984 Reciprocal teaching of comprehension-fostering and comprehension-monitoring activities. *Cognition and Instruction, 1,* 117-175.
Pintrich, P. R., & De Groot, E. V. 1990 Motivational and self-regulated learning components of classroom academic performance. *Journal of Educational Psychology, 82,* 33-40.
Pressley, M., Woloshyn, V., Lysynchuk, L. M., Martin, V., Wood, E., & Willoughby, T. 1990 A primer of research on cognitive strategy instruction: The important issues and how to address them. *Educational Psychology Review, 2,* 1-58.
Rosenthal, T. L., & Zimmerman, B. J. 1978 *Social learning and cognition.* New York: Academic Press.
Schunk, D. H. 1987 Peer models and childrens' behavioral change. *Review of Educational Research, 57,* 149-174.
Schunk, D. H. 1991 Self-efficacy and academic motivation. *Educational Psychologist, 26,* 207-231.
Schunk, D. H., & Rice, J. M. 1987 Enhancing comprehension skill and self-efficacy with strategy value information. *Journal of Reading Behavior, 19,* 285-302.
Schunk, D. H., & Rice, J. M. 1992 Influence of reading-comprehension strategy information on children's achievement outcomes. *Learning Disability Quarterly, 15,* 51-64.

Schunk, D. H., & Rice, J. M. 1993 Strategy fading and progress feedback: Effects on self-efficacy and comprehension among students receiving remedial reading services. *Journal of Special Education*, **27**, 257-276.

Schunk, D. H., & Swartz, C. W. 1993 Goals and progress feedback: Effects on self-efficacy and writing achievement. *Contemporary Educational Psychology*, **18**, 337-354.

Schunk, D. H., & Zimmerman, B. J. (Eds.) 1994 *Self-regulation of learning and performance: Issues and educational applications*. Hillsdale, NJ: Erlbaum.

Slavin, R. 1995 *Cooperative learning*. Boston: Allyn & Bacon.

Steinberg, L., Brown, B. B., & Dornbusch, S. M. 1996 *Beyond the classroom: Why school reform has failed and what parents need to do*. New York: Simon & Schuster.

Zimmerman, B. J., Bonner, S., & Kovach, R. 1996 *Developing self-regulated learners: Beyond achievement to self-efficacy*. Washington, DC: American Psychological Association.

Zimmerman, B. J., & Kitsantas, A. 1997 Developmental phases in self-regulation: Shifting from process to outcome goals. *Journal of Educational Psychology*, **89**, 29-36.

Zimmerman, B. J., & Martinez-Pons, M. 1990 Student differences in self-regulated learning: Relating grade, sex, and giftedness to self-efficacy and strategy use. *Journal of Educational Psychology*, **82**, 51-59.

Zimmerman, B. J., & Schunk, D. H. (Eds.) 1989 *Self-regulated learning and academic achievement: Theory, research, and practice*. New York: Springer-Verlag.

人名索引

A
アフラーバック（Afflerbach, P.） 44, 45, 131
エームス（Ames, C.） 119
アンダーソン（Anderson, V.） 53, 128
アロンソン（Aronson, E.） 218
オースティン（Austin, J. T.） 218

B
バンデューラ（Bandura, A.） 16, 139, 140, 146
ベルフィオーレ（Belfiore, P. J.） 17, 200, 230 -232, 235
バーク（Berk, L. E.） 205
ビーミラー（Biemiller, A.） 4, 18, 205, 220, 223, 230
ビベンス（Bivens, J. A.） 205
ブリガム（Brigham, T.） 188
ブローディ（Brody, G. H.） 233
ブラウン（Brown, A.） 217, 218
ブラウン（Brown, A. L.） 14, 52, 58, 206, 217
ブラウン（Brown, R.） 14
バトラー（Butler, D. L.） 16, 166, 230, 231, 235

C
キャンピオーン（Campione, J.） 217
カーバァー（Carver, C.） 5
キャズデン（Cazden, C. B.） 55
シャルネス（Charness, N.） 12
コーエン（Cohen, J.） 100
コリンズ（Collins, C.） 53
クーパー（Cooper, J. O.） 188
コーノ（Corno, L.） 4

コックス（Cox, P. D.） 153

D
ダバンポート（Davenport, M.） 192
ド・グルート（De Groot, E. V.） 228
デシュラー（Deshler, D. D.） 14, 207
ディアス（Diaz, R. M.） 205, 208
ダフィー（Duffy, G. G.） 48
ダーキン（Durkin, D.） 45, 46
デウェック（Dweck, C. S.） 7

E
アイゼンバーガー（Eisenberger, R.） 117, 119, 120, 122
エルーディナリー（El-Dinary, P. B.） 14, 47, 218
エリクソン（Ericsson, A. K.） 12, 118

F
フロウァー（Flower, L.） 22

G
ガスキンズ（Gaskins, I. W.） 47, 55, 56
ガターラ（Ghatala, E. S.） 89
グローバーソン（Globerson, T.） 38
グローバー（Glover, J. A.） 132, 133
グラハム（Graham, S.） 14, 33, 41, 228, 230 -232, 235
グルスコビッチ（Grskovic, J.） 197
ガン（Gunn, T. P.） 154, 155, 159
グーテンタグ（Gutentag, R. E.） 210

● H

ハドウィン (Hadwin, A. F.) 112, 116
ハンソン (Hanson, A. R.) 151, 152, 154
ハリス (Harris, K. R.) 4, 33, 194, 228
ハティーバ (Hativa, N.) 110
ハッチィ (Hattie, J.) 61–63
ヘイズ (Hayes, J.) 22
ヘックハウゼン (Heckhausen, H.) 4
ヘインズ (Heins, E. D.) 106
ハーマン (Herman, J. L.) 110
ホッファー (Hofer, B. K.) 230–232, 235
ホーンヤク (Hornyak, R. S.) 17, 230–232, 235

● I

アイアノーン (Iannone, R.) 202
イングリス (Inglis, A.) 215, 220, 221

● J

ジョーンズ (Jones, J. E.) 192

● K

カウフマン (Kauffman, J. M.) 199, 200
キング (King, A.) 131
コップ (Kopp) 208
クランズラー (Kranzler, J.) 155
クール (Kuhl, J.) 4

● L

ラン (Lan, W. Y.) 15, 230–232
ラウースミス (Lau-Smith, J. A.) 186, 196
リー (Lee, C.) 194
レズゴールド (Lesgold, A.) 110
レビン (Levin, J. R.) 4
ロイド (Lloyd, J. W.) 194
ルリア (Luria, A. R.) 14

● M

マーグ (Maag, J. W.) 194
メース (Mace, F. C.) 191, 194, 197

マルティネス-ポンズ (Martinez-Pons, M.) 96, 228
マイヤー (Mayer, R.) 69, 71
ミース (Meece, J. L.) 228
メハーン (Mehan, H.) 55
マイヘンボーム (Meichenbaum, D.) 4, 14, 204, 205, 223
ミラー (Miller, M. D.) 156
モーガン (Morgan, M.) 124, 125, 127

● P

パース (Paas, F. G. W. C.) 210
パジャラス (Pajares, F.) 155, 156
パリンサー (Palincsar, A. S.) 206, 215
パーキンズ (Perkins, D. N.) 111
ピントリッチ (Pintrich, P. R.) 15, 228
パーシグ (Pirsig, R. M.) 202
プレスリー (Pressley, M.) 4, 14, 44–47, 52, 61, 62, 89, 131, 172, 210, 218, 230, 231, 234, 235

● R

レイド (Reid, R.) 194
ライス (Rice, J. M.) 228
リチャード (Richards, M.) 205
ロッカ (Rocha, J.) 4

● S

サロモン (Salomon, G.) 38, 111, 120, 143
シャイアー (Scheier, M.) 5
シッケダンス (Schickedanz, J. A.) 186
スコマー (Schommer, M.) 86
シューダー (Schuder, T.) 52
シューマーカー (Schumaker, J. B.) 14, 189, 207
シャンク (Schunk, D. H.) 11, 16, 124–127, 150–157, 159, 182, 228, 230–232, 235
シーボー (Seabaugh, G. O.) 189
サーナ (Serna, L .A.) 186, 196
シャニー (Shany, M.) 215, 220

シンプソン（Simpson, M.）　61, 66, 67, 85
ソコロフ（Sokolov, A. N.）　14
ステインベルグ（Steinberg, L.）　233
スティグラー（Stigler, J. W.）　139
ストックリー（Stockley, D. B.）　15, 230, 231, 234, 235
ストーン（Stone, C. A.）　209
スウィーニー（Sweeny, W. J.）　198
スウェラー（Sweller, J.）　128, 129

● T
タンハウザー（Tanhouser, S.）　33
チンダル（Tindal, G. A.）　194

● U
アンダーウッド（Underwood, V. L.）　84

● V
ヴァン・ミィーター（Van Meter, P.）　52

バンクーバー（Vancouver, J. B.）　128
ヴィゴツキー（Vygotsky, L. S.）　9, 14, 16, 207, 209

● W
ワインスティーン（Weinstein, C. E.）　69, 71, 84
ワーチ（Wertsch, J. V.）　209
ワートン-マクドナルド（Wharton-McDonald, R.）　14, 46
ウィン（Winne, P. H.）　15, 107, 112, 116, 118, 124, 131, 166, 230, 231, 234, 235
ウォロシン（Woloshyn, V.）　61, 62

● Z
ゼラーメイヤー（Zellermayer, M.）　120
ジマーマン（Zimmerman, B. J.）　4, 11, 90, 95, 96, 143, 158, 182, 203, 205, 228, 236
ジビン（Zivin, G.）　205

事項索引

●あ
アルゴリズム　48

●い
意思的制御　2
意思的制御段階過程　4
意志理論家　4
意図的モニタリング　5
イメージ　4
インクルージョン　235
インタビュー　205
インターネット中毒　120

●う
運動再生　144

●え
エスノグラフィー　48

●か
概念化　85
外発的目標　75
書き行動　12
書き行動方略のステップ　30
書き行動方略を記憶すること　25, 26
書き行動方略をサポートすること　25, 26
書き行動方略の見本を示すこと　25, 26
書き行動方略を討論すること　25, 26
学業不振　186
学習障害　23, 162
学習の自己調整　2
学習の手順　193

学習の統制感　98
学習目標　156
課題関連発話　224
課題志向　156
課題調整発話　206
課題調整発話の観察　214
課題の交渉　224
価値の認識　142
学校外要因　233
感覚記憶　79
間隔効果　132
環境構成　100
環境変数　139

●き
記憶法　31
記述式言語テスト-2　29
基準に基づいた指導　27
記録帳　82

●く
グループ・カンファレンス　32

●け
計画　2, 233
計画段階過程　4
形成過程　27
結果期待　142
研究デザイン　174
言語的課題調整　204
言語的産物　224
検索　121

事項索引　265

●こ
構成主義的な見解　181
行動変数　139
コーピング　152
コーピング・モデル　149, 151
個人変数　140
個別化　27
コンサルティング　218

●さ
作業スペース　116
索引　121

●し
自我志向　156
時間管理　80
時間サンプリング　194
刺激インタビュー　205
思考発語　205
自己観察　140, 235
自己管理　184, 231
自己疑念　73
自己強化　184, 191, 193
自己記録　141
自己言語化　151, 158
自己効力感　3, 11, 15, 139, 141
自己志向のフィードバック　90
自己指導　4
自己成就サイクル　18
自己チェック　188
自己調整　138, 172, 208
自己調整学習　8, 138
自己調整学習者　2, 7
自己調整学習トレーニング　135
自己調整学習の理論　110
自己調整循環　3
自己調整能力　145
自己調整の訓練　147
自己調整の方略の実行　230
自己調整方略　70

自己調整理論家　2
自己テスト　60
事後テスト　176
自己内省　3, 200
自己内省の練習　38, 139, 231
自己判断　141
自己反応　6, 141
自己評価　5, 190, 193
自己モデリング　149
自己モニタリング　5, 140
自己モニタリング用チェックリスト　197
事前テスト　176
持続性　146
実行欠如　120
私的発話　205
自動化　5
指導モデル　13
社会的相互作用　173
社会的認知理論　90
社会的発話　223
社会-認知的モデル　68
習得された頑張り　118, 120
受動　113
条件的知識　114
情報処理　79
情報処理能力　92
剰余能力仮説　210
自立した遂行　25, 26

●す
遂行　2, 4
遂行段階過程　4
遂行目標　156
推測統計学　91, 92
スキーマ　127
スキャフォルディング　25, 230
スキルの習得過程　111
優れた方略使用者モデル　62

●せ
制御される行動　189
制御するための行動　189
精緻化　79
静的資質　201
セルフ・ハンディキャッピング方略　9, 73
宣言的知識　50

●そ
相互教授法　206
相互交流方略教授（法）　50, 218
相互作用　140
組織化方略　79

●た
大学院生　91
対話的学習　27
多元モデル　149
他者調整　78, 209
単一主題の方法　33
短期記憶　79

●ち
知識構築　172
注意　144
長期記憶　79
調整方略　71

●て
データ収集　95
適正-処遇交互作用デザイン　68
テスト効果　132
テストの信頼性係数　99
テスト方略　75
転移　38, 65

●と
動機づけ　144
動機づけ的方略　60
動機づけ方略の質問紙　15

統計学　94
統制条件　98
動的資質　201
独力での練習　147
努力　117

●な
内的フィードバック　168
内発的動機づけ　97
内発的（な）興味　8, 11
内容の方略（的）学習　16, 161

●に
認知的学習方略　69
認知的な残余物　85
認知的モデリング　148

●の
ノートの取り方　79

●は
背景知識　25
背景知識を形成すること　25, 26
ハイ・ロード転移　66, 172
バグのあるアルゴリズム　143
発話プロトコル　44

●ひ
非効果的利用　120

●ふ
ブレインストーミング　35
不連続な言語化　151, 153
プロトコル　93
プロフィール的情報　114

●ほ
方略効果のフィードバック　230
方略プランニング過程　11
方略を教えること　230

ポートフォリオ　201
保持　144

●ま
マスタリー・モデル　149
学びの学習　207

●め
メタスクリプト　25
メタ認知　70
メタ認知的知識　50, 63
メタ認知的方略　63
メタ認知的モニタリング　125
メタ認知理解　180

●も
目標志向　156
目標志向性　4, 5
目標志向理論　75
目標設定　24, 80, 190
目標達成手段解析　128

モデリング　143
モデルによる実演　147
モニタリング方略　71
問題解決　196

●り
理解方略　47
リハーサル方略　73
領域固有的知識　65
領域固有な方略　60
量的分析　99

●る
類似性　144
ルーティン化　5

●れ
連続的言語化　151, 153

●ろ
ロー・ロード転移　66

訳者あとがき

　ディル・H・シャンクとバリー・J・ジマーマン編『*Self-Regulated Learning : From Teaching to Self-Reflective Practice*』（The Guilford Press, 1998）の全訳『自己調整学習の実践』をお届けする。既刊の，ジマーマンとシャンクの編著『自己調整学習の理論（*Self-Regulated Learning and Academic Achievement*）』（北大路書房，2006）のいわば姉妹編である。

　本書「実践」を訳し終えて，自己調整学習理論の豊富な教育的介入に基づいた研究成果にあらためて目を見張る思いである。この「実践」，「理論」の2冊から，1980年代初頭から台頭してきた自己調整理論がおよそ30年を経て到達し，なお発展し続ける様相のアウトラインを捉えることができよう。

　『自己調整学習の理論』の訳も終わりに近づいた頃，自己調整学習の関連文献をさらに日本に紹介したいと考え始めた。ジマーマン教授に翻訳書の推薦を依頼した。彼が即座に回答してきたのが本書である。ジマーマンによれば，本書こそ自己調整学習の過程とそれによる学習の成果を包括的に扱った最初だという。彼らのシリーズには既刊が2冊あり，最初の著作（ジマーマンとシャンク編著，1989）は，自己調整学習理論の意義を強調したものであり，2番目の著作（シャンクとジマーマン編著，1994）は，主として自己調整学習における研究課題に焦点を合わせていた。それらの成果を踏まえ，執筆されたのが本書である。

　『自己調整学習の理論』は刊行以来，予想を超える多くの方々から関心をもって頂いた。ただ自己調整学習研究にはじめて触れる方には，「理論」は自己調整学習の理論の記述に焦点が置かれ，自己調整学習の方法と内容の記述が不足していたかもしれない。その点で本書は自己調整学習の内容がよく解説され，前書を十分補うものとなっていると思う。

　自己調整学習がいかに，オペラント理論，現象学理論，情報処理理論，社会的認知理論，意思理論，ヴィゴツキー理論，構成主義理論を駆使して得られた豊かな知見に基づいているかが，章を追って見えてくるはずである。

また同時に，すでに日本で実施された研究の中にも自己調整学習としてあらためて位置づけられるものに思い至る場合もあるように思う。

　章を追って内容をかいつまんでみていく。
　第1章では，自己調整学習とは何かを定義した後，学習の自己調整力とその固有な段階過程である，計画，遂行あるいは意思的制御，自己内省の3つが説明されている。そして自己内省は終わりではなく，次のあらたな段階として作用する。つまり，自己調整過程は螺旋状のサイクル段階なのである。
　第2章では，小学生を対象にして，自己調整方略の形成モデルが書き行動，特に，作文指導を例にして述べられる。教師と生徒間で対話形式の学習によって，生徒の"メタスクリプト"を作り上げていく過程である。教師が最初に，生徒に，小論文を書くなどのターゲット方略の理解と実行に必要な"前スキル"指導をし，最終的には，生徒自身の1人の自立した練習へ移行していくのである。
　第3章では，小学生を対象にした理解方略の指導，とりわけ相互交流教授モデルが述べられている。相互交流方略の意義と有効性が，理論的かつ実証的に検討され，プログラムに基づく小学校の実践が紹介される。
　第4章では，学びの学習，学習と動機づけ方略を用いた大学の授業が紹介されている。大学生が自己調整学習者になる授業の実践である。この場合，動機づけ方略の例として，帰属スタイル，自己肯定，セルフ・ハンディキャッピング，防衛的ペシミズムが説明されている。学びの学習の教室における指導は，この動機づけと認知方略が最も効果的であるという。
　第5章で，学生を対象にした統計学の入門講座の授業実践が扱われている。自己調整法の1つである自己モニタリングが使われるが，それは，学生の自己効力信念と勉強を続ける動機づけを高めるように設計されている。その講座の過程が詳細に述べられている。
　第6章では，コンピュータによる自己調整学習を発展させるSTUDYソフトの方法と実践について述べられている。自己調整到達への4つの段階のそれぞれで，2人の生徒と1人の学生がコンピュータを前に授業に取り組む例が紹介される。コンピュータ制御された環境は，コンピュータの記録に加えて，分析されたデータを使う遂行の取り組みを自己モニターする機会を，利用者に提供するという。

第7章では，社会的認知教示モデルについて述べられている。小学生に数学スキルを習得させる指導の例である。社会的モデリング，修正フィードバック，従来の宿題教材を使う練習によって自己調整スキルを教える実践である。学習結果と学習の動機づけの両方に対する自己効力信念の役割の強調が見落とせない点であろう。

　第8章で，学習障害の学生の自己調整学習を促進するための「内容の方略的学習」の教示モデルが示される。「内容の方略的学習」は，学生にあらかじめ計画された学習方略を教えるのではなく，学生と教師は，相互の対話から協同で問題解決をする。学生は受身ではなくパートナーとして位置づけられている。

　第9章では，学業不振の生徒を対象にした自己調整訓練の意図的学習モデルについて述べられている。意図的学習方法は，自己モニタリングによる。自己モニタリングには，自己記録をし，それによって自己調整制御下に学習反応を置くのである。さらに生徒の自己管理の習熟の必要が説明されている。

　第10章で，言語課題調整の役割が説明されている。言語操作は，やや優しい学習課題のときに活発になる。そこで進度の早い子どものほうが言語調整する機会が多くなってしまう。つまり，普通の授業だと，できる子だけが，他の子どもを支援してますます課題調整コンピテンスが獲得されることになる。仲間を教えることは，学習の自己調整の言語形式を向上させる指導手段として有効であり，中位学力と低位学力の生徒たちも教室で，仲間の学習を支援することで学力が向上するのである。

　訳の仕事を進めながら，時折ジマーマンに質問をしてきた。彼の最近の解説では，現在アメリカで，子どもの自己調整学習の力をつけるために関心を集めているのは，コンピュータと宿題の役割だという。双方とも自己調整学習過程を促進するために役立つし，その過程を分析，評価する機能をもつ。本書の中でも，コンピュータの利用は，学習の詳細なフィードバックの提供ができ，自己観察を新たなレベルにまで高める可能性をもち，さらにそれは生徒が1人でも行える強みもあると述べられている。しかし，「コンピュータ先生の能力は人間の先生よりも限界があること」と警告し，研究に基づく理論なしでコンピュータを教育目的に利用することは極力避けるべきだと言う。宿題は，生徒が自分で予定を立て，組織し，やりとげる。このとき，生徒は教師から自由になっている。また宿題をやりとげながら，学習スキルのルーチン化が行われる。

自己調整に宿題が役立つのはこうした理由からであろう。

　最終章で，ジマーマン教授は，自己調整学習の実践の深化に学校の教育実践の共同パートナーとなることを勧めている。この立場で職業教育に取り組んでいる1人にスイスのバーゼル大学のシュタイナー教授がいる。最近彼は筆者に次のような現状認識を知らせてきた。教師の関心は，生徒が課題をいかに遂行し達成するかにある。生徒の学習過程，つまり自己調整学習の力の獲得にあるのではない。これこそが現在の自己調整学習の実践上の超えなくてはならない課題であり，その努力を今私たちはしているのだと。

　共訳者には「理論」に引き続き，ジマーマンやシャンクらの研究に精通し自己調整学習の研究に取り組んでおられる中谷素之さん，伊藤崇達さんにお願いした。前訳と自らの研究の経験を生かしたわかりやすい訳をして頂いた。さらに今回はニューヨーク市立大学の秋場大輔さんにも担当して頂いた。彼は長いアメリカでの研究生活経験をお持ちなのだが，その力量が訳の随所に見られる。担当された章の脚注には貴重な情報が提示されている。また担当以外の箇所についても貴重な教示を頂いた。

　ジマーマンからも，筆者の問い合わせに即座に端正な文体で適確な回答を頂いた。こうしたことからも，彼の仕事への熱意と誠実さを感じている。著者紹介は彼自身の手によるものである。

　北大路書房の柏原隆宏さんには計画から発刊まできめ細かくお世話をして頂いた。時折，本書翻訳の意義や作業の難しさを話すと静かに傾聴され適切なヒントを頂くことがあった。また関一明さんには，いくつもの注文をその都度快く受け止め発展的な助言や励ましを頂いた。おかげで最後まで見通しをもって気持ちよく仕事を続けることができた。皆様に心からの謝意を表したい。

　自己調整学習の理論は日本では先進的学習研究者たちに受容されるにとどまっている。アメリカやヨーロッパなどで活発に展開されている自己調整学習の壮大な理論と豊富な実践はわが国の教育関係者たちにあらゆる点で多くの示唆を与えるはずである。この理論がわが国でも根づき豊かに発展していくことを願ってやまない。

2007年8月
塚野　州一

ジマーマン教授のプロフィール

　バリー・J・ジマーマンはニューヨーク市立大学の大学院および大学センターの教育心理学の教授（Distinguished Professor）であり，学習，発達，教授法科長である。これまで研究論文，分担執筆，学会発表論文など200を超える論文を書き，児童・青年の社会的認知と学習の自己調整過程について8冊の本を執筆，編集した。また，アメリカ心理学会の第15部門（教育心理学）の委員長を務めた。さらにその卓越した長年の実績によって，アメリカ心理学会第16部門のシニア科学賞と，学習と教育に関した優れた研究を讃えるシルビア・スクリブナー賞を受賞した。現在「Contemporary Educational Psychology」「Journal of Educational Psychology」「Developmental Review」「Metacognition and Learning」「Educational Psychological Review」の編集委員であり，少数民族や貧困などで学力に不安を抱える児童・生徒への教育介入の研究によってアメリカ教育省から研究助成金を受けている。

【訳者紹介】

塚野　州一（つかの・しゅういち）　編訳，序文，第1章，第2章，第8章，第11章
1970年　東北大学大学院教育学研究科教育心理学専攻博士課程退学
現　在　富山大学名誉教授　博士（心理学）
主　著　『自己調整学習の理論』（編訳）北大路書房　2006年
　　　　『新しい学習心理学』（共訳）北大路書房　2005年
　　　　『みるよむ生涯臨床心理学』（編著）北大路書房　2004年
　　　　『みるよむ生涯発達心理学』（編著）北大路書房　2000年
　　　　『過去，現在，未来における自己の価値づけの変容過程とその規定要因の検討』　風間書房　1996年
　　　　『学童の生長と発達』（共訳）明治図書　1974年

伊藤　崇達（いとう・たかみち）　第3章，第5章，第7章
1972年　大阪府に生まれる
1998年　名古屋大学大学院教育学研究科教育心理学専攻博士課程後期課程退学
現　在　九州大学大学院人間環境学研究院准教授　博士（心理学）
主　著　教授・学習に関する研究の動向　教育心理学年報　第44集，82-90. 2005年
　　　　An Examination of the Causal Model for the Relationships among Self-Efficacy, Anxiety, Self-Regulated Learning Strategies, and Persistence in Learning: Focused on Cognitive and Motivational Aspects of Self-Regulated Learning Strategies. （共著）Educational Technology Research, 28, 23-31. 2005年
　　　　『心理学の基礎－新しい知見とトピックスから学ぶ－』（分担執筆）樹村房　2007年
　　　　『学ぶ意欲を育てる人間関係づくり－動機づけの教育心理学－』（分担執筆）金子書房　2007年
　　　　『やる気を育む心理学（改訂版）』（編著）北樹出版　2010

中谷　素之（なかや・もとゆき）　第4章，第10章
1967年　静岡県に生まれる
1998年　名古屋大学大学院教育学研究科教育心理学専攻博士後期課程中退
現　在　名古屋大学教育発達科学研究科心理発達科学専攻教授　博士（心理学）
主　著　『社会的責任目標と学業達成過程』風間書房　2006年
　　　　『新版・教育心理学』（共著）川島書店　2006年
　　　　『朝倉心理学講座　教育心理学』（共著）朝倉書店　2006年
　　　　『学ぶ意欲を育てる人間関係づくり－動機づけの教育心理学―』（編著）金子書房　2007年
　　　　学校教育における社会心理学的視点：動機づけ・対人関係・適応　教育心理学年報　第46集，81-91. 2007年
　　　　Correlations for Adolescent Resilience Scale with Big Five Personality Scale. Psychological Reports, 98, 927-930. 2006年

秋場　大輔（あきば・だいすけ）　第6章，第9章
1967 年　北海道に生まれる
2000 年　ブラウン大学大学院博士課程卒業（発達心理学）。同大学
　　　　人間発達学センターのポストドクター研究員および
　　　　客員助教授に就任
現　在　ニューヨーク市立大学大学院センター教育心理学部，同大学クイーン
　　　　ズ・カレッジにて永任権付き教授（兼任）
主　著　Ethnic Retention as a Predictor of Academic Success: Lessons from Children
　　　　from Immigrant Families and African American Children. *The Clearing House: A Journal of Educational Strategies, Issues, and Ideas*, 80, 223-226.　2007 年
　　　　Japanese Americans. In P.G. Min（Ed.）. *Asian Americans: Contemporary trends and issues*［2nd Ed］（pp. 123-144).Thousand Oaks, CA: Sage Publications.　2006 年
　　　　Peer rejection: Developmental and intervention strategies. *Teachers College Record*, 107, 1438-1441.　2005 年
　　　　Multiplicity of identifications during the middle childhood: Conceptual and methodological considerations.（共著）*New Directions for Child and Adolescent Development*, 104, 45-60.　2004 年

自己調整学習の実践

2007年9月10日	初版第1刷発行
2019年3月29日	初版第2刷発行

＊定価はカバーに表示してあります。

編著者　ディル・H・シャンク
　　　　バリー・J・ジマーマン
編訳者　塚　野　州　一
発行所　㈱北大路書房

〒603-8303 京都市北区紫野十二坊町12-8
電　話　(075) 431-0361 (代)
Ｆ Ａ Ｘ　(075) 431-9393
振　替　01050-4-2083

ⓒ2007

印刷・製本／㈱シナノ

検印省略　落丁・乱丁本はお取り替えいたします
ISBN 978-4-7628-2579-8　Printed in Japan

・ JCOPY 〈㈳出版者著作権管理機構 委託出版物〉
本書の無断複写は著作権法上での例外を除き禁じられています。
複写される場合は，そのつど事前に，㈳出版者著作権管理機構
（電話 03-5244-5088, FAX 03-5244-5089, e-mail: info@jcopy.or.jp）
の許諾を得てください。